Ende der Aufklärung

D1639917

Ende der Aufklärung

Die offene Wunde NSU

Herausgegeben von
ANDREAS FÖRSTER, THOMAS MOSER
UND THUMILAN SELVAKUMARAN

In Zusammenarbeit mit
MICHAEL BEYKIRCH, MICHAEL BUBACK,
ZÜLFUKAR CETIN, SAFTER CINAR, AYSE DEMIR,
ILKER DUYAN, STEFAN FREES, VINCENT GENGNAGEL,
ANDREAS KALLERT UND RAINER NÜBEL

KLÖPFER&MEYER

Inhalt

Im Untergrund des Staates

Nicht nur Neonazis operieren außerhalb der Legalität –
auch staatliche Behörden tun das. Ein Vorwort

ANDREAS FÖRSTER

Im September 1995 gab die linksanarchistische Gruppe
»Das KOMITEE« ihre Selbstauflösung bekannt. Ein Jahr zuvor
hatte sie einen Brandanschlag auf ein Kreiswehrersatzamt verübt und danach vergeblich versucht, das Abschiebegefängnis in
Berlin-Grünau in die Luft zu jagen. Nach ihrer Selbstauflösung
tauchten die drei »KOMITEE«-Mitglieder unter, sie konnten
nie gefasst werden. Ihre Straftaten, bei denen niemand verletzt
wurde, sind längst verjährt.

Dennoch wurde im Oktober 2016 eine Berlinerin von der
Bundesanwaltschaft für eine Zeugenaussage nach Karlsruhe
zitiert, unter Androhung von Beugehaft. Sie hatte einen der
Untergetauchten 1995 kennengelernt und ihm damals kurzzeitig eine EC-Karte überlassen. Über diesen, mehr als zwei
Jahrzehnte zurückliegenden Vorgang sollte sie jetzt Auskunft
geben.

Die Verve, mit der deutsche Ermittlungsbehörden und
insbesondere die Bundesanwaltschaft linksterroristischen
Strukturen nachjagen, auch wenn deren Straftaten lange zu-
rückliegen oder vielleicht sogar schon verjährt sind, verblüfft
immer wieder. Vor allem auch deshalb, weil sich eine solche
Hartnäckigkeit und Verbissenheit gegen Täter aus dem entge-
gengesetzten politischen Spektrum eher nicht feststellen lässt.

Natürlich wird ermittelt und angeklagt, wenn es zu schweren Straftaten von Neonazis kommt; und auch die Bundesanwaltschaft ist inzwischen eher bereit, Verfahren gegen rechte Gruppen an sich zu ziehen. So geschehen etwa im Fall der 2016 ausgehobenen sächsischen Terrorzelle »Gruppe Freital«, der Anschläge auf Flüchtlingsunterkünfte vorgeworfen werden. Dennoch fällt auf, dass die Strafverfolgungsbehörden im rechtsextremistischen Deliktbereich oftmals eher dazu neigen, auf halbem Weg stehen zu bleiben, um einen schnellen Ermittlungsabschluss zu erreichen. Eine Aufklärung länderübergreifender Strukturen und konzeptioneller Strategien im militanten Rechtsextremismus überlässt man bis heute noch lieber dem Verfassungsschutz – obwohl der Geheimdienst auf diesem Terrain seit Jahrzehnten spektakulär versagt hat.

In keinem Verbrechen der deutschen Nachkriegsgeschichte bündelt sich dieses Versagen so sehr wie im Fall der rechten Terrorgruppe »Nationalsozialistischer Untergrund« (NSU). Mindestens 13 Jahre lang konnte die Bande unerkannt raubend und mordend durch die Bundesrepublik ziehen. Dabei war das in Zwickau untergetauchte NSU-Kerntrio aus Beate Zschäpe, Uwe Mundlos und Uwe Böhnhardt über all die Jahre hinweg von fast vier Dutzend V-Leuten des Verfassungsschutzes umringt. Der Geheimdienst will aber angeblich nichts mitbekommen haben von der Terrororganisation. Nichts gehört, nichts gesehen, nichts gewusst – so lautet das Mantra des Verfassungsschutzes, seit am 4. November 2011 in einem ausgebrannten Wohnmobil in Eisenach die durch Kopfschüsse getöteten Mundlos und Böhnhardt aufgefunden und wenig später die Tatwaffe der Ceska-Mordserie und die NSU-Bekennervideos im Brandschutt der Zwickauer Wohnung des NSU-Trios sichergestellt wurden. Ob das stimmt, lässt sich kaum mehr nachprüfen: Schon kurz nach der Selbstenttarnung der Terrorgruppe begann der Verfassungsschutz damit, gezielt V-Mann-Akten aus dem Umfeld des NSU zu vernichten. Einer der dafür verantwortlichen Referatsleiter aus dem Bundesamt (BfV) räumte später ganz offen seine Vertuschungsabsicht ein: Es habe eine Rolle gespielt, »dass nach vernichteten Akten in der Zukunft nicht mehr gefragt werden kann«. Schließlich sei doch »völlig klar (gewesen), dass sich die Öffentlichkeit sehr für die Quellenlage des BfV in Thüringen interessieren« werde.

Der BfV-Referatsleiter lag mit seiner Ahnung richtig. Mehr als ein Dutzend Untersuchungsausschüsse in Bundestag und Landesparlamenten versuchen seit 2012 herauszufinden, ob der Verfassungsschutz nicht vielleicht doch Hinweise auf den NSU und seine Taten übersehen hat oder sogar übersehen wollte. Ein vergebliches Unterfangen, denn der Geheimdienst setzt bislang erfolgreich alles daran, seine eigene Rolle im NSU-Komplex zu verschleiern. Und das nicht nur Parlamentariern und Medien gegenüber; auch die Ermittlungsbehörden – Bundesanwaltschaft und Bundeskriminalamt – werden nur eingeschränkt mit Informationen versorgt. Anfang August 2016 etwa gab das BfV in einem Schreiben an den NSU-Ausschuss des Bundestages sogar selbst zu, den Ermittlern »lediglich markierte Bestandteile« von Akten vorzulegen. Wenige Wochen zuvor hatte ein Vertreter der Bundesanwaltschaft noch im Ausschuss erklärt, seine Behörde gehe davon aus, stets vollständige Akteneinsicht beim BfV erhalten zu haben.

Außerhalb des Rechtsstaates

Der Berliner Politikwissenschaftler Hajo Funke kommt in diesem Zusammenhang zu dem Schluss, dass sich Inlandsgeheimdienste eine eigene, rechtsstaatsfreie Sphäre geschaffen haben. Über Jahre und Jahrzehnte habe man mit Täuschung und Vertuschung, aber auch mit dem Handeln an selbstgesetzten Regeln vorbei – etwa durch die Verhinderung einer juristischen Verfolgung straffällig gewordener V-Leute – ein eigenes, vordemokratisch-autoritäres Klima geschaffen. Wegen einer fehlenden effizienten Kontrolle von Nachrichtendiensten durch die Exekutive, durch parlamentarische Kontrollstrukturen und Untersuchungsausschüsse sei laut Funke eine Krise der staatlichen Kernfunktionen eingetreten.

Der Staatsrechtler Ulrich Preuss bezeichnet eine solche permanente Unkontrollierbarkeit als permanenten Ausnahmezustand – aber es sei im Grunde mehr: Die permanente Unkontrollierbarkeit stehe außerhalb der Normalität beziehungsweise der Normalitätsvorstellung des Rechtsstaats. Es wäre eine Institution außerhalb des Rechts, eine extralegale Institution. Obwohl formell in der Legalitätsstruktur des Rechtsstaats quasi-legalisiert, ist sie de facto nicht in die Struktur des Rechtsstaats eingefügt. Unter dem Mantel eines rechtsstaatlichen Regelsystems ist sie weiterhin eine Institution außerhalb der Legalität – im Grunde eine extralegale Institution.

Sorgen darum, dass seine Blockade- und Vertuschungshaltung gegenüber den Ermittlern Konsequenzen tragen könnte, musste sich der Verfassungsschutz nie machen. Denn die strafrechtliche Aufklärung der NSU-Taten und -Täter hatte von Beginn an unter einer zu großen Zaghaftigkeit und Selbstbeschränkung der Ermittler gelitten. Frühzeitig legte sich die Bundesanwaltschaft auf die These einer abgeschottet agierenden dreiköpfigen Terrorzelle fest, von der weder Freund noch Feind wussten. Auch wenn die Bundeskanzlerin auf der Trauerfeier für die NSU-Opfer im Februar 2012 noch versprochen hatte, nach allen Helfershelfern und Hintermännern der Taten zu suchen, geschah genau dies nicht in der notwendigen Weise.

Die Bundesanwaltschaft vermied es auffällig, den vielen Spuren und Hinweisen, die tiefer in das undurchsichtige Geflecht aus Neonazis, Verfassungsschutzspitzeln und Geheimdiensten führen, konsequent nachzugehen.

Vertreter der Bundesanwaltschaft, dazu befragt, winden sich um eine klare Erläuterung dieser Vermeidungsstrategie herum. So wie Oberstaatsanwalt Jochen Weingarten etwa, einer der Ankläger im Münchner NSU-Prozess, der am 9. Juni 2016 vor dem NSU-Untersuchungsausschuss des Bundestages als Zeuge geladen war. Die Abgeordneten fragten ihn, warum seine Behörde so wenig unternimmt, um das Netzwerk rings um das NSU-Trio aufzuklären. Netzwerk sei keine strafrechtliche Kategorie, antwortete der Bundesanwalt darauf. Man müsse Unterstützungsleistungen von dritter Seite nachweisen. »Ich brauche halbwegs valide Anfasser, aber da sehe ich keine konkreten Anhaltspunkte für eine Unterstützung etwa durch regionale Kräfte«, sagte Weingarten.

»Zufälle ohne Relevanz«

Im Fall der linken Terrorzelle »Das KOMITEE« – um noch einmal auf diesen Fall zurückzukommen – reichte der Bundesanwaltschaft eine vor 21 Jahren kurzzeitig ausgeliehene EC-Card als »valider Anfasser«, um heute noch eine Frau als mögliche Terrorhelferin vorzuladen. Beim NSU dagegen sind die mehr als 40 nichtidentifizierten DNA-Spuren, die sich an Tatwaffen und anderen Beweismitteln finden, offenbar keine »validen Anfasser«, um auf mögliche Mittäter und Mitwisser zu schließen. Ebensowenig der Umstand, dass bei einigen der NSU-Taten auf Zeugenaussagen beruhende Phantomzeichnungen mutmaßlicher Täter vorliegen, die keine Ähnlichkeit mit den beiden Jenaer Nazis aufweisen.

Und noch mehr Fragen sind nach wie vor ungeklärt: Warum wird der Polizistenmord von Heilbronn nur Mundlos und Böhnhardt zugeschrieben, wenn doch so viele Zeugenaussagen auch aus Sicht der Ermittler auf einen größeren Täterkreis hindeuten? Und war es wirklich nur Zufall, dass ein Verfassungsschützer – wie in Kassel geschehen – zur Tatzeit am Ort eines Mordes ist, von dem er noch dazu nichts mitbekommen haben will? Wie kann es außerdem sein, dass V-Leute mit finanzieller und logistischer Unterstützung staatlicher Behörden den Aufbau extremistischer Strukturen in der rechten Szene fördern und damit die Basis bereiten für die Entstehung terroristischer Gruppen? Das NSU-Verfahren habe »eine Vielzahl von merkwürdigen Zufällen zutage gefördert«, sagte dazu Weingartens Kollegin und Mitanklägerin im Münchner Prozess, Anette Greger, vor dem Berliner NSU-Untersuchungsausschuss. Allerdings seien diese Zufälle für ihre Behörde »ohne Relevanz«, da sie ja nicht das Ermittlungsergebnis in Frage stellen würden, wonach ausschließlich Mundlos und Böhnhardt die Morde und Bombenanschläge begangen hätten.

Der Fall NSU offenbart einmal mehr die Nachteile, die sich daraus ergeben, dass die oberste Anklagebehörde der Republik kein politisch unabhängiges Strafverfolgungsorgan ist. Der Generalbundesanwalt ist ein politischer Beamter, der jederzeit ohne Angabe von Gründen vom Bundesjustizminister abgesetzt werden kann. Sein Entscheidungsspielraum ist somit erheblich eingeschränkt, insbesondere bei politisch heiklen Verfahren. Im NSU-Komplex etwa hat dieser Umstand verhindert, dass sich die Behörde deutlich mehr Zeit für umfassendere Ermittlungen nehmen und einen stärkeren Druck auf den Verfassungsschutz ausüben konnte.

Das Gerichtsverfahren konnte dieses Manko nicht ausgleichen. Obwohl man dem Vorsitzenden Richter im NSU-Prozess,

Manfred Götzl, bescheinigen muss, zumindest zeitweise auch gegen den erbitterten Widerstand der Bundesanwaltschaft eine ganze Reihe von Beweisanträgen der Nebenklage zugelassen zu haben. Möglicherweise ahnte auch Götzl, dass die Geschichte um den NSU viel komplexer, weitreichender und verstörender sein könnte, als es ihm und der Öffentlichkeit die Bundesanwaltschaft in ihrer Anklageschrift weismachen will. Mit seiner anfänglichen Bereitschaft zu einer umfassenderen Aufklärung aber ist das Gericht letztlich gescheitert – am Widerstand und der Blockadehaltung von Ermittlern und Behörden. Im Frühjahr 2016 gab Richter Götzl seine Bemühungen faktisch auf und erklärte im Prozess, der Senat sei nicht zu »ausufernder Aufklärung« verpflichtet und müsse nicht jedes »Randgeschehen« untersuchen. Der überraschende Sinneswandel des Gerichts war nichts weniger als eine Kapitulation des Rechtsstaats – vor einer staatlichen Mauer des Schweigens und Vertuschens.

Dennoch bietet der NSU-Skandal Gesellschaft und Politik die Chance, die angemessenen Lehren aus Rassismus und organisiertem Verbrechen zu ziehen und den Druck auf die Sicherheitsbehörden zu erhöhen, endlich die nötigen Konsequenzen für eine Selbst-Reinigung zu ziehen. Gelingen kann dies aber nur, wenn eine kritische Öffentlichkeit weiter offensiv darauf dringt, das Versprechen der Bundeskanzlerin vom 23. Februar 2012 an die NSU-Opfer und deren Hinterbliebene zu erfüllen – die Morde und Anschläge des NSU aufzuklären, die Helfershelfer und Hintermänner aufzudecken sowie alle Täter ihrer gerechten Strafe zuzuführen.

Dieses Buch setzt ein Zeichen dagegen, dass Aufklärung der Staatsraison geopfert wird und die Bürger in Unwissenheit, damit in Unmündigkeit belassen werden sollen – und dafür, dass die Gesellschaft mit den Opfern, die in ihr leben, das Recht bekommen muss, Wahrheiten zu erfahren. Neben Journalisten, Wissenschaftlern und Juristen werden insbesondere auch die Stimmen derjenigen zu vernehmen sein, denen die Kanzlerin einmal rückhaltlose Aufklärung versprochen hatte: die Angehörigen der NSU-Mordopfer.

»Mit seinem Tod hörte unser gesellschaftliches Leben auf«

Aus dem Plädoyer von Abdul Kerim Şimşek, Sohn von Enver Şimşek, der am 11. September 2000 in Nürnberg ermordet wurde

Ich war 13 Jahre alt, als mein Vater umgebracht wurde. (...) Ich befand mich damals im Internat in Saarbrücken. Am 10. September 2000 um 6 Uhr morgens weckte mich mein Lehrer und sagte, dass ich mit dem Zug nach Nürnberg fahren müsse. (...) Ich wurde am Bahnhof von meinem Onkel abgeholt, und er sagte, dass mein Vater im Krankenhaus sei. Als ich vor dem Krankenhaus ankam, sah ich viele Verwandte und meine Mutter, die geweint hat. (...) Ich spürte, dass etwas Furchtbares passiert war. Niemand sagte mir etwas Näheres, nur dass er auf der Intensivstation lag. Als wir, meine Mutter, meine Schwester und ich, endlich zu ihm durften, war das ein schrecklicher Anblick. Ich bemerkte als erstes, dass sein linkes Auge zerfetzt war. Je näher ich mich ihm näherte, bemerkte ich drei blutverschmierte Löcher in seinem Gesicht und weitere an seiner Brust. Automatisch hatte ich diese gezählt. Ich glaube, ich hatte damals 6 Löcher gezählt. (...) Meine Mutter hat die Hand meines Vaters gehalten, fiel heulend auf die Knie und ist zusammengebrochen. Auf einmal fingen die an meinem Vater angeschlossenen Maschinen an zu piepen. Die Krankenschwester eilte herbei und drängte uns raus. Das war das letzte Mal, wo ich meinen Vater lebend gesehen habe. (...)

Mein Vater starb am nächsten Tag. Wir brachten den Leichnam meines Vaters in die Türkei. Als Sohn hatte ich die Pflicht, meinen Vater zu Grabe zu tragen. Ich musste ihn mit anderen Verwandten ins Grab legen. Bei uns gibt es keinen Sarg, sondern nur ein weißes Leinentuch, wo der Verstorbene eingewickelt wird. Beim Niederlegen meines Vaters bemerkte ich, dass sich das Leinentuch am Hinterkopf, wo die Schussverletzung war, rot verfärbte. Bis zu diesem Zeitpunkt hatte ich nicht geweint. Als ich die Erde auf ihn schüttete, konnte ich nicht mehr. In dem Augenblick hatte ich verstanden, dass ich meinen Vater nie wieder sehen werde.

Zurück in Deutschland war nichts mehr so wie früher. Meine Mutter hat immer geweint und hatte schwere Depressionen, sie konnte sich nicht um mich und meine Schwester kümmern. (...) Mit seinem Tod hörte unser gesellschaftliches Leben auf. (...) Bis zur Aufdeckung des NSU habe ich niemanden erzählt, dass mein Vater umgebracht wurde. (...) Es klingt absurd, aber ich war erleichtert, als ich hörte, dass mein Vater von Nazis umgebracht wurde und so seine Unschuld bewiesen wurde. Die Heimlichtuerei konnte endlich aufhören.

Ich bin heute selbst Vater einer zweijährigen Tochter, und heute ist mir klar, dass er nicht nur mir und meiner Schwester, sondern auch meinem Kind weggenommen wurde. (...) Auch ich hätte viele Fragen an die Angeklagten gehabt. Warum mein Vater? Wie krank ist es, einen Menschen nur aufgrund seiner Herkunft oder Hautfarbe mit acht Schüssen zu töten? Was hat mein Vater Ihnen getan? Können Sie überhaupt verstehen, was es für uns heißt, dass er nur deswegen ermordet wurde, weil er ein Türke ist? (...) Wenigstens einer der Angeklagten hat hier umfassende Angaben gemacht und sich aus meiner Sicht aufrichtig entschuldigt. Herr Schultze, wir nehmen Ihre Entschuldigung an. Ich möchte, dass alle anderen, die an der Ermordung meines Vaters schuld sind, zur Verantwortung gezogen und in höchstem Maße bestraft werden.

Unerwünschte Erinnerungen

Wer waren die Täter und was war ihr Motiv beim
Heilbronner Polizistenmord am 25. April 2007?
Die offizielle These ignoriert Ermittlungsergebnisse

THUMILAN SELVAKUMARAN

Kurz bevor der Schuss fällt, dreht sich Martin Arnold nach
rechts zum Mann am Fenster. Der Beamte auf dem Beifahrersitz
des silbernen 5er BMW kann nicht mehr reagieren. Das Projektil aus der Tokarew, Kaliber 7,62 Millimeter, dringt an seiner
rechten Schläfe ein, zertrümmert das Jochbein, wird aber knapp
hinter dem rechten Ohr wieder nach draußen gelenkt. Arnolds
instinktive Drehung rettet ihm wohl das Leben. Kein glatter
Durchschuss, dennoch eine beinahe tödliche Verwundung.

Schlimmer trifft es seine Kollegin Michèle Kiesewetter
auf dem Fahrersitz, die in diesem Moment laut dem Sachverständigen Heinz-Dieter Wehner, Gerichtsmediziner und
Physikprofessor, ebenfalls nach rechts blickt. Den Schützen
auf ihrer Seite bemerkt sie wohl nicht. Die Täter nutzen das
Überraschungsmoment für ihren heimtückischen Angriff. Im
Protokoll der Sonderkommission »Parkplatz« heißt es hierzu:
Die Kugel aus der Radom, Kaliber 9-Millimeter-Luger, »dringt
hinter dem linken Ohr in den Schädel ein, durchschlägt den
Kopf der Fahrerin und tritt unterhalb des rechten Jochbeines
wieder aus. Ohne in seiner Flugbahn abgelenkt worden zu sein,
durchquert das Projektil den Fahrgastraum, verlässt diesen
durch die geöffnete Beifahrertür und schlägt in einer Höhe
von 42 Zentimeter an der Außenwand des Trafohäuschens

ein, prallt dort ab und fällt in einen darunter liegenden Lichtschacht.« Die 22-Jährige ist sofort tot. Beide Beamte sacken nach innen zusammen. Die Kippen, an denen sie kurz zuvor gezogen haben, fallen glühend auf Kleidung und Sitz. Blut strömt auf die Mittelkonsole. Die Täter greifen sich die Waffen der Beamten, nehmen Handschellen, drei Magazine, ein Reizstoffsprühgerät, eine Taschenlampe und ein Multifunktionswerkzeug mit. Dann flüchten sie.

Es sind nur wenige Augenblicke. Sie reichen, um Leben auszulöschen, Ermittler an ihre Grenzen zu bringen, um die Machtlosigkeit von Justiz und Politik bloßzustellen.

Wenige Sekunden vorher sitzen die beiden Kollegen noch gemütlich im Wagen, haben sich an diesem ungewöhnlich warmen Frühlingstag jenes 25. April 2007 das schattige Plätzchen neben dem Trafohäuschen für ihre Pause ausgesucht. Martin Arnold greift sich das Papiertütchen der Bäckerei Kamps mit dem Panini-Snack darin. Michèle Kiesewetter hat sich in der Filiale zuvor ein Baguettini mit Schinken gekauft. Daran erinnern sich hinterher die Verkäufer. Die Beamten der Böblinger Beweissicherungs- und Festnahmeeinheit (BFE) 523 quatschen bei ihrem ersten gemeinsamen Einsatz über ihre Pläne für die Zukunft, etwa, dass Michèle Kiesewetter mit dem Telekolleg das Abitur nachholen will und eine Versetzung nach Karlsruhe anstrebt, gibt Martin Arnold später in seiner Vernehmung an. Der Rauch ihrer Gauloises entweicht nach draußen.

Wenige hundert Meter entfernt lassen Schausteller ihre Fahrgeschäfte und Buden aufbauen. Die Vorbereitungen für das große Heilbronner Maifest laufen. Die beiden Beamten stehen mit ihrem Wagen auf der anderen Seite der teils geschotterten, teils asphaltierten Theresienwiese in Heilbronn, die, wenn mal kein Fest ansteht, als Parkplatz genutzt wird. Ein von vielen Richtungen einsehbarer Platz in der Nähe des Bahnhofs, auf dessen Rückseite der Neckar vorbeifließt, auf den von gegenüber Schüler der Akademie für Kommunikation und Mitarbeiter des Bahnstellwerks jederzeit herüberblicken können. Es ist kein versteckter Platz, an dem Kriminelle ungestört agieren können – im Gegenteil.

Arnold und Kiesewetter ahnen nicht, welche Tragödie ihren Lauf nehmen wird. Der Tag wird in die Geschichte eingehen, nicht nur wegen der Brutalität gegen die Polizisten, sondern weil sich auch noch ein Jahrzehnt später ein Wirrwarr aus Widersprüchen, Pannen und Zufällen um den Komplex spannt.

Nach offizieller These handelt es sich bei den Schützen um Uwe Mundlos und Uwe Böhnhardt. In der Anklageschrift des Generalbundesanwalts zum NSU-Prozess vor dem Oberlandesgericht München heißt es hierzu, dass sich die Tat gegen »Zufallsopfer« gerichtet habe. Die beiden mutmaßlichen Terroristen des Nationalsozialistischen Untergrunds seien »aus nicht bekannter Motivation« mit einem gemieteten Wohnmobil mehrere hundert Kilometer von Zwickau nach Heilbronn gefahren. Nachdem sie den Camper geparkt haben, seien sie an jenem Mittwoch, vermutlich mit dem Rad, zufällig kurz vor 14 Uhr an der Theresienwiese vorbeigekommen und hätten die beiden Beamten im Streifenwagen entdeckt. Dann hätten sie spontan entschieden, »ihren grob gefassten Tatplan umzusetzen«. Arnold und Kiesewetter seien dabei zufällig Opfer der beiden Uwes geworden, »weil sie Polizisten und damit Vertreter des von der terroristischen Vereinigung NSU gehassten Staates waren«. Böhnhardt und Mundlos sei es neben der »Verwirklichung der staatsfeindlichen Ziele des NSU« darauf angekommen, »die Ohnmacht der Sicherheitskräfte bloßzustellen und ihre eigene Macht zu demonstrieren, indem sie ohne Rücksicht auf das nicht unerhebliche Entdeckungsrisiko eine Streifenwagenbesatzung an einem frequentierten

Pausenplatz unter bewusster Ausnutzung von deren Arg- und Wehrlosigkeit überfielen, um sich als Ausdruck ihres Triumphs in den Besitz ihrer Schusswaffen zu bringen«.

Die Anklage stützt sich auf die am 4. November 2011 im ausgebrannten NSU-Wohnwagen neben den Leichen von Böhnhardt und Mundlos gefundenen Dienstpistolen der beiden Polizisten. In der ausgebrannten NSU-Wohnung in Zwickau tauchten die Tatwaffen sowie eine Jogginghose mit Blut von Kiesewetter auf. Im mutmaßlichen Bekennervideo des NSU, in dem auf die Serie mit zehn Morden und zwei Sprengstoffanschlägen eingegangen wird, ist in einer Sequenz die Dienstwaffe von Martin Arnold zu sehen. Letztlich hat Beate Zschäpe nach jahrelangem Schweigen 2015 vor Gericht verlesen lassen, dass es den beiden Uwes beim Mord nur um die Waffen gegangen sei – genau so, wie es die Bundesanwaltschaft Jahre zuvor in ihrer Anklage formuliert hat. Sie fügte aber an, dass sie den beiden mutmaßlichen Tätern dieses Motiv nicht abgenommen habe.

Es kann so gewesen sein. Es bleiben aber Zweifel. Unter anderem, weil Ermittlungsergebnisse der Soko »Parkplatz« auf mögliche weitere Beteiligte schließen lassen. Neben dem Münchner Oberlandesgericht befassen oder befassten sich daher auch jeweils zwei Untersuchungsausschüsse im Bundestag und im Stuttgarter Landtag mit dem Komplex Heilbronn. Doch die parlamentarischen Aufklärer hadern immer wieder mit vergesslichen Zeugen, Geheimdienstlern mit stark eingeschränkten Aussagegenehmigungen und lückenhaften Ermittlungen, die als Aktengrundlage dienen, wie etwa Wolfgang Drexler, der Vorsitzende des baden-württembergischen NSU-Untersuchungsausschusses, frustriert kommentierte. Bis heute sind daher wesentliche Punkte zum Heilbronner Polizistenmord ungeklärt. Das Rätsel um Heilbronn, das vielen Beobachtern als Schlüssel für die Aufklärung des NSU-Komplexes gilt, scheint unlösbar. Die Anklage vor dem Münchner NSU-Prozess steht und fällt letztlich mit der Frage, ob nur Böhnhardt und Mundlos für die Tat in Heilbronn verantwortlich waren.

Offizielles Mord-Motiv überzeugt Opferseite nicht

Es geht aber auch um die Frage, ob die beiden Polizisten zufällig auf der Theresienwiese zu Opfern wurden und ob die beiden NSU-Männer mit der gezielten Tötung von Polizisten lediglich ihre Macht demonstrieren wollten. Martin Arnold und sein Anwalt Walter Martinek haben Zweifel, wie der Nebenklage-vertreter im Münchner NSU-Prozess mehrfach in seinem Plädoyer Ende 2017 erklärte: »Wer sich diesen Tatort einmal angesehen hat, kann eigentlich nicht davon ausgehen, dass sich jemand diesen, von allen Seiten einsehbaren und rege von Spaziergängern besuchten Platz überhaupt für einen Tatort für einen Mord im Frühling zur Mittagszeit aussuchen könnte.« Und weiter: »Die von der Bundesanwaltschaft im Rahmen der Anklage und insbesondere jetzt im Rahmen der Schlussvorträge gemachten Ausführungen zum Motiv des Trios im Bezug auf den Mordanschlag in Heilbronn überzeugen den Nebenkläger Martin Arnold nicht.«

Es sei aus Sicht Martineks wahrscheinlicher, dass sich die beiden Uwes »aus einem anderen Grund zum Tatzeitpunkt am Tatort aufgehalten haben«. Als dann zwei Polizisten auftauchten, seien diese für das Vorhaben so störend gewesen, »dass die Täter sich gezwungen sahen, diese zu beseitigen«. Diese Theorie sei zwar spekulativ, so der Anwalt von Martin Arnold, aber das treffe ebenso auf die Theorie der Bundesanwaltschaft zu, bei der es sich auch nur »um eine von mehreren Möglichkeiten handelt, die letztlich alle spekulativ sind«.

Zweifel an der offiziellen Theorie haben auch andere. Dazu gehört Clemens Binninger aus Böblingen, Vorsitzender des zweiten Berliner NSU-Untersuchungsausschusses, der selbst als Polizist tätig war. »Wir haben ein Täterduo, das sich angeblich daheim in Zwickau dazu entschließt, Polizeibeamte zu ermorden, und dazu 450 Kilometer quer durchs Land fährt. Dann irren die beiden tagelang durch Baden-Württemberg und finden unter 200 000 Polizisten in Deutschland schließlich die eine Streife, bei der ein Opfer aus Thüringen stammt, dessen Patenonkel als Staatsschützer mit Neonazis zu tun hat und eine Woche nach dem Mord eine Verbindung zu den Ceska-Morden herstellt.«

Zweifel äußert Binninger auch an der Deutung der gefundenen Jogginghose. Für die Bundesanwaltschaft ist belegt, dass sie Mundlos gehörte, weil in der Hosentasche ein Taschentuch mit Teilen seines genetischen Fingerabdrucks entdeckt worden war. Zudem fanden sich laut dem Sachverständigen Wehner feine Blutspritzer von Kiesewetter am Hosenbein. Nicht so viele, dass man meinen könnte, der Träger der Hose stand bei der Schussabgabe direkt vor dem Opfer. Und auch keine großen Flecken, wie sie entstanden wären, wenn sich der Täter über die stark blutenden Opfer gebeugt und mit enormem Kraftaufwand Dienstwaffe und Ausrüstungsgegenstände abgenommen hätte. Binninger: »Also muss der Träger dieser Hose zwar nebendran gestanden sein und vielleicht geholfen haben, aber geschossen hat er eher nicht. So lese ich das Gutachten.« In Wehners Rekonstruktion wird bei beiden Schützen außerdem von Rechtshändern ausgegangen - Böhnhardt war aber Linkshänder. Grafiken verdeutlichen, dass der Schütze auf der Beifahrerseite in diesem Fall in direkter Schusslinie des Komplizen gestanden wäre.

Sind das also eher Belege dafür, dass es mindestens drei Täter waren? Auch Thomas Feltes, Kriminologie-Professor an der Ruhr-Universität Bochum, kommt zu diesem Schluss: »Das ist vielleicht jemand gewesen, der in der zweiten Reihe gestanden hat oder möglicherweise dazugekommen ist.« Der

Rechtsmediziner Prof. Michael Bohnert von der Uni Würzburg fügt noch an: »Wenn man wissen will, ob diese Hose von einer Person zu einem bestimmten Zeitpunkt getragen wurde, dann kann man sich schlecht auf Tempo-Taschentücher verlassen, die in diesen Hosentaschen gefunden wurden.«

Dienst getauscht, Mietvertrag verlängert

Es gibt weitere Widersprüche im Komplex Heilbronn. Die ersten tauchen bereits im Kontext der Diensteinteilung auf, wie aus dem Ermittlungsbericht der Soko »Parkplatz« deutlich wird. Denn eigentlich sollte Michèle Kiesewetter an jenem 25. April 2007 nicht in diesem BMW sitzen, nicht auf der Theresienwiese sein. Ihre Einheit, die BFE 523, hatte eine freie Woche. Eigentlich. Laut Protokoll endet am 17. April eine Fortbildungsveranstaltung der BFE. Am 19. April schiebt Kiesewetter noch einen kurzen Einsatz in Stammheim. An diesem Tag, davon gehen Ermittler aus, bemerkt sie am Aushang in der Kaserne in Böblingen, dass Beamte für einen Einsatz am 25. April in Heilbronn gesucht werden – die Liste ist allerdings schon voll. Kiesewetter findet laut Soko dann einen Kollegen, der mit ihr tauscht und dafür eine Nachtschicht für sie übernimmt. Danach fährt sie am 19. April zu ihrer Mutter nach Oberweißbach, die am Vortag Geburtstag hatte. Wann genau sie sich für den zusätzlichen Dienst gemeldet hat, ist bis heute nicht geklärt. Dazu gibt es unterschiedliche Aussagen. Der Zeitpunkt spielt für die weiteren Ermittlungen aber eine wichtige Rolle.

Unklar bleibt eine lange Zeit auch, mit wem sie den Dienst getauscht hat. Zunächst gehen die Ermittler davon aus, Kiesewetter sei für den verletzten Lars D. nach Heilbronn gefahren. Tatsächlich übernahm sie für Alexander D. die Schicht. Der verschwieg dies bei Befragungen. Als dies bekannt wird, gibt er der Soko zu Protokoll, er habe sich nicht gemeldet, weil er »keine psychologische Betreuung in Anspruch nehmen wolle, wie es nach der Tat für den Tauschpartner von Michèle vorgesehen war«, vermerken die Ermittler und kommentieren: »Der tatsächliche Grund für die Teilnahme am Einsatz in Heilbronn am 25.4.2007 und den Tausch der ursprünglich vorgesehenen Nachtwache mit Alexander D. lässt sich nicht mehr nachvollziehen.«

Aus einem weiteren Grund ist der Tausch relevant. Es geht um die Frage, ob tatsächlich Mitglieder des NSU am Mordtag in Heilbronn waren und ob die Beamten zufällig Opfer wurden. Denn Kiesewetter und die mutmaßlichen Täter stammen aus Thüringen. Im Heimatort der Polizistin, dem 2000-Seelen-Dorf Oberweißbach, gibt es Verbindungen zum NSU. Der einstige Pächter der nahegelegenen Gaststätte »Zur Bergbahn« war vor dem Untertauchen des NSU nach eigenen Angaben rund drei Monate mit Beate Zschäpe liiert, kannte auch die beiden Uwes. Zudem ist er der Schwager des in München mitangeklagten Ralf Wohlleben. Laut BKA-Ermittler Martin G., der im NSU-Prozess vor dem Oberlandesgericht München aussagte, habe David F. »glaubhaft versichert«, dass Kiesewetter nie in seiner Wirtschaft gewesen sei und auch das Trio das Gasthaus nie besucht habe. Damit war die Sache für das BKA erledigt. Dabei hatte G. den Zeugen gar nicht selbst vernommen, sondern nur bisherige Ergebnisse zusammengefasst.

Kiesewetters Onkel Mike W., der als Staatsschützer in Thüringen auch im Bereich Rechts ermittelt hatte, gar bei einer Hausdurchsuchung von Tino Brandt (Kopf des Thüringer »Heimatschutzes«) mitwirkte, stellte allerdings bei seiner Vernehmung wenige Tage nach dem Mord als einer der ersten eine mögliche Verbindung zu den Ceska-Morden, die damals als »Döner-Morde« bezeichnet wurden, her. Das geht aus

Vernehmungsprotokollen der Soko »Parkplatz« hervor. Den Ermittlern sagte er: »Aufgrund meiner Berufserfahrung muss ich sagen, dass es für mich aussieht wie aus dem Bereich der Organisierten Kriminalität und dort im Bereich russisch oder georgisch. Das entnehme ich dem skrupellosen Vorgehen. Meiner Meinung nach besteht auch aufgrund der verwendeten Kaliber und der Pistolen, die ich aus den Medien kenne, ein Zusammenhang mit den bundesweiten Türkenmorden. Soviel ich weiß, soll auch ein Fahrradfahrer bei den Türkenmorden eine Rolle spielen. Ich sage nicht, dass ein Zusammenhang besteht. Ein Kollege von der K1 hat mich nur angesprochen, dass ein Zusammenhang bestehen könnte.«

W. täuschte sich mit den Pistolen – in Heilbronn kamen andere Waffen als die Ceska zum Einsatz. Bahnarbeiter hatten aber den Ermittlern von zwei Radfahrern auf der nahegelegenen Brücke berichtet. Allerdings, das erklärten sie als Zeugen vor dem NSU-Prozess, trug wohl keiner die Jogginghose, die später in der NSU-Wohnung gefunden worden war. Wie W. trotzdem eine Verbindung zur Mordserie hergestellt hat, bleibt ein großes Rätsel, das er auch bei seinem Auftritt am 30. November 2015 vor dem Untersuchungsausschuss in Stuttgart nicht aufklären konnte. Er habe damals »einfach nach jedem Strohhalm gegriffen«. Dabei fällt der Polizistenmord völlig aus dem Raster der mutmaßlichen Mordserie: Zwischen 2000 und 2006 wurden neunmal Männer mit Wurzeln aus der Türkei beziehungsweise Griechenland getötet, neunmal kam eine Ceska mit Schalldämpfer zum Einsatz, neunmal waren die Opfer zuvor ausgekundschaftet worden und die Taten geplant. Das Attentat auf die Polizisten wurde allerdings mit einer Radom und einer Tokarew begangen, die Täter sollen die Opfer nicht gekannt haben, und sie sollen sich spontan für die Tat auf einem öffentlichen Platz entschieden haben.

Zweifel an Zufallsthese

Entscheidend ist daher die Frage, ob jemand wissen konnte, dass Kiesewetter und Arnold an jenem Tag in Heilbronn im Dienst sind und wo sie sich aufhalten werden. Zumindest wussten Freunde in Oberweißbach vom Einsatz, etwa Sven K. Dessen Bruder Steve ist Frontmann der vom Thüringer Verfassungsschutz überwachten Neonaziband »I don't like you«. Auch andere Bekannte gaben 2012 demnach zu Protokoll, Kiesewetter habe mit ihnen »auf dem Dorfplatz von Oberweißbach« darüber geplaudert, dass sie in der Folgewoche Dienst habe. Kontakte in die rechte Szene in Thüringen gab es auch in der Familie Kiesewetters. So war der Onkel Mike W. damals noch mit seiner Kollegin Anja liiert. Sie wurde später vom Dienst suspendiert, weil sie ihrer Zielperson Ralf Wi., Inhaber einer Sicherheitsfirma in Jena, Informationen über Neonazis aus Polizeidatenbanken beschafft haben soll. Für Ralf Wi. hätten damals einige der gefährlichsten Thüringer Skinheads gearbeitet, etwa Martin R., der mit dem angeklagten NSU-Unterstützer Ralf Wohlleben eine Neonazi-Gruppe aufbaute – die Braune Aktionsfront. Inzwischen sind Anja und Ralf Wi. verheiratet.

Es gibt noch eine weitere Verbindung: Die Tochter von Mike W., also die Cousine von Kiesewetter, war laut *Stuttgarter Nachrichten* mit einem Neonazi liiert, der zum rechtsradikalen »Thüringer Heimatschutz« gehörte – jener Organisation, aus der der Nationalsozialistische Untergrund hervorgegangen ist. Daneben gab es selbst innerhalb der Böblinger Polizei Kontakte nach rechts. Einige Beamte fielen etwa auf, weil sie sich kollektiv Glatzen schnitten und sich mit Ausländern prügelten. Zwei waren Mitglied im Ku-Klux-Klan in Schwäbisch Hall, einer davon war der Vorgesetzte Kiesewetters am Mordtag. Zu der

KKK-Sektion gehörte auch der V-Mann »Corelli«, der auf einer Adressliste des NSU auftaucht. Für die Bundesanwaltschaft steht aber dennoch fest, dass dies alles keine Rolle spielte: Die Täter hätten nicht wissen können, dass Kiesewetter und Arnold an jenem Tag auf der Theresienwiese ihre Pause einlegen. Auch hätten sich Täter und Opfer nicht gekannt.

Belege für diese These gibt es bis heute nicht, auch nicht in der Rekonstruktion der Soko zum Tagesablauf der beiden Beamten am Mord-Tag. Gegen 8.30 Uhr brechen sie aus Böblingen in Richtung Heilbronn auf. Eigentlich sollten sie erst um 11.30 Uhr starten, aber die Einsätze der BFE 523 und BFE 514 werden kurzfristig getauscht. Gegen 9.30 Uhr betreten Kiesewetter, Arnold und vier weitere Kollegen das Heilbronner Revier. Um 10.15 Uhr beginnen sie ihre Tour im Streifenwagen, halten Ausschau nach Dieben und Dealern und sollen in Heilbronn Präsenz zeigen. Sie kontrollieren die üblichen Verdächtigen und fahren um 11.30 Uhr zur Pause das erste Mal an das Trafohäuschen. Um 12.30 Uhr finden sich die Beamten im Revier ein. Was der Anlass war, ist heute nicht eindeutig geklärt, denn die Aussagen der Kollegen widersprechen sich. War es eine Schulung für eine von der Polizei genutzte Textverarbeitungssoftware oder ging es um eine Einsatzbesprechung für die folgenden Stunden? Der Beamte Uwe B. sagt in seiner Vernehmung am 25. Mai 2011: »Was mir auch noch als Besonderheit in Erinnerung ist, ist der Umstand, dass wir bei unserer Ankunft in Heilbronn nicht gleich eine Einsatzbesprechung hatten. Normalerweise ist dies so. An dem Tag war die Einsatzbesprechung am Mittag, der Grund hierfür ist mir nicht in Erinnerung.«

Offiziell wird allerdings von einer Software-Schulung ausgegangen. Das heißt, Kiesewetter und Arnold hätten keinen Auftrag gehabt, anschließend zur Theresienwiese zu fahren, somit hätte auch keiner wissen können, dass sie dort kurz vor 14 Uhr auftauchen.

Allerdings gibt es ein Anzeichen dafür, dass die Tat nicht spontan geschehen ist, sondern doch eine Planung dahinter stecken könnte: die Wohnmobil-Anmietung. Böhnhardt und Mundlos sollen mit den Papieren ihres Unterstützers Holger G. vor den Morden einen Caravan geliehen haben, mit dem sie zu den Tatorten fuhren und später flüchteten – auch in Heilbronn. Doch dort kommt es offenbar zu einer Änderung. Denn der beim Chemnitzer Verleiher gefundene Mietvertrag lief nur vom 16. bis 19. April – er endete also sechs Tage vor dem Mord, am eigentlich letzten Einsatztag Kiesewetters vor der Urlaubswoche. Die Anklage stört sich daran nicht und erklärt, dass die Mietdauer dann wohl verlängert wurde: bis zum 26. April, also bis einen Tag nach dem zusätzlichen Heilbronn-Einsatz. Die Verlängerung soll laut BKA-Schlussbericht telefonisch beantragt worden sein, just an dem Tag, als sich Kiesewetter für den zusätzlichen Dienst in Heilbronn meldete. Wieso also eine Verlängerung, wenn es eine zufällige Tat gewesen sein soll?

Wohnmobil mit unbekanntem Fahrer

Das mutmaßlich in Heilbronn genutzte Wohnmobil wirft weitere Fragen auf. Nach der Entdeckung der Opfer löst die Polizei am 25. April 2007 um 14.17 Uhr eine Ringalarmfahndung aus. Im Radius von 30 Kilometern um die Theresienwiese werden Kontrollposten eingerichtet. Beamte sollen dort die Kennzeichen der vorbeifahrenden Fahrzeuge notieren. Gegen 14.38 Uhr registrieren Beamte an der Kontrollstelle »LB3« in Oberstenfeld das Kennzeichen C-PW 87. Es gehört jenem Wohnmobil, mit dem Böhnhardt und Mundlos geflüchtet sein sollen. Mit einer Weg-Zeit-Berechnung ist es möglich, im Zeitfenster zwischen

Tat und Registrierung die 22,2 Kilometer entfernte Kontrollstelle zu erreichen. Kein Zweifel bestehe also daran, dass die
NSU-Männer im Fahrzeug saßen, so die Anklage.

Allerdings ist bis heute nicht belegt, dass die Mietdauer des
Wohnmobils tatsächlich verlängert wurde. Für die dreitägige
Mietzeit vom 16. bis 19. April wurden laut Belegen 300 Euro
sowie 500 Euro Kaution an die Firma Horn in Chemnitz bezahlt.
An eine Verlängerung kann sich dort aber keiner erinnern. Auch
sind in den Belegen keine Notizen für eine verlängerte Mietdauer
bis zum 25. oder 26. April zu finden. Im Computer steht lediglich,
dass der nächste Mieter den Caravan am 27. April abgeholt hat.

Die Geschäftsführerin wird am 11. November 2011 erstmals dazu befragt – eine Woche nach Auffliegen des NSU. Sie
gibt an, dass bei einer Verlängerung Belege gekennzeichnet sein
müssten – so wie in allen anderen Fällen auch. Bei einer Licht-
bildvorlage erkennt sie zudem Holger G. als Mieter wieder, nicht
aber Böhnhardt. Erst bei einer erneuten Vernehmung revidiert sie
ihre Aussage und geht davon aus, dass Böhnhardt und G. dieselbe
Person sein könnten. Zudem gibt sie an, dass die Miet-Verlän-
gerung 600 Euro gekostet haben müsste – ein solcher Eingang
ist in den Büchern weder für April noch für Mai 2007 vermerkt.

Die Soko befragt darauf den Nachmieter des Caravans. Der
erinnert sich, dass der Wagen am Abholtag, am 27. April, erst
noch gereinigt werden musste. Die Ermittler folgern, dass der
NSU die Mietzeit am 19. April telefonisch verlängert habe –
und schreiben, ohne Belege gefunden zu haben, auf die Quit-
tung: »Anm: Verlängert bis 26./27.04.2007«. In der Anklage
wird das seither als Fakt hingenommen.

Am Kontrollposten an jenem 25. April 2007 wurde lediglich das Kennzeichen des Wohnmobils notiert, wer drin saß,
dagegen nicht. Da die Protokolle der Ringalarmfahndung erst
nach Auffliegen des NSU 2011 überprüft wurden, lässt sich

nicht mehr rekonstruieren, wer direkt vor dem Wohnmobil durch die Kontrollstelle fuhr. Der Fahrer nutzte laut Akten rote Kennzeichen, dessen Halter nach drei Jahren gelöscht werden. Auf der Liste taucht zudem ein Wagen mit dem Kennzeichen LB-MY 340 auf, das zur damaligen Zeit gar nicht zugelassen ist.

Den Ermittlern fällt bei der Durchsicht von Spesen-abrechnungen des Caravan-Verleihers Horn auf, dass die Betreiber-Familie an jenem 25. April selbst in der Nähe des Tatorts war. Vater und Sohn geben an, sie hätten in Tübingen ein gebrauchtes Wohnmobil kaufen wollen. Der Deal sei gescheitert, die nächste Etappe sei Würzburg gewesen. Die Route führt auf der A 81 direkt an Oberstenfeld vorbei, an jenem Ort, wo einer ihrer Wohnwagen registriert wird. Die Familie versichert aber, nicht in jenem Camper gesessen zu haben, der heute als Fluchtwagen der Mörder gilt.

Konstruierte Kollegenvernehmung?

Zurück zur Frage, wieso der Mietvertrag verlängert wurde. Hätten die Täter irgendwelche Polizisten töten wollen, hätte es in Heilbronn auch in den Tagen vor dem 25. April mehrfach die Möglichkeit dazu gegeben – ganz ohne Mietzeit-Verlängerung. Denn durch Vernehmungen wissen die Soko-Ermittler, dass immer wieder Beamte zum Trafohäuschen fuhren. So stand der Böblinger Bereitschaftpolizist Patrick H. einen Tag vor dem Mord mit einer Kollegin im Streifenwagen auf der Theresienwiese. Das Kuriose: In die LKA-Akten gelangt eine andere Aussage, nämlich, dass H. dort nie Pause gemacht habe. Als ihm am 7. Oktober 2010 seine angebliche Äußerung von damals vorgehalten wird, erwidert er überrascht: »Dass Sie von einer ersten Vernehmung reden, verwundert mich jetzt ein wenig. Ich wurde noch nie vernommen.« Die vorgehaltene

Aussage sei zudem nicht plausibel, so H. Er habe sich mit der Kollegin S. darüber beraten, ob sie einen Vermerk schreiben sollten, dass sie am Tag vor dem Mord auf der Theresienwiese standen. »Deshalb wäre es doch widersprüchlich, wenn ich in irgendeiner Vernehmung gesagt hätte, am Tatort noch nie Pause gemacht zu haben.« War das ein Versehen oder sollte die Theresienwiese als bekannter Pausenplatz verschwiegen werden, um die These der Zufallsopfer zu stützen?

Eine weitere Merkwürdigkeit: Während die ersten Beamten unmittelbar nach der Tat auf die Theresienwiese kommen und das Gelände absperren, ist offenbar bereits das knapp 90 Kilometer entfernt stationierte Mobile Einsatzkommando (MEK) Karlsruhe vor Ort. Der Beamte Volker G. erinnert sich in seiner Vernehmung am 26. November 2011 daran und wundert sich darüber. Ohnehin scheint es nach der Tat laut Akten sehr wild auf dem Schotterplatz zugegangen zu sein. Denn als Meldepunkt für anfahrende Beamte wurde die Theresienwiese genannt. Mehrere Hubschrauber landen dort, Fahrzeuge rollen an. Jede Menge Staub wird aufgewirbelt, als die Spurensicherung noch nicht abgeschlossen ist.

Auch werden Zeugen von Beamten weggeschickt, ohne dass ihre Personalien aufgenommen wurden. Darunter ist Jamil Chehade, der sich später selbst nochmals bei der Polizei meldet. Er war am Streifenfahrzeug der Opfer, bevor die alarmierten Kollegen eingetroffen waren. Er inspizierte die Beamten, »ohne sie zu berühren«, wie er in seiner Vernehmung versichert. Der Mann vermutete in einer Vernehmung durch die Soko, »dass die Polizisten sich selber umgebracht haben wegen Beziehungsproblemen«. Später rückte er selbst in den Fokus der Ermittler. Chehade ist kein einfacher Zeuge. Er fungierte nach eigenen Angaben als Europa-Chef der Amal-Bewegung, einer schiitischen Gruppe, die großen Einfluss im Libanon besitzt und unter anderem mit der Hisbollah kooperiert. Er war Beobachtungsobjekt der deutschen Behörden. Dass er einer der ersten Zeugen vor Ort war, soll einer der vielen Zufälle in dem spektakulären Mordfall sein.

Spektakulär wurde der Fall auch wegen einer anderen Geschichte. Diese sollte die Ermittler knapp zwei Jahre auf Trab halten und etliche Ressourcen binden. Es geht um die DNA einer unbekannten weiblichen Person, die als »uwP-Spur« und Heilbronner Phantom in die Geschichte eingeht. Die Spurensicherung findet laut einem Soko-Bericht »an der Dachkante des Beifahrertürausschnittes, zwischen A- und B-Säule, als auch am Ass. Kfz.66.1, nämlich am Verriegelungsknopf der Beifahrertür, das DNA-Profil einer bislang unbekannten weibl. Person«. Zunächst klingt es wenige Tage nach der Tat nach einem schnellen Ermittlungserfolg. Denn das System spuckt Treffer aus. Der genetische Fingerabdruck taucht bei 40 Straftaten in Deutschland, Frankreich und Österreich auf. Darunter sind Morde, aber auch ein Schuleinbruch. Die Ermittler halten über Monate an der Spur fest und werden nicht stutzig, als die Treffer immer skurriler werden, etwa, als Anfang 2009 die DNA auf einem Fingerabdruckbogen auftaucht. Nach einem Hinweis von österreichischen Behörden auf eine mögliche Kontamination werden eigene Untersuchungen angestellt. Zwei Jahre nach dem Mord an Kiesewetter müssen die Ermittler dann zähneknirschend einräumen, dass sie zwar eine Frau gejagt und ermittelt haben. Diese sei allerdings keine Mörderin, sondern die Verpackerin der Wattestäbchen, die von deutschen und österreichischen Ermittlern für die Spurensicherung eingesetzt wurden. Die Frau hatte die Teile offenbar ohne Handschuhe in die Hüllen geschoben und dabei ihren genetischen Fingerabdruck hinterlassen. Die uwP-Spur kostete wertvolle Zeit, da andere vielversprechende Spuren vernachlässigt wurden.

Spuren jahrelang nicht ausgewertet

Zu diesen Spuren gehören die Ergebnisse aus der Ring-alarmfahndung. Aber auch Bilder der Überwachungskameras von Geschäften in der Nähe der Theresienwiese, die erst zwei Jahre später ausgewertet wurden. So sichern die Beamten zwar die Aufzeichnungen, etwa von drei nahegelegen Tankstellen, der Gaststätte Buchowski und der Yormas Bäckerei. Eine Auswertung »der in der Spur Nr. 2 und anderen Spuren und Maßnahmen erhobenen Lichtbild- und Videoaufzeichnungen wurde gem. Weisung der früheren Soko-Leitung ganz oder teilweise zurückgestellt (bis 19.03.2009)«, heißt es in der Ermittlungsakte. Danach hätte es »nur eigeninitiative und anlassbezogene Sichtungen und Auswertungsvorbereitungen durch verschiedene Kollegen« gegeben. Manche Aufnahmen blieben gar bis April 2010 verschwunden.

Lange Zeit ignoriert wurde auch der private Mail-Account von Michèle Kiesewetter beim amerikanischen Betreiber Yahoo. Die Beamten hatten zunächst darauf verzichtet, ein internatio-nales Rechtshilfegesuch vorzulegen, das Yahoo verlangt hat. Als die Ermittler dieses Jahre später nachreichen wollten und am 4. August 2010 eine Test-E-Mail an shally82@yahoo.com schick-ten, erhielten sie eine Fehlermeldung. Eine Nachfrage des BKA am 22. Dezember 2011 beim zuständigen Verbindungsbeamten in den USA brachte die Antwort, dass Yahoo Konten nach 14 Monaten ohne Nutzung löscht. Wer über diesen Mail-Account Kontakt zum Opfer hatte, bleibt daher für immer ungeklärt.

Auch die Funkzellenauswertung rückte erst einmal in den Hintergrund. Dabei hatte sich die Soko »Parkplatz« Ruf-nummern der Mobiltelefone auflisten lassen, die kurz vor und nach dem Mord in Funkzellen rund um die Theresienwiese eingeloggt waren. Diese wurden zum Abgleich an Europol gesandt. Siehe da: Mehrere Nummern waren im System der europäischen Ermittlungsbehörde gelistet. Laut Notiz des BKA kam es zu 45 sogenannten Kreuztreffern, darunter 16 deutsche Mobilfunknummern. Zwei waren bereits in Verbindung mit Ermittlungen zu islamistischen Terroristen aufgetaucht. Am 22. April 2009, also fast genau zwei Jahre nach dem Mord, startet eine Beamtin einen erneuten Aufklärungsversuch – und scheitert. In einer E-Mail schreibt die Soko-Ermittlerin Sabine R. an LKA-Kollegen: »Da diese Treffermitteilung UWP-unabhängig sind und möglicherweise neue Ermittlungsansätze bieten, bitte ich dich um Mitteilung, wann genau die jeweiligen Treffernummern eingebucht waren (Zeit, Gesprächsdauer, Teilnehmer, A-B-Nummer etc.), damit wir die Dinge auch bewerten können«. Am 18. Juni 2009 folgt die Antwort des LKA-Beamten R.: »Nachdem von Europol, AWF Stork, Treffer bzgl. der angelieferten Funkzellendaten gemeldet wurden, wurde entschieden, die Auswertung der Treffer zunächst zurück zu stellen. Nach Ansiedlung der Soko Parkplatz zum LKA BW wurden die Treffer zum FZD-Sb. Koll. Fink weitergeleitet. Die weitere Auswertung bzw. Verwendung obliegt somit Koll. Fink. Bisher wurde entschieden, zunächst keine weiteren Daten zu Europol zu schicken. Die Maßnahme kann somit von Zu. nicht abgeschlossen werden.« Aus den Dokumenten wird später deutlich, dass die Ermittler die Auswertung des großen Datenbestandes als zu aufwändig und kaum erfolgversprechend werten. Und weiter: »Aufgrund der Ereignisse des 04.11.2011 in Eisenach/TH werden keine weiteren Maßnahmen mehr durchgeführt.« Seit diesem Tag gelten nach offizieller These nur noch Uwe Mundlos und Uwe Böhnhardt als Täter.

In der Anklage spielt auch keine Rolle, wieso im Vorfeld des Mordes an jenem 25. April Heilbronn offenbar Ziel mehrerer Behörden war. So brach etwa der Verfassungsschützer

Volker L. am Nachmittag jenes Tages aus Stuttgart in Richtung Heilbronn auf. Vor dem NSU-Ausschuss erklärte er am 9. November 2015, er habe dort einen Informanten aus dem Bereich Islamismus treffen wollen. Er sei auch erst um 15 Uhr losgefahren und habe wegen laufendem CD-Player weder etwas vom Mord noch von der Ausnahmesituation, in der sämtliche Behörden steckten, mitbekommen. An jenem Mittag war auch ein ausländischer Beamter in der Nähe. Auf der A 6 wurde laut BKA-Akten Master Sergeant Andrew H. von der in Böblingen stationierten US Special-Forces-Group geblitzt. Bis 2071 als geheim eingestufte Dokumente des BND legen nahe, dass US-Behörden Informationen zum Fall haben.

Zeugen berichten von blutverschmierten Männern

Nachdem sich aber Uwe Mundlos und Uwe Böhnhardt am 4. November 2011 mutmaßlich selbst getötet haben, fokussieren sich die Ermittlungen auf diese beiden Personen. Andere Hinweise spielen keine Rolle mehr. Dabei hat es Zeugenaussagen gegeben, die auf mindestens sechs Tatbeteiligte schließen lassen. Manche sollen kurz nach der Tat blutverschmiert geflüchtet sein. Zu lesen sind die Aussagen in den Ermittlungsakten der Soko »Parkplatz«.

Zu den Zeugen gehört der Rentner Anton M., der an jenem Mittwoch kurz nach 14 Uhr mit dem Rad unterwegs war. Nahe der Neckarbrücke am Wertwiesenpark sei ihm eine Frau mit Kopftuch entgegen gekommen, dahinter zwei Männer. »Ein stabiler Junge, der andere schlank«, berichtet M. als Zeuge, der seine Beobachtungen 2015 vor dem NSU-Ausschuss in Stuttgart wiederholte. Einer habe blutige Hände gehabt. »Ich dachte, die haben sich wegen dem Mädchen gestritten.« Der Blutverschmierte sei runter an den Neckar und habe sich die

Hände gewaschen, die anderen hätten sich auffällig verhalten. »Ich habe noch gefragt: Brauchen Sie Hilfe?«

Der Zeuge Thorsten B. befuhr ebenfalls kurz nach 14 Uhr die Hafenstraße Richtung Karlsruher Straße. Unmittelbar nach der Eisenbahnbrücke seien drei Männer auf der rechten Seite die Böschung hinuntergerannt. Es habe so ausgesehen, als ob sie vor etwas weglaufen würden, ist in den Akten vermerkt. Auch das Ehepaar K. machte an jenem 25. April ungewöhnliche Beobachtungen. Es berichtet der Polizei von einem Mann, der offensichtlich vor dem Polizeihubschrauber flüchtete. Das Paar, das sich gleich bei der Polizei gemeldet hatte, wurde später mehrfach befragt – zuletzt 2015, so Zeliha K. vor dem NSU-Untersuchungsausschuss in Stuttgart. Die Parlamentarier sind über die späten Ermittlungen, also kurz vor der Befragung im Landtag, sehr überrascht, finden aber trotz Recherchen bei Polizei, LKA, BKA und GBA nicht heraus, von welcher Behörde die Ermittler geschickt wurden.

Aufschlussreich sind auch die anderen Zeugenaussagen zu lesen. Lieselotte W. gab bei der Polizei an, dass sie gegen 14 Uhr »ganz deutlich zwei harte Schüsse« gehört habe. Sie dachte zunächst an Salutschüsse zur Eröffnung des Frühlingsfestes. Doch als sie auf die Theresienwiese blickte, bemerkte sie, dass es dort noch ruhig war und das Riesenrad noch nicht stand. Wenig später machte sie aber eine andere Beobachtung: »Ich sah einen Mann, der einen blutverschmierten Arm hatte. Es sah so aus, als ob zufällig ein Auto dem Mann entgegen kam. Dieses Auto hielt an und der Mann stellte sich vor die Beifahrertüre und schaute um sich herum. Dies wunderte mich sehr, weil ich dachte, das ist etwas Kriminelles. Ich dachte, da hat einer was angestellt und wird abgeholt.«

Es gibt einen weiteren Zeugen, der einen blutverschmierten Mann gesehen hat. Er ist Hinweisgeber der Heilbronner Polizei, der in den Soko-Akten als zuverlässige Quelle beschrieben wird. Er berichtet den Beamten von seinen Beobachtungen auf der Verkehrsinsel in der Sontheimer Straße. Dort sei am rechten Fahrbahnrand ein Fahrzeug mit laufendem Motor gestanden. Das Fahrzeug, ein dunkelblauer Audi 80, habe ein Mosbacher Kennzeichen gehabt. Als der Zeuge noch vier bis fünf Meter von dem Fahrzeug entfernt gewesen sei, habe er gesehen, wie ein Mann von der gegenüberliegenden Seite aus auf das Fahrzeug zu rannte. Er habe noch gehört, wie der Fahrer »dawai, dawai« rief und der Mann mit dem Kopf voran ins Fahrzeug hechtete. Die Tür wurde geschlossen und der Wagen fuhr mit quietschenden Reifen weg. Der Mann sei zwischen 28 und 30 Jahre alt gewesen, circa 1,80 Meter groß mit einer auffälligen Tätowierung (Kreuz auf Hügel) am muskulösen Unterarm. Am auffälligsten sei jedoch gewesen, dass dessen rechter Arm voller Blutflecken gewesen sei. Auch im vorderen rechten Bereich des T-Shirts seien Blutspritzer zu sehen gewesen.

Diese Angaben decken sich mit dem Ergebnis der operativen Fallanalyse, wonach sich die Täter mit Blut verschmiert haben müssen, als sie die Ausrüstung der Beamten entwendeten. Die Ermittler kommen zu folgendem Schluss. »Es erscheint als sehr wahrscheinlich, dass die Aussagen der Zeugen (…) sich gegenseitig ergänzen bzw. stützen.« Die Ermittler lassen Phantombilder erstellen und wollen vier veröffentlichen. Doch der zuständige Staatsanwalt Christoph Meyer-Manoras verhindert das. Er bezeichnet die Zeugen – anders als die Soko Parkplatz – als unglaubwürdig oder die Erinnerungen als »konstruiert«.

Nebenklagevertreter Walter Martinek kommentierte dies in seinem Plädoyer wie folgt: »Nicht verhehlen möchte ich, dass die Nichtberücksichtigung einer Reihe von Zeugenaussagen, die eine Beteiligung von mehreren Personen nahelegen, einen schalen Nachgeschmack bei mir hinterlässt.« Zwar spreche viel für die Beteiligung von Mundlos und Böhnhardt in Heilbronn, so Martinek weiter, aber er habe Zweifel an der Allein-Täterschaft der beiden.

Am Tatort kommen die Erinnerungen zurück

Unter den Zeugen ist auch Martineks Mandant Martin Arnold selbst. Allerdings spielt die Angst des Überlebenden eine wichtige Rolle. Laufen die Täter noch frei herum? Würden sie ihn erneut angreifen, wenn sie wüssten, dass er sich an sie erinnern kann? Arnold hatte in einem konspirativen Gespräch mit dem Staatsanwalt gedroht, er würde das Land verlassen, wenn das mit seiner Hilfe erstellte Phantombild veröffentlicht werde. Ermittlern hatte er zuvor noch gesagt, er sei sich sicher, dass das Bild den Täter zeige. Seither lautet die offizielle Darstellung aber, es gäbe keine Erinnerungen von Arnold. Im Abgabebericht der Staatsanwaltschaft an den Generalbundesanwalt, nachdem der im November 2011 die Ermittlungen übernommen hatte, ist das damit begründet, »dass jedes Abweichen« von dieser Aussage »Spekulationen eröffnet hätte, die zu einer erheblichen und durch nichts zu rechtfertigenden Gefährdung des Lebens des Zeugen Arnold hätten führen können«.

Dass es doch Erinnerungen gibt, darauf deuten Vernehmungsprotokolle des niedergeschossenen Beamten hin. Erstmals setzen sie demnach ein, als Arnold am 7. Februar 2008 mit Ermittlern zum Tatort kommt. Der Polizist legt Blumen für die gestorbene Kollegin nieder, hält einen Moment inne. Dann sucht Arnold das Gespräch mit den Beamten. »An diesem Tag war es relativ warm«, erinnert er sich an den 25. April 2007. Sie hätten im Wagen geraucht. »Das ist eigentlich komisch, weil wir zum Rauchen normalerweise immer aus dem Fahrzeug

ausgestiegen sind.« Dann sei dieser Mann im Rückspiegel aufgetaucht. »Es war keine junge Person, sondern bestimmt schon
über 30. Vom Aussehen her war es für mich ein etwas älterer
Mensch. Aber nicht so wie ein faltiger Opa, sondern einfach
schon etwas älter.« Seine Kollegin habe gesagt: »Nicht mal hier
hat man seine Ruhe. Der will wahrscheinlich eine Auskunft.«
Dann gibt Arnold an, sich zu erinnern, wie er aus dem Wagen
fällt, mit der Wange auf dem Schotter landet und sich um seine
neue Sonnenbrille sorgt, die zerkratzen könnte. Er ist über seine
Erinnerungen überrascht. »Das kam ganz plötzlich, als ich den
Tatort sah. Es kam mir vor, als wäre es der 25. April.«

Auf ausdrücklichen Wunsch von Arnold entscheiden sich
die Ermittler für eine Hypnosebefragung. Am 22. April 2008
wird der Beamte in Trance versetzt. Eine Beamtin kommt mit
einer brennenden Zigarette in den Raum, um den Hypnotisier-
ten mit allen Sinnen an den Tattag zu bringen – es funktioniert
offenbar. Der Polizist, der nach der Schussverletzung mehrere Wochen im Koma lag, berichtet von einem wolkenlosen
Himmel. Bei der Pause im Auto habe er mit Kiesewetter über
ihre Zukunftspläne gesprochen. Sie sei ein fröhlicher Mensch
gewesen. »Wir hatten beide die Fenster unten – und bei der
Michèle kam einer auf ihre Seite – eine Person.« Seine Kollegin habe einen Schulterblick gemacht und gefragt: »Ja, hallo.
Kann ich Ihnen weiterhelfen?« Arnold erinnert sich, wie sich
die Lippen des Mannes bewegen. Er hört aber nichts, sieht
nur den unteren Teil des Gesichtes, weil der Rest durch das
Wagendach verdeckt ist.

Dann sieht er eine Person auf seiner Seite. »Es war auf jeden
Fall ein Mann, kein Bart, kein Pferdeschwanz, keine Brille
– auch schon älter.« Arnold will sich sogar an die Kleidung
erinnern: dunkle Blue-Jeans, schwarze Lederschuhe und ein
Kurz-Arm-Hemd, das in der Hose steckte. »Der hat auch nicht

gelächelt oder so was, gar nichts. Hat das Gesicht gar nicht verzogen.« Ergänzend erklärt er später, dass der Mörder von Kiesewetter weiß-graue Armbehaarung hatte, also mindestens 40 Jahre alt sein müsste.

Für die Ermittler ist die Hypnosebefragung ein Erfolg. Arnolds Angaben korrespondieren in vielen Punkten mit der Tatrekonstruktion. Als Bewertung steht in der Ermittlungsakte: »Er hatte klare und konkrete Erinnerungen an die Situation, die er sich immer wieder vor seinem inneren Auge abrief und beschrieb.« Der Überlebende selbst erklärt damals: »Es kamen Erinnerungen wieder, an die ich mich zuvor nicht erinnern konnte. Bis zu diesem Zeitpunkt wusste ich überhaupt nicht, dass diese Erinnerungen existieren.«

Phantombilder passen nicht zur NSU-These

Brisant ist, dass seine Täterbeschreibungen weder zu Mundlos noch zu Böhnhardt passen. Doch dann erleben die Ermittler einen herben Rückschlag. Nachdem das Phantombild nach den Angaben von Arnold erstellt wurde, hat sich Staatsanwalt Meyer-Manoras mit Arnold zu einem geheimen Gespräch getroffen, ohne dies mit der Soko abzusprechen. Notizen dazu sind in den Soko-Akten hinterlegt. LKA-Beamter Herbert Tiefenbacher, der damals die Ermittlungen leitete und Arnold elf Mal befragt hatte, dessen zunehmende Erinnerungen miterlebte, erklärte am 16. Oktober 2015 vor dem Stuttgarter NSU-Untersuchungsausschuss: »Erst bei einem Gespräch mit unserer Führungsebene, wo wir übers Phantombild geredet haben, da hat er gesagt, dass er dieses Vierstundengespräch bei der Staatsanwaltschaft hatte und dass der Staatsanwalt ihm verboten habe, mit der Sonderkommission darüber zu reden. Und das war für mich der nächste Punkt, der mich fast schockiert hat, weil ich finde, in einem solchen Verfahren mit einer solchen Tragweite und vor allem mit einem solchen Ereignis sollte die Staatsanwaltschaft mit der Polizei, mit der Sonderkommission zusammenarbeiten.«

Es kommt für die Soko, die sich mit der Phantombildver-öffentlichung einen Durchbruch erhofft hat, noch schlimmer. Denn nach dem Gespräch mit Meyer-Manoras gibt Arnold plötzlich an, dass er sich an keine Dinge mehr vom Tattag erinnern könne. Der Staatsanwalt hatte zudem den Nerven-arzt Thomas Heinrich vom Klinikum am Weissenhof mit einem Gutachten über die Erinnerungsfähigkeit Arnolds beauftragt – und dem Chefarzt in einem Gespräch gleich mitgeteilt, was er von der Sache hält. Heinrich folgte nach einem zweistündigen Gespräch mit Arnold dem Befund des Staatsanwalts. Das Oberlandesgericht München hat dieses Gutachten bei der Vernehmung von Arnold am 16. Januar 2014 nicht hinterfragt.

Verbittert darüber äußerte sich Tiefenbacher auch am 30. Januar 2014 vor dem OLG München. »Beim ersten Mal haben wir ihn behandelt wie ein rohes Ei.« Der Überlebende habe sich sehr sicher gezeigt, sei von den Ermittlern nie unter Druck gesetzt worden. »Er war in Vollbesitz seiner geistigen Kräfte.« Und: Er habe sich an Tat und Täter erinnern können.

Mit den Erinnerungen von Arnold verschwinden auch die Phantombilder und die Aussagen der Zeugen in den Heil-bronn-Akten. Der Nebenklagevertreter Yavuz Narin wies im Münchner Prozess darauf hin, dass die Beobachtungen der Zeugen »doch sehr plausibel waren«. Tiefenbacher, der mitt-lerweile pensioniert ist, bestätigte das. Narin: »Ist es üblich, dass in einem Fall so viele Zeugen blutverschmierte Personen sehen?« Dem erfahrenen Kriminalbeamten ist dazu kein an-derer Fall bekannt.

»Es muss weiter ermittelt werden«

Aus dem Plädoyer von Seda Basay-Yildiz, Anwältin der Familie
von Enver Şimşek, der am 11. September 2000 in Nürnberg
getötet wurde

Enver Şimşek war das erste bekannte Mordopfer des NSU. (...) Sie
hätten ihn nicht umbringen müssen, um den Erhalt der Deutschen
Nation zu sichern. Er wäre ohnehin in die Türkei zurückgekehrt. Auch
sein Leichnam ist nicht hiergeblieben, sondern liegt in seinem Dorf
unweit des Hauses, das er gebaut hatte und wo er leben wollte. (...)

Warum konnten die Täter über ein Jahrzehnt nicht überführt
werden? (...)

Da sind zwei Menschen 216 Kilometer von Zwickau nach Nürnberg gefahren und haben Enver Şimşek zufällig in der Liegnitzer
Straße getroffen und einfach so getötet? (...) Warum er und warum
drei Morde in Nürnberg? (...) Nun gibt es für die Auswahl der Tatorte zwei gegensätzliche Thesen. Es gibt zum einen die auch von
uns und vielen anderen Kollegen vertretene These, dass es vor
Ort jeweils Unterstützer, Mitglieder oder Tippgeber gegeben hat.
Dagegen steht die These der Bundesanwaltschaft, dass Mundlos
und Böhnhardt die Tatorte jeweils selbst ausspioniert haben. (...)
Das bedeutet insbesondere, dass das Trio – wenn es nicht aufgrund
von örtlichen Hinweisen gehandelt hat – jeden Tatort mindestens
zweimal aufgesucht haben muss, nämlich einmal zum Auskund-
schaften und einmal zur Durchführung der Tat. Allerdings liegen
die tatsächlichen Tatorte sowie die für weitere Taten ausgespähten
Tatorte in Nürnberg weit verstreut. (...) Zumindest gibt es keine
plausible Theorie, die erklärt, wie man zufällig, wenn man kreuz
und quer auf der Suche nach Tatorten durch Nürnberg streift, auf

diese drei Tatorte kommt. (...) Die Frage ist hier, ob die vorhandenen Ausspähnotizen tatsächlich darauf hindeuten, dass Mundlos und Böhnhardt diese Notizen aufgrund eigener Beobachtungen selbst gemacht haben oder ob es sich nicht eher um Notizen handelt, die von Dritten zugeliefert wurden. (...) Dazu heißt es in den Notizen: »Problem: Tankstelle nebenan. Türke aus Tankstelle geht in jeder freien Minute zu reden rüber. Imbiss mit Vorraum.« Wie oft muss man in einen Imbiss gehen oder ihn von außen beobachten, um eine solche Feststellung treffen zu können, dass der Tankwart von der daneben liegenden Tankstelle immer wieder in den Imbiss geht? (...) Als siebtes in dem Asservat heißt es dann: »Scharrerstraße neben Post Imbiss«. Es ist eindeutig, dass damit der Tatort des Mordes an Ismail Yaşar umrissen ist. (...) Am absolut unwahrscheinlichsten ist die Theorie von den nicht existierenden Helfern vor Ort allerdings bezogen auf den Mord an Enver Şimşek. (...) Er stand an dieser Stelle nur samstags und sonntags. Es gab aber keinen Hinweis darauf. (...) Das können natürlich Ortskundige wissen. Dabei ist besonders bemerkenswert, dass der NSU vor allen Dingen am Mittwoch ge- mordet hat. (...)

Alle Straftaten werden sehr viel leichter und plausibler erklärbar, wenn man von dritten Helfern ausgeht. (...) Ich hatte bereits darauf hingewiesen, dass gerade im Mordfall Yaşar konkrete Hinweise auf mögliche Rachegedanken in der rechten Szene gegen Ismail Yaşar vorliegen. (...) Einem Vermerk des Bundeskriminalamtes vom 19.04.2012 kann nämlich entnommen werden, dass Ismail Yaşar, der in der Scharrerstrasse in Nürnberg umgebracht wurde, einige Monate vor seinem Tod eine Auseinandersetzung mit einem als PMK-rechts (politisch-motivierte Kriminalität rechts) Erkenntnissen versehenen Jürgen F(...) gehabt hat. F(...) hat eine Sachbeschädigung zu dessen Nachteil begangen und wurde deswegen zu einer Frei- heitsstrafe von einem Monat verurteilt. Das Bundeskriminalamt führt in einem weiteren Vermerk aus, dass kein Zusammenhang zwischen der Sachbeschädigung aus dem Jahr 2004 und dem im Jahre 2005 erfolgten Mord an Ismail Yaşar festgestellt werden konnte. (...) Dies überrascht, zumal Jürgen F(...) und der Angeklagte Ralf Wohlleben sowie der Angeklagte Holger Gerlach, sowie Stefan Apel, Kai Steinicke und Uwe Mundlos am 18.02.1995 gemeinsam an einer Skinhead-Veranstaltung in der Gaststätte »Tiroler Höhe« in der Sterzinger Straße in Nürnberg teilgenommen haben. Es handelt sich um einen bekannten Neonazi- und NPD-Treff. (...) Demnach gab es Kontakte der Angeklagten Gerlach, Wohlleben und dem Verstorbenen Uwe Mundlos nach Nürnberg. Und das ist jetzt entscheidend: Einer dieser Kontakte in Nürnberg hatte eine Auseinandersetzung mit dem späteren Mordopfer Ismail Yaşar. (...) Diesen Umstand haben weder Bundesanwaltschaft noch das Bundeskriminalamt erkannt und überprüft. (...)

Gegen die These, dass der NSU in Nürnberg oder auch in anderen Städten Helfer und Tippgeber hatte, spricht eigentlich nur, dass die Bundesanwaltschaft bisher noch keinen finden konnte. (...) Es muss weiter ermittelt werden.

»Es ist vieles nicht klar, und es ist vieles möglich«

Interview mit Birgit Wolf, Anwältin der Mutter von Michèle Kiesewetter, die am 25. April 2007 in Heilbronn getötet wurde

Frau Wolf, hat Annette Kiesewetter, die Mutter des Opfers, noch Fragen zu dem Attentat?

Natürlich hatte sie am Anfang sehr sehr viele Fragen. Die konnten wir ihr nicht beantworten. Sie sagt: Ich habe meine Tochter verloren, die bekomme ich nie wieder, und ich bin mir eigentlich sicher, dass bestimmte Fragen nicht beantwortet werden können. Das liegt natürlich auch am Aussageverhalten von Frau Zschäpe, sie könnte vieles aufklären.

Worin unterscheidet sich der Mord von Heilbronn von den neun anderen Morden?

In der Begehungsweise. Es sind andere Waffen verwendet worden. Bei den neun vorherigen Morden haben die Täter nichts mitgenommen. Hier haben die Täter Waffen und Ausrüstungsgegenstände mitgenommen. Hier sind die Täter direkt an ihre Opfer herangegangen, haben da auch Spuren hinterlassen, was ja bei den anderen Fällen doch ein bisschen anders ist. Michèle Kiesewetter ist eine deutsche Polizistin gewesen, das haben wir bei den anderen Opfern auch nicht. Natürlich hat das auch Rätsel aufgeworfen: Wieso eine völlig andere Begehungsweise? Frau Zschäpe hat ja nach langer langer Zeit dann gesagt: Böhnhardt und Mundlos sind die Täter gewesen. Sie haben die Tat begangen, weil sie die Polizeiwaffen haben wollten. Das steht erst einmal so. Ich habe nichts anderes, dass ich sagen könnte, das stimmt nicht. Sie hat auch zu den anderen Morden gesagt, das waren Mundlos und Böhnhardt. Sie hat aber auch gesagt: Ich habe das erst hinterher erfahren – woran ich ganz starke Zweifel habe.

Warum ist der Heilbronn-Mord ein Schlüsselfall?

Wenn man mehr Hintergründe zu dem Mord an Michèle Kiesewetter wüsste, könnte man daraus zu den anderen Fällen bestimmte Schlussfolgerungen ziehen. Aber Frau Zschäpe schweigt. Sie sagt nur, der Mord geschah wegen der Waffen. Ob das stimmt, weiß ich nicht. Aber wir haben im Fall Michèle Kiesewetter nach meinem Dafürhalten die meisten objektiven Beweise und Indizien. Wir haben die Waffen im Wohnwagen, die Waffen in der Frühlingsstraße in Zwickau. Wir haben die mit dem Blut des Opfers befleckte Jogginghose, die Mundlos gehört haben soll, weil darin ein Taschentuch mit seiner DNA festgestellt wurde. Das sind alles Beweise und Indizien, die dafür sprechen, dass die beiden es gewesen sind.

Der Streifenkollege von Michèle Kiesewetter, Martin Arnold, sagte im Prozess, ihm fehle das Motiv für den Anschlag. Wie sehen Sie das?

Ich habe immer gesagt, ich kann mir nicht vorstellen, dass man Michèle erschossen hat und Herrn Arnold schwerstverletzt hat wegen der Waffen. Böhnhardt und Mundlos hatten ja ein Waffenarsenal. Sie hatten eigentlich genug Waffen. Aber ich habe im Augenblick nichts anderes als die Aussagen von Zschäpe: Es war wegen der Waffen. Das mag man glauben, das mag man nicht glauben. Aber mit Glauben kommen wir im Strafprozess natürlich nicht weiter, da möchte man schon Beweise, Indizien und Wissen haben.

Ismail Yozgat, der Vater des neunten Mordopfers Halit Yozgat, geht sehr stark in die Öffentlichkeit. Das kommt für Frau Kiesewetter nicht in Frage?

Nein, das kommt für Frau Kiesewetter nicht in Frage. Ich habe schon sehr viele Hinterbliebene vertreten, und es ist in der Tat so: Die einen verarbeiten es auf *die* Weise, die anderen verarbeiten es auf eine *ganz andere* Weise. Frau Kiesewetter zieht sich zurück und wird sich auch weiterhin zurückziehen.

Steht sie in Kontakt zu den anderen Opferfamilien?

Ja.

Auch zu Martin Arnold?

Ich möchte zu den Familienverhältnissen der Kiesewetters und den weiteren Kontakten aus gutem Grund nichts sagen.

Mich interessiert, ob es zum Beispiel Kontakt zu den früheren Kollegen gibt, der Böblinger Einheit? Ob die manchmal in Oberweißbach sind, die Familie besuchen, ob es so ein Verhältnis gibt zum Beispiel?

Ich will dazu nichts sagen.

Der Onkel von Michèle Kiesewetter, Mike W., Bruder Ihrer Mandantin, ist selbst Polizeibeamter. Er hat kritisiert, dass seine Nichte in Heilbronn einerseits in Uniform Streife gefahren ist und andererseits in Zivil als »Nicht offen ermittelnde Polizistin« (NoeP) zum Beispiel bei Drogenaufkäufen, bei Scheinaufkäufen, beteiligt war.

Stimmt.

Mike W. war Staatsschützer in Saalfeld und hatte zum Beispiel mit dem Thüringer Heimatschutz (THS) zu tun. Er war an Fest-

nahmen beteiligt, und er nahm einmal an einer Hausdurchsuchung bei Tino Brandt teil. Brandt war eine wesentlichen Figur des THS. Könnte da unter Umständen ein Motiv für den Mord an der Nichte von Mike W. liegen?

Als Rache?

Als Racheakt oder so etwas.

Die Problematik besteht darin: Es ist vieles nicht klar, und es ist vieles möglich, aber ich weiß es nicht. Es gibt wahrscheinlich viele Möglichkeiten neben dem, was Zschäpe gesagt hat, aber ich kann es nicht sagen. Und Vermutungen helfen uns nicht weiter. Der Stand ist für mich so, dass sich das, was in der Anklage steht, bis heute bestätigt hat. Dass man möglicherweise kein anderes Motiv sah als Wut auf den Staat, oder dem Staat zu beweisen, jetzt gehen wir auch noch an Polizisten ran. Es waren ja zwei Polizisten. Es geht im Grunde nicht nur um Michèle Kiesewetter, sondern Arnold ist ja auch Opfer gewesen. Der Anschlag könnte sich auch gegen Herrn Arnold gerichtet haben. Es sind viele Varianten möglich, aber ich habe nichts in der Hand, um das an irgendetwas festzumachen.

Haben Sie als Anwältin eigene Recherchen angestellt?

Zunächst ist es so, dass man als Strafrechtler, als Opferanwalt, sich ganz intensiv mit den Akten beschäftigt. Dass man nach Widersprüchen sucht oder nach Dingen, die übereinstimmen. Allein der Fall Kiesewetter umfasst etwa 55 Aktenordner. Ich habe Monate lang von früh bis abends darüber gesessen. Ich war natürlich in Heilbronn und habe mir den Tatort angeguckt. Aber zu meinem Bedauern bin ich nicht weiter gekommen. Und vielleicht konnte ich nicht weiterkommen, das ist jetzt eine Vermutung von mir, weil es so war, wie es in der Anklage steht. Wäre ja auch möglich.

Werden Sie über neue Ermittlungen informiert?
Ja, natürlich.

Bekommen Sie dann auch Akteneinsicht?
Während der laufenden Ermittlungen zu einem bestimmten Sachverhalt bekommt man in der Regel keine Akteneinsicht, keine Unterlagen. Erst wenn das abgeschlossen ist, bekommt man sie.

Haben Sie, seit der Prozess läuft, von der Bundesanwaltschaft neue Akten bekommen?
Nein, ich habe keine bekommen.

Im Prozess gab es immer wieder Differenzen zwischen verschiedenen Nebenklage-Anwälten und der Bundesanwaltschaft. Nebenklage-Anwälte sind der Meinung, die Hintergründe des NSU würden nicht aufgeklärt. Wie sehen Sie diesen Konflikt?
Es kommt natürlich darauf an, welche Hintergründe hier gemeint sind. Sicher gab es einige Dinge, die von Seiten der Nebenklage-Vertreter völlig berechtigt waren. Andere Dinge, würde ich sagen, müsste man nicht unbedingt in diesen Prozess einführen. Es gibt daneben ja auch noch die Untersuchungsausschüsse. Und die Generalbundesanwaltschaft hat immer betont: Wir ermitteln weiter, wir können im Moment zu den laufenden Ermittlungen nichts sagen. Ich muss aber sagen, wenn man irgendetwas völlig Neues festgestellt hätte, dann wären wir vielleicht auch bei den Hintergründen einen Schritt weiter. Ich habe vollstes Verständnis für die Nachfragen der Opferanwälte, die das ja vordergründig im Sinne ihrer Mandanten machen, den Hinterbliebenen, dass die noch mehr wissen wollen. Aber man kann nicht in jedem Strafverfahren und insbesondere nicht in diesem Strafverfahren alle Fragen beantworten. Das

ist unbefriedigend, aber das schafft man nicht, das ist leider im Strafrecht so.

Sie wurden Anwältin von Frau Kiesewetter drei Wochen nach dem Mord an Michèle, also 2007. Wie haben Sie die damaligen Ermittlungen in Erinnerung?

Ich habe in regelmäßigen Abständen den zuständigen Staatsanwalt angerufen und gefragt, ob es etwas Neues gibt. Und jedes Mal hat er mir gesagt: Es gibt keine heiße Spur. Er hat auch gesagt, und das ist korrekt: Frau Wolf, selbst wenn ich etwas wüsste, dürfte ich es Ihnen nicht sagen.

Man hat keine Täter gefunden. Aber die Sonderkommission (SoKo) Parkplatz kam zu der Einschätzung, die Tat muss von mindestens vier bis sechs Tätern begangen worden sein.

Ja.

Es gab korrespondierende Zeugenaussagen: Ein Blutverschmierter links, ein Blutverschmierter rechts, einer, der sich die blutigen Hände wäscht, eine Frau dabei, noch ein Mann, ein Fluchtauto und so weiter. Im zweiten Bundestagsuntersuchungsausschuss hat das ein SoKo-Parkplatz-Ermittler bekräftigt. Das Szenario war stimmig, vier bis sechs Täter mindestens. Und nun nach 2011 hat sich die Bundesanwaltschaft festgelegt: nur Böhnhardt und Mundlos…

Nur zwei.

… nur zwei Täter, ohne einen Dritten. Also auch Zschäpe nicht vor Ort. Das ist ja eine Diskrepanz. Wie bringen Sie das in Einklang?

Genau das war ein Problem beim Aktenstudium. Ich habe mir die Aussagen der Zeugen immer wieder durchgelesen und herausgeschrieben. Und ich habe für mich – ich kann mich irren, ich bin auch nur ein Mensch – Widersprüche in den Zeugenaussagen entdeckt, so dass ich letztendlich zu dem Ergebnis kam: Es kann durchaus so gewesen sein, dass nur Mundlos und Böhnhardt die Täter waren. Weil: Es gab Zeugen, die gesagt haben, ein Mann hat sich im Neckar die blutverschmierten Hände gewaschen. Ein weiterer Zeuge hat gesagt, es ist ein Mann – wörtlich – in ein Auto gehechtet, blut-verschmiert, und hat geschrien »dawai, dawai«, also russisch: »schnell, schnell«. Ich habe viele Tötungsdelikte bearbeitet und habe mir vergegenständlicht: Wie müsste denn der Tatablauf gewesen sein? Man hat bei Arnold mit Gewalt die Waffe und die Ausrüstungsgegenstände weggenommen. Das heißt, es muss jemand ganz nah an Arnold dran gewesen sein und muss sich mit Sicherheit auch mit Blut verschmutzt haben. Bei Kiesewetter ist es so, dass wir nur die Blutspuren an der Jogginghose von Mundlos haben. Ich habe dann Experimente mit dem Auto gemacht, wie man das mit offenen Türen, mit geschlossenen Türen, machen könnte. Und ich bin für mich, wie gesagt, ich kann mich irren, zu dem Ergebnis gekommen: So viele Leute können an den Opfern nicht dran gewesen sein. Das passt nicht, da ist gar kein Platz dafür. Dann: Es gab ja viele Phantombilder, und die Staatsanwaltschaft wurde kritisiert, dass diese Bilder nicht veröffentlicht wurden. Glauben Sie mir: Ich habe in den vielen Jahren, in denen ich Strafrecht mache, mehreren Leuten eine Person gezeigt und habe danach gefragt: Wie sah die Person aus? Es kamen die unterschiedlichsten Aussagen. Man muss die Zeugenaussagen schon kritisch be-trachten. Inwieweit andere bei bestimmten Vorbereitungen noch mitbeteiligt gewesen sind, das weiß ich nicht.

Die Jogginghose ist für mich eigentlich der Beleg, dass es min-destens drei Täter waren. Derjenige, der die Jogginghose getragen hat, möglicherweise wirklich Mundlos, hat nicht die Waffe von Kiesewetter weggenommen, sonst wäre die Jogginghose verschmiert. Zwei Personen, die die Waffen weggenommen haben und sich mit Blut besudelt haben – und dazu kommt der Jogginghosenträger.

Nein, nein, nein. Die Waffe von Michèle Kiesewetter hat Mundlos ja ohne Probleme wegnehmen können. Er hat das Holster sofort aufgekriegt und hatte die Waffe.

Er musste sich dazu aber über den Körper beugen, muss das Holster öffnen. Glauben Sie nicht, dass man sich dabei mit Blut verschmiert?

Dann ist die Frage, wo? Also die Blutspritzer, die auf der Jogginghose festgestellt wurden, schlussfolgere ich, die sind von der Schussabgabe. Aber wenn er nur am T-Shirt mit Blut verschmiert war und dieses T-Shirt ist auf Nimmerwiedersehen verschwunden, dann wäre es schon möglich.

Wie verfolgen Sie die fortgesetzten politischen Aufklärungsbemühungen? In Baden-Württemberg wurde ein eigener Untersuchungsausschuss zum Mord an Michèle Kiesewetter eingesetzt, jetzt gibt es einen Folgeausschuss. Wie beurteilen Sie das?

Ich verfolge natürlich schon bestimmte Ergebnisse der Untersuchungsausschüsse. Es ist auch wahnsinnig viel. Doch ich persönlich bin der Auffassung: Wenn etwas wirklich Einschlagendes kommen würde, würde das sofort bekannt werden. Aber bedauerlicherweise ist nicht das gekommen, was ich mir als Jurist wünschen würde. Ich verstehe schon, dass die Untersuchungsausschüsse zum Teil eine sehr gute Arbeit leisten, aber letztendlich hat Herr Binninger auch gesagt: Es sind nur Vermutungen, wir haben keine Beweise. [Anm.: Clemens Binninger leitete den zweiten NSU-Untersuchungsausschuss des Bundestages.] Und mir nützen Vermutungen nichts.

Das Interessante des NSU-Untersuchungsausschusses im Bundestag ist dessen Arbeitshypothese: Die Drei-Täter-Theorie ist nicht haltbar. Alle Ausschussmitglieder gehen davon aus und formulieren das auch immer wieder: »Es müssen mehr Täter gewesen sein. Und: Kennen wir eigentlich den Kopf vom NSU schon?« Das sind eigentlich ketzerische Fragen.

Das ist doch nicht verkehrt, erst einmal diese Fragen zu stellen. Aber dann bitte hätte ich gerne die Antworten. Und die Antworten können sie mir nicht geben. Von der Logik her verstehe ich diese Gedankengänge, aber das reicht mir nicht. Dann soll man mir bitte den Kopf präsentieren. Ich muss es mal so deutlich sagen. Wer ist denn der Kopf? Aber wir haben den Kopf nicht und das ist mein Problem. Ich brauche einen Beweis oder wenigstens entsprechende Indizien, die die Beweiskette schließen, und das haben wir nicht. Ich verstehe natürlich, dass diese Untersuchungsausschüsse sagen: »Das kann doch nicht wahr sein, drei Leute sollen so etwas gemacht haben, da muss doch noch jemand dabei gewesen sein.« Aber das läuft jetzt eine Ewigkeit, und wir sind trotzdem keinen Schritt weiter.

Sie waren zu DDR-Zeiten Staatsanwältin. Können Sie sagen, von wann bis wann und womit Sie zu tun hatten?

Ich war Staatsanwältin von 1973 bis 1992. Ich habe zuerst in der Stadt Gera Jugendkriminalität bearbeitet, bin dann zur Bezirksstaatsanwaltschaft versetzt worden und habe dort überwiegend Tötungsdelikte bearbeitet.

Hatten Sie es damals auch schon mit rechtsextremen Taten zu tun?

Ich habe sie nicht bearbeitet, aber wenn die Frage so lautet, ob es die damals schon gab: Die gab es auch, aber ich habe die nie bearbeitet.

Sie hatten persönlich auch nicht mit rechtsextremen Tätern zu tun?

Nein.

In der Wendezeit haben Sie die Staatsanwaltschaft in Gera geleitet.

Ja, ich war kommissarisch als Behördenleiter eingesetzt worden, weil der zu erwartende Behördenleiter noch nicht zur Verfügung stand und die Behörde ja geleitet werden musste. Und da war ich für eine relativ kurze Zeit Behördenleiter.

Und dann hat sich das Bürgerkomitee gegen Sie ausgesprochen.

Ich habe damals als Staatsanwältin die Auflösung der Staatssicherheit vorgenommen, natürlich mit dem Bürgerkomitee zusammen, über eineinhalb Jahre lang. War dann selbst im Staatsanwalt-Berufungsausschuss mit drin, und dann hat das Bürgerkomitee sich dafür ausgesprochen, dass ich nicht mehr Staatsanwalt sein kann.

Gab es eine Belastung?

Es gab überhaupt keine Belastung. Das würde jetzt aber zu weit führen. Es ist nachgewiesen, das ist dokumentiert, dass ich nie irgendeine Belastung hatte.

Aus einem der NSU-Untersuchungsausschüsse weiß ich, dass die Staatsanwaltschaft Gera nach dem Verschwinden des Trios Böhnhardt, Mundlos, Zschäpe 1998 selber gemutmaßt hat, dass die drei Informanten des Verfassungsschutzes sind. War das Thema in der Staatsanwaltschaft?

Da war ich schon lange weg. Seit 1992 bin ich ja raus. Aber davon habe ich auch im Nachhinein nie etwas gehört.

Waren Sie auch SED-Mitglied?
Ja.

Wurden Sie deshalb oder weil Sie DDR-Staatsanwältin waren,
einmal im NSU-Verfahren angefeindet?
Nein, nie.

Hat niemand versucht, Sie mit Ihrer Vergangenheit zu erpressen
oder so etwas?
Nein, niemals. Ich habe nie einen Hehl daraus gemacht, dass
ich zu DDR-Zeiten Staatsanwalt gewesen bin, sonst könnten
Sie es auch nicht wissen. Ich muss mich dessen auch nicht
schämen. Ich habe Mord und Totschlag bearbeitet. Ich habe
immer gesagt, das ist in der Bundesrepublik strafbar und das
ist in der DDR strafbar gewesen. Ich habe auch mal einen
Diebstahl bearbeitet, aber nie politische Sachen.

Auf Ihrer Webseite schreiben Sie, Sie vertreten Opfer wie Täter.
Ich habe gelesen, dass Sie auch einen Mandanten aus dieser Ehr-
hardt-Bande in Jena hatten. [Anm.: In der kriminellen Bande war
in den 1990er Jahren auch Uwe Böhnhardt aktiv.]
Wenn Sie auf Enrico T. ansprechen, dann ist es richtig, dass
ich Enrico T. etwa 2002 einmal in ganz anderer Sache vertreten
habe. Und ich bin mir nicht sicher, ob ich in einer kleinen Sache – ich weiß es wirklich nicht mehr – mal irgendeinen Freund
der Ehrhardt-Bande vertreten habe, weil ein Anwalt nicht
konnte und das Gericht mich als Pflichtverteidiger bestellt hat.
Ich möchte es nicht beschwören, aber es wäre möglich.

Und was war das für eine Sache mit Enrico T.?
Das weiß ich nicht mehr. Ich habe schon einmal darüber
nachgedacht, weil ich schon einmal darauf angesprochen wurde.

Ich kann Ihnen nur sagen, dass es 2002 war. Was es war, kann ich Ihnen nicht mehr sagen.

Als Enrico T. jetzt plötzlich im NSU-Komplex auftauchte, – er soll ja Glied in der Beschaffungskette der Ceska-Pistole gewesen sein – wie kamen Sie sich da vor?

Das habe ich ganz sachlich gesehen. Ich habe das damals nicht gewusst, als ich ihn verteidigt habe. Das ist jetzt bekannt geworden. Das habe ich als Fakt entgegen genommen, sage ich mal. Mehr nicht.

Wie kam es zu der Mandantschaft?

Ich weiß es nicht mehr.

Kann es ein, er kannte Sie und hat Sie ausgesucht?

Ich muss dazu sagen: Ich bin schon – bitte nicht falsch verstehen, das soll jetzt nicht arrogant klingen – bekannt in Thüringen. Da gibt es eine Mund-zu-Mund-Propaganda und man sagt: »Mensch, geh doch mal zur Wolf.« Und dann nimmt man so ein Mandat an. Man nimmt ja oftmals ein Mandat an, bei dem man gar nicht weiß, was sich daraus entwickelt. Ich habe ja auch bei Frau Kiesewetter gedacht, ich fahre mal nach Heilbronn, wenn der Täter ermittelt wurde, und vertrete dort in Heilbronn die Interessen von Frau Kiesewetter. Ich habe doch auch damals 2007 nie geahnt, was sich daraus entwickeln würde.

Interview: Thomas Moser
Geführt im Februar 2017
Birgit Wolf, Jahrgang 1951, Rechtsanwältin in Gera

Die Frage nach dem Warum

Auszüge aus dem Plädoyer von Stefan Gärtner, Anwalt von
Annette Kiesewetter, der Mutter von Michèle Kiesewetter

Michèle Kiesewetter war sofort tot. Es sollten aber noch mehr
als vier Jahre und sechs Monate vergehen, bis die tatsächlichen
Mörder gefunden werden. Frau Annette Kiesewetter, die Mutter
von Michèle Kiesewetter, hatte meine Kollegin, Rechtsanwältin
Wolf, beauftragt, sie bei der Klärung der für sie so entscheidenden
Fragen juristisch zu unterstützen. Frau Kiesewetter bewegten vor
allem die Fragen: Wer hat mein Kind getötet. Warum wurde mein
Kind getötet. Wie musste meine Tochter sterben.

(...) Zu diesem Zeitpunkt, in etwa Mitte 2007, liefen die Ermittlungen zu möglichen Tatverdächtigen in diesem Fall noch »in alle
Richtungen«. Aus heutiger Sicht stellt die Auskunft darüber, dass
die Ermittlungen zu möglichen Tätern und Tatmotiven in alle Richtungen gehen, eine rein euphemistische Umschreibung der diesbe-
züglich tatsächlichen Hilf- und Ratlosigkeit der damaligen Ermittler
dar. (...) Anfang des Jahres 2009 standen die Ermittlungen wieder
an ihrem Beginn. (...) Trotz vielfacher Nachfrage und telefonischer
Besprechung mit dem zuständigen Dezernenten der Staatsanwaltschaft Heilbronn gelang es meiner Kollegin in den Jahren bis 2012
nicht, eine wirkliche Einsicht in die Ermittlungsakten zu bekommen
oder konkrete Auskünfte zu erhalten.

Wir wissen bis heute nicht, ob die Staatsanwaltschaft die Akteneinsicht nicht gewähren konnte, ob sie sie nicht gewähren wollte
oder ob es ein entsprechendes Verbot gegeben hat. Letzteres wäre
im schlechtesten Fall weiteres Öl auf die Mühlen der vielen Verschwörungstheoretiker. Wie gesagt, wir wissen es nicht.

(...) Der Wunsch von Frau Kiesewetter, zu erfahren, wer ihre Tochter auf dem Gewissen hat, hat sich nach über zehn Jahren endlich erfüllt. Auch wenn die Erfüllung dieses Wunsches keinen wirklich positiven Einfluss auf das weitere Leben von Frau Kiesewetter haben wird, so hat sie zumindest Klarheit darüber, WER ihr die Tochter genommen hat: Uwe Mundlos – als unmittelbarer Mörder, Uwe Böhnhardt und Beate Zschäpe.

Beate Zschäpe war Mittäterin. Jede andere Bewertung ihres Handelns und Verhaltens schließt sich aus. Sie war keine bloße Gehilfin, kein »unbedarftes Dummchen für den häuslichen Herd« und schon gar nicht Mundlos und Böhnhardt hoffnungslos ausgeliefert. (...) Beate Zschäpe hat versucht, ein anderes Bild von sich zu zeichnen. Es ist ihr nicht gelungen. Sie hat eine Einlassung abgegeben, die insbesondere aus der Sicht der Opfer und der Hinterbliebenen eine Zumutung gewesen ist. (...) Es wäre auch traurig gewesen, wenn es ihr geglückt wäre, mit der holzschnittartigen, grobschlächtig-lieblos zusammengestückelten Einlassung ihrer beiden »Vertrauensanwälte« irgendetwas an ihrer prozessualen Lage zu verbessern, objektive Beweise zu erschüttern oder ein positives Bild von sich zu zeichnen. Frau Zschäpe, dafür hätte es etwas mehr bedurft.

(...) Nur die gegebenen Antworten auf die Frage nach dem »Warum«, also dem Motiv für die Tat, steht auch am Ende des Prozesses für Frau Kiesewetter noch auf wackeligen Beinen. Hier hat die Hauptverhandlung die Erwartungen von Frau Kiesewetter nicht erfüllt. Sie konnte diese Erwartungen aus unserer Sicht aber auch nicht erfüllen. Die Ausführungen zum Motiv im Plädoyer des Generalbundesanwalts sind zwar schlüssig und nachvollziehbar vorgetragen, jedoch bleiben Zweifel an der These des Angriffs auf Polizeibeamte als Repräsentanten des Staates. Es kann so gewesen sein. Zwingend ist diese Interpretation der Beweisergebnisse allerdings nicht. (...)

Weiterführend wären hier noch viele Fragen zu stellen. Warum fährt man von Zwickau nach Heilbronn? War Beate Zschäpe vielleicht dabei? Gab es weitere Helfer? Warum ist man auf den Punkt genau auf der Theresienwiese? Warum gerade am 25.04.2007? Und warum fährt man nach der Tat mit dem Wohnmobil in Richtung Oberstenfeld, obwohl dies nicht der direkte Weg zurück nach Zwickau gewesen wäre?

Fragen über Fragen, aber keine Antworten. Diese Fragen könnte uns nur Beate Zschäpe beantworten. Solange sie schweigt, wird jedes Tatmotiv in irgendeiner Form spekulativ bleiben.

(...) Vielleicht bin ich zu naiv oder zu gutgläubig, man möge es mir verzeihen – ich komme auch aus Thüringen – aber ich halte in Abstimmung mit meiner Kollegin Wolf und unserer Mandantin dieses Verfahren für eine große Leistung des Rechtsstaats. (...) Lassen Sie mich zum Schluss noch einmal auf Michèle Kiesewetter zurückkommen. Michèle Kiesewetter war wie die Angeklagte Beate Zschäpe auch ein Kind der DDR. Sie hat aber, im Gegensatz zu Ihnen, Frau Zschäpe, das klare Ziel verfolgt, aus ihrem Leben etwas zu machen. Das eigene Glück selbst in die Hand zu nehmen. Dem Leben einen Sinn zu geben. Nicht Beate Zschäpe, Uwe Mundlos und Uwe Böhnhardt stehen für das Bild Thüringens. Michèle Kiesewetter ist mit ihrer Art, ihrer Einsatzbereitschaft, ihrem Mut und dem unbeirrbaren Glauben an das Gute im Menschen die Botschafterin Thüringens gewesen. (...)

Polizisten im geheimen Rassisten-Club

Der Ku Klux Klan lockte Neonazis aus ganz Deutschland
an, darunter Beamte aus dem Ländle – manche aus dem
Umfeld von Kiesewetter oder dem NSU

Thumilan Selvakumaran

Als die Meldung über den analogen Funk kommt, sitzen
Timo H. und Uwe B. im Ford Fiesta mit dem Tarnkennzeichen
BB – VM 367. »Kollege Ex«, schallt es aus dem Lautsprecher.
Polizeisprache für einen toten Beamten. Gerade noch haben
die beiden Zivilpolizisten in der Subway-Filiale in Heilbronn
gegessen. Nun hören sie auf zu denken, sagen sie später. Das
ist in den Ermittlungsakten zum Heilbronner Polizistenmord
nachzulesen. Die beiden Beamten funktionieren nur noch in-
stinktiv, rasen mit dem Kleinwagen vom Heilbronner Bahnhof
in Richtung Theresienwiese. Dort angekommen, versucht Timo
H. die Zufahrtswege abzusperren, bemerkt, dass im Hintergrund neben einem silbernen Streifenwagen am Trafohäuschen
Rettungskräfte dabei sind, einen Beamten zu reanimieren. Er
sieht auch die mit einer dunklen Plane abgedeckte Polizistin neben der Fahrertür. Eine Hand schaut heraus, daneben
liegt ein pinkfarbenes Handy. Erst vier Jahre nach der Tat
wird Timo H. von der Soko »Parkplatz« ausführlich zu seinen
ersten Minuten am Tatort vernommen. Dabei berichtet er:
»Beim Vorbeilaufen am Dienstwagen habe ich noch immer
nicht kapiert, dass es meine Leute sind. Ich habe irgendwann
zurückgeblickt und das Kennzeichen GP gesehen und erst da
ist mir bewusst geworden, dass es von uns jemand getroffen

hat. Ich meine, Michèle ist neben dem Fahrzeug gelegen. Sie war schon abgedeckt.«

Timo H. war an jenem 25. April 2007 Gruppenführer der Beweissicherungs- und Festnahmeeinheit (BFE) 523 aus Böblingen, zu der auch Michèle Kiesewetter und Martin Arnold gehörten. H. war verantwortlich für die Einteilung, Ansprechpartner für die Vorgesetzten. Zu sechst waren sie an diesem Tag nach Heilbronn gefahren, allerdings kehrten sie am Abend nur zu viert wieder zurück. Die beiden Schüsse, abgefeuert auf Kiesewetter und Arnold, löschten ein Leben aus, verletzten einen Beamten lebensgefährlich. Das waren die direkten, schmerzlichen Folgen. Jahre später sollte der Heilbronner Polizistenmord für H. aber weitere Konsequenzen haben. Mit dem Auffliegen des mutmaßlichen »National-sozialistischen Untergrunds« 2011 wurde Timo H. von seiner eigenen Vergangenheit eingeholt: sein Ausflug in die Abgründe des rassistischen Ku Klux Klans. Dort schwärmten die Geheimbündler kurz nach der Jahrtausendwende von der Überlegenheit der weißen Rasse, tauchten in eine Traumwelt ein, in der es keine »Rassenvermischung« gibt. Eine Welt, in der der Ku Klux Klan als geheimes Sicherheitsorgan Drogen-dealer und Kinderschänder aufspürt. Das große Vorbild war der KKK im Ursprungsland USA, wo sich die Rassisten durch Lynchmorde an Dunkelhäutigen einen berüchtigten Namen gemacht haben. Offiziell geht es aber nur um die Treue zum Christentum.

Die Affäre Ku Klux Klan ist zwar Teil des NSU-Kom-plexes, birgt für sich alleine aber schon reichlich politischen Sprengstoff. Nicht nur, weil Polizisten, die eigentlich auf die Demokratie schworen, unter weißen Kutten mit spitzen Kapu-zen mitmischten. Die Landesbehörden in Baden-Württemberg scheiterten auch darin, den Skandal aufzuklären und die Akteure zu sanktionieren. Noch heute sind die betroffenen Beamten, die zum Teil bereits vor ihrer Klan-Zeit rassistisch aufgefallen waren, im Dienst. Offiziell hat man ihnen abgenommen, dass sie nicht gewusst hätten, was wirklich hinter dem Klan steckt. Ihnen sei es um die besondere Bibelauslegung gegangen, auch darum, Frauen kennenzulernen, wie sie vorgaben.

Zwischen Höllenhunden und Kapuzenmännern

Rückblick: Bereits um die Jahre 1992/1993 gründete sich in Baden-Württemberg die Gruppe »International Knights of the Ku Klux Klan« (IK KKK). Chef der Organisation war der in Deutschland lebende US-Amerikaner Paul Joseph Emond aus Widdern. Um den sogenannten Grand Dragon, wie der Anführer in der KKK-Sprache heißt, scharten sich Rassisten vorwiegend aus dem Heilbronner und Haller Raum. Darunter war auch Achim Schmid, wie unter anderem aus einem Sachverständigenbericht des zweiten Berliner NSU-Untersuchungsausschusses hervorgeht. Der damalige V-Mann des Landesamtes für Verfassungsschutz war in der NPD aktiv, versuchte sich aber auch als Sänger von Bands wie »Celtic Moon« und »Höllenhunde«. Im Ausland trat er zudem als Liedermacher unter dem Namen »Wolfsrudel« auf. In den Fokus der Ermittler rückte der Klan allerdings erst viel später. Zu den wenigen Dokumenten darüber gehört ein Fax des Schwäbisch Haller Staatsschützers Erich W., dem die Strukturen auffielen und der das für ihn einzig Richtige machte: Er informierte 1998 per Schreiben das Landesamt für Verfassungsschutz (LfV) in Stuttgart, wie W. im Juni 2015 vor dem baden-württembergischen NSU-Ausschuss aussagte. Doch im LfV wollte man offenbar nicht so recht in die Gänge kommen. Der damalige Präsident Helmut Rannacher erklärte am 17. Juli 2015 vor dem U-Ausschuss, dass die Behörde erst ab 2001 vom KKK gewusst habe. Ein eindeutiger Widerspruch zum Fax von W. Dabei waren die Vorgänge innerhalb des Klans durchaus auch für das Landesamt für Verfassungsschutz von Bedeutung – die Schlapphüte schauten laut Rannacher aber nicht hin, auch, weil Klan-Strukturen damals generell keine Beobachtungsobjekte der Geheimdienste gewesen seien.

Sie wollen daher nicht bemerkt haben, dass es durch ihren V-Mann Achim Schmid zu Interessenkonflikten innerhalb des Klans gekommen war. Denn Schmid wollte sich abspalten, eine Führungsrolle übernehmen. Seine Ehefrau, heute Yvonne F., begründete diesen Schritt unter anderem damit, dass es sich bei den IK KKK durchweg um Alkoholiker gehandelt habe, die etwa im Suff Kaninchen mit Whiskey abgefüllt hätten. Das sagte sie ebenfalls im Juni 2015 vor dem NSU-Untersuchungsausschuss des Landtages aus. Zusammen mit den Klan-Männern Steffen B. und Thomas Richter gründet Schmid dann im Oktober 2000 sein eigenes Chapter: die »European White Knights of the Ku Klux Klan« mit Sitz in Schwäbisch Hall. Bei den »Mississippi White Knights of the KKK« in den USA ließ er sich kurz darauf zum Grand Dragon namens Ryan Davis schlagen. Fortan ließ er sich mit Revenant ansprechen. Er sei später in seiner Rolle »völlig durchgeknallt«, berichtet Yvonne F. in Stuttgart. Er habe zu seinen Anhängern gesagt: »Nennt mich Gott.«

Rund 20 Mitglieder soll der Schwäbisch Haller Klan gehabt haben, die aus Baden-Württemberg, Bayern, Hessen, Sachsen-Anhalt, Sachsen, Thüringen, Nordrhein-Westfalen und Mecklenburg-Vorpommern stammten. Das geht aus einer Mitgliederliste des Bundesamtes für Verfassungsschutz (BfV) hervor. Was aber Schmid nicht wusste: Nicht nur er spitzelte die rechte Truppe aus, sondern auch sein KKK-Gefährte

Thomas Richter, V-Mann des Bundesamtes für Verfassungsschutz (BfV) mit dem Decknamen »Corelli«. Der war vom BfV
bereits auf Schmid angesetzt worden, als dieser noch Mitglied
bei den »International Knights of the Ku Klux Klan« war.
Laut Jerzy Montag, der als Sonderermittler des Parlamentarischen Kontrollgremiums des Bundestags die Rolle Richters im
NSU-Komplex untersuchte, wollte der Neonazi eigentlich gar
nicht im Klan mitwirken, weil er den Geheimbund für einen
pseudoreligiös-esoterischen Quatsch hielt. »Man hat ihm mehr
oder weniger den Befehl gegeben, das zu tun«, so Montag im
November 2015 vor dem Stuttgarter Gremium.

V-Mann »Corelli« war wohl auch der Grund, wieso das
Landesamt für Verfassungsschutz nicht auf das Fax vom Haller
Staatsschutzbeamten W. reagierte. Schließlich hatte das über-
geordnete Bundesamt für Verfassungsschutz einen eigenen
Mann am Tisch sitzen – und diese Quelle galt es um jeden
Preis zu schützen. So setzten die Nachrichtendienste den De-
ckel auf den Komplex und schwiegen eisern, auch als sich die
baden-württembergische Polizei 2000 und 2001 beim LfV
über den KKK erkundigen wollte. Der Verfassungsschutz er-
widerte jeweils, es gebe keine Erkenntnisse. Freilich stimmte
das so nicht.

Verfassungsschutz-Informant hat Kontakt zu Mundlos

»Corelli« galt als Top-Quelle des BfV und war im gesamten
Bundesgebiet mit rechten Gruppierungen vernetzt. Brisant
wurde seine Tätigkeit im Kontext der NSU-Aufklärung, weil
er auf einer Adressliste von Uwe Mundlos auftaucht, die 1998
in einer Jenaer Garage gefunden, aber erst Jahre später nach
dem Auffliegen des NSU ausgewertet wurde. Auch soll er laut
Jerzy Montag mindestens einmal Mundlos persönlich begegnet

sein. Dazu kommt, dass im Editorial des rechten Fanzines »Der weiße Wolf« im Jahr 2002 ohne weitere Erläuterung dem NSU ein Dank ausgesprochen wird – neun Jahre bevor die mutmaßliche Terrorzelle öffentlich bekannt wurde. »Corelli« soll ein Exemplar des Heftes auf Verlangen des BfV an das Bundesamt übergeben haben. Außerdem besorgte der V-Mann seinen Auftraggebern 2005 eine CD mit Bildern und Texten samt Aufschrift »NSU/NSDAP« und überreichte sie seinem Quellenführer. Doch angeblich fiel niemandem im Bundesamt die Bezeichnung NSU auf – so beteuert es der Verfassungsschutz bis heute. Das Kürzel wurde offiziell erst nach dem mutmaßlichen Selbstmord von Uwe Böhnhardt und Uwe Mundlos am 4. November 2011 in Eisenach dem Geheimdienst bekannt. Von der Existenz des von »Corelli« beschafften Datenträgers erfuhr die Öffentlichkeit sogar erst im Jahr 2014.

Damals lebte der V-Mann allerdings bereits im Zeugenschutz, nachdem er zwei Jahre zuvor enttarnt worden war. Als Nebenklagevertreter im NSU-Prozess Beweisanträge vorbereiteten, um ihn zu befragen, starb »Corelli« plötzlich. Beamte fanden ihn tot in seiner Wohnung. Er soll einer nicht erkannten Diabetes erlegen sein, heißt es im Obduktionsbericht von Werner Scherbaum, Medizin-Professor und Diabetes-Spezialist. Am 2. Juni 2016 erklärte er als Sachverständiger vor dem NSU-Untersuchungsausschuss in Nordrhein-Westfalen allerdings, dass er auch das Rattengift Vacor als Auslöser für den komatösen Zuckerschock Richters nicht ausschließen könne. Am 21. Juni 2016 nahm die Staatsanwaltschaft Paderborn das Todesermittlungsverfahren im Fall »Corelli« wieder auf. Am 7. März 2017 stellte die Behörde das Verfahren jedoch erneut ein, weil sie keine Hinweise auf Fremdverschulden gefunden habe.

Um das Jahr 2001 war der V-Mann aber noch quicklebendig und noch lange nicht enttarnt. Er erfüllte seine Rolle beim

Ku Klux Klan so gut, dass er zu Mitglied Steffen B. und auch Klan-Chef Achim Schmid eine scheinbar freundschaftliche Beziehung aufbauen konnte. Davon berichtete B. als Zeuge vor dem NSU-Ausschuss in Stuttgart. »Corelli« hatte direkten Zugang zum Geheimbund und konnte das Bundesamt für Verfassungsschutz mit reichlich Informationen versorgen. So gelangte die Nachricht, dass Schmid das eigene Chapter gegründet hatte, über das Bundesamt schnell auch an das Landesamt für Verfassungsschutz. Dass Schmid den Stuttgarter Nachrichtendienst nicht selbst informiert hatte, darüber war das Amt dermaßen erbost, dass es den neuen Klan-Chef kurzerhand als V-Mann abschaltete, wie Rannacher bei seiner Befragung vor dem Ausschuss erklärte. In diesem Jahr wurde der KKK dann offiziell von einem Verdachts- oder Prüffall zu einem Beobachtungsobjekt des Bundes und der Länder erhoben. So steht es zumindest in einem zusammenfassenden Bericht des Landespolizeipräsidiums vom 20. August 2012.

Die dafür nötigen Informationen aus dem Klan sprudelten weiter über Richter an das BfV. Er nannte Namen von Neonazis, die im Geheimbund mitmischen wollten, berichtete von regelmäßigen Treffen im Haus von Achim Schmid im Schwäbisch Haller Teilort Gailenkirchen, von Kreuzverbrennungen und von mystisch anmutenden Aufnahmeritualen in Kellern und auf Burgruinen. So konnte der Spitzel mitteilen, dass etwa in der zweiten Jahreshälfte 2001 auch zwei Polizeibeamte aus Böblingen die Nähe zum Klan suchten: zuerst Jörg W., damals 31 Jahre alt, später dann Timo H., damals 21, der spätere Gruppenführer von Michèle Kiesewetter. Über »Corelli«, der mindestens ein Mitglied des NSU kannte, entstand in diesem Moment eine indirekte Verbindung zwischen dem Opfer Kiesewetter und den mutmaßlichen Tätern in Heilbronn.

Polizist stellt Kontakt zwischen Kollegen und Klan her

Doch was suchten Polizisten, die die Treue auf die Demo-kratie der Bundesrepublik geschworen hatten, bei einer Ras-sisten-Vereinigung? Der erste Kontakt zwischen dem Beamten Jörg W. und dem Klan war nicht so konspirativ, wie man es bei einem Geheimbund vermuten mag. Es war viel banaler. Der Kollege und spätere Streifenpartner von Jörg W. war Jörg B., und der ist der Bruder von Steffen B., der mit Schmid die »European White Knights« gegründet hatte. Steffen B. soll der Sicherheitschef des Klans gewesen sein. Und er soll dazugekommen sein, als Jörg W. im Sommer 2001 seinen Polizei-Kollegen Jörg B. in Schwäbisch Hall besuchte. Ziel war eine Sportsbar im Örtchen Gschlachtenbretzingen im Landkreis Schwäbisch Hall, vor der eine übergroße Deutsch-land-Flagge weht. Der Pächter ist auch heute noch ein be-kennender Rassist, der NPD und AfD unterstützt. Die beiden Polizisten waren damals mit Steffen B. verabredet, der auch Achim Schmid mitbrachte. An diesem Abend wurde über vieles gesprochen, darunter auch über den Klan in Hall. »Er hat sich halt dafür interessiert, war halt Südstaatenfan«, erinnert sich Steffen B. vor dem NSU-Ausschuss. Daher sei man schnell auf das Thema gekommen. Sie tauschten Nummern aus, fortan kam es zu mehreren Treffen in Hall und Böblingen, zu denen Jörg W. später auch seinen Kollegen Timo H. mitbrachte. Die beiden waren zur damaligen Zeit eng befreundet.

Was danach folgt, lässt sich nur zum Teil rekonstruieren, weil sich die Beamten in ihren Aussagen in wesentlichen Punk-ten widersprechen. Allerdings lassen sich manche Angaben durch Erzählungen einstiger Klan-Mitglieder und des dama-ligen Klan-Chefs Achim Schmid verifizieren. Klar ist heute, dass es im Dezember 2001 zwei getrennte Aufnahmerituale für die beiden Beamten gab. Zuvor wurden sie mit verbundenen Augen durch den Wald zu Burgruinen in und bei Schwäbisch Hall geführt. Der Ablauf ist in einem Klan-internen Regelbuch strikt vorgegeben. Darin tauchen unter anderem folgende Formulierungen auf: »Wir, der Orden der europäischen weißen Ritter des Ku Klux Klan, erkennen die Vorherrschaft der weißen Rasse in einer christlichen Nation an.« Und weiter: »Europa wurde von der weißen Rasse für die weiße Rasse geschaffen. Jeder Versuch, unsere Herrschaft an Fremdrassige zu übergeben, ist ein Verbrechen gegen unsere Verfassung und ein Angriff auf den göttlichen Willen.« Die Beamten wurden demnach gefragt: »Seid ihr Weiße europäischer Abstammung und ohne jüdische Vorfahren?« Und sie mussten wiederholen: »Ich schwöre unserer heiligen Nation und der weißen Rasse die Treue.« Die Beamten mussten die Mitgliedschaft zudem mit ihrem eigenen Blut besiegeln. Jörg W. bekam hierfür einen Stupfer überreicht, Timo H. ritzte sich den Finger mit einer Rasierklinge auf. So gaben es die Beamten bei ihren Vernehmungen 2004 an. Danach wurden die Polizisten mit einem Schwert zu Rittern des Klans geschlagen.

Die Chronik des Zeitschindens

Die Behörden wussten spätestens seit Mai 2002, dass zwei Polizisten im Klan mitmischten und dass sie längstens bis September 2002 dort aktiv waren. Doch offenbar spielte das Innenministerium auf Zeit. Zumindest erfolgte kein direktes Eingreifen, wie das Landespolizeipräsidium (LPP) in dieser von ihm 2012 erstellten Chronologie des Verfahrens festgehalten hat:

31. Mai 2002: Das Landesamt für Verfassungsschutz unterrichtet das Innenministerium in einem persönlichen Treffen

über die »gesicherte nachrichtendienstliche Identifizierung« der beiden Beamten.

6. Juni 2002: In einem Schreiben an das Innenministerium teilt das Landesamt für Verfassungsschutz mit, dass die beiden Beamten in »engem Kontakt zu dem rechtsextremistischen Beobachtungsobjekt EWK KKK stehen«. Für drei weitere benannte Polizeibeamte sei das Material aus der G10-Überwachung jedoch nicht belastend.

16. September 2002: Beim LfV wird handschriftlich vermerkt, dass dem LPP an diesem Tag mitgeteilt wurde, dass »nunmehr Sicherheitsgespräche mit den Polizeibeamten geführt werden könnten«. Das Landespolizeipräsidium wolle aber zunächst noch den Stand der Ermittlungen beim Landeskriminalamt erfragen und dann das Weitere veranlassen. 2012 können sich die damals Zuständigen beim LPP an ein entsprechendes Gespräch allerdings nicht erinnern. »Das LKA BW hat keine Hinweise, dass es zwischen dem Jahr 2000 und 2004 eigene operative Maßnahmen aufgrund der Erkenntnisse zum EWK KKK durchgeführt hat.«

Nun folgt eine lange Pause von 15 Monaten, bis wieder Bewegung in die Sache kommt. Warum, lässt sich laut Erklärung des Landespolizeipräsidiums 2012 nicht mehr sagen. »Für den langen Zeitlauf bis zum nächsten Schreiben des LfV BW am 22. Dezember 2003 (…) haben die damals im Innenministerium zuständigen Personen keine Erinnerung oder Erklärung.«

22. Dezember 2003: In einem Schreiben des LfV an das Landespolizeipräsidium wird mitgeteilt, dass »nach internen Meinungsverschiedenheiten und dem Auseinanderbrechen der Gruppierung keine Aktivitäten des EWK KKK mehr festgestellt werden«. Es sei zudem der PC des einstigen Klan-Chefs vom damaligen Hausvermieter erworben worden, worauf Bilder der beiden Beamten entdeckt worden waren. Sie zeigten sie in

der Wohnung von Achim Schmid vor Fahnen und Zeichen des KKK.

23. Januar 2004: Das Schreiben des LfV an das LPP vom 6. Juni 2002 wird auf Anforderung am 23. Januar 2004 per Fax nochmals übersandt, da dieses im Innenministerium nicht mehr auffindbar ist.

24. Mai 2004: Das Innenministerium wendet sich mit einem Schreiben an das Bereitschaftspolizeipräsidium (BPP) und die Landespolizeidirektion Stuttgart II (jetzt Polizeipräsidium Stuttgart) mit der Bitte, disziplinarrechtliche Ermittlungen zu veranlassen und die Verfahren gegebenenfalls abzustimmen.

8. November 2004: Auf Nachfrage der LPD Stuttgart bestätigt das LfV schriftlich, dass die Einlassungen der Beamten »im Wesentlichen der Wahrheit entsprechen«.

22. Januar 2005: Das LPP teilt dem Innenministerium mit, dass als Sanktion für Timo H., der zu dieser Zeit noch Beamter auf Probe ist, eine Zurechtweisung und explizit keine Disziplinarmaßnahme vorgesehen ist. Ein Mitarbeiter im Referat 35 des Innenministeriums erinnert sich 2012, dass H. damals Naivität unterstellt worden sei und man ihn als Mitläufer nicht härter sanktionieren wollte als den Beamten auf Lebenszeit, Jörg W.

8./16. Februar 2005: Das PP Stuttgart teilt dem Innenministerium mit, dass als Sanktion für Jörg W. ein Verweis beabsichtigt ist.

16. November 2005: Das PP Stuttgart erklärt gegenüber dem Ministerium, dass das Disziplinarverfahren gegen Jörg W. wegen Zeitablaufs eingestellt und ihm eine Rüge ausgesprochen wurde, was keine Disziplinarstrafe darstellt.

Die beiden Beamten kommen demnach ohne öffentlich wirksame Sanktion aus dem Schlamassel und dürfen weiter als Polizisten arbeiten. So spekuliert unter anderem der Stuttgarter NSU-Ausschussvorsitzende Wolfgang Drexler, dass die Behörden bewusst die Zeit verstreichen lassen haben, damit ein reguläres Disziplinarverfahren aufgrund abgelaufener Fristen nicht mehr möglich war. »Die damals beim PP Stuttgart Zuständigen erinnern sich nur noch dunkel an den Fall und haben keine Erklärung für die lange Verfahrensdauer von 18 Monaten«, heißt es im Bericht des LPP von 2012.

Polizeibeamter singt rechtsradikale Lieder

Die milden Sanktionen waren auch Ergebnisse der Befragungen der beiden Beamten. Ein Blick auf die Vernehmungsprotokolle macht allerdings deutlich, dass deren Angaben nicht vollständig der Wahrheit entsprechen können, wie das LfV 2004 noch erklärt hat. Bemerkenswert hierzu ist eine E-Mail, die am 28. Juni 2004 innerhalb des LPP versandt wurde. Darin heißt es: »Vorhin habe ich erneut mit Herrn (…) wegen den Vernehmungen der Polizisten im KKK gesprochen. Beide wurden durch dienstliche Weisungen zur Befragung geladen, ohne den Hintergrund zu kennen.« Timo H. habe »sehr kühl und gefasst auf den Vorhalt der Erkenntnisse« reagiert. »Er wollte zum Sachverhalt keine Auskunft geben, sondern sich erst beraten lassen. Er wird sich bei seinem Befrager wieder melden, vermutlich schriftlich.«

Jörg W. sei dagegen »die Kinnlade runtergefallen«, als er die Vorhaltungen hörte und die Bilder sah. »Er war auf alles gefasst, aber darauf nicht. Da er in der Vergangenheit bereits eine Körperverletzungsanklage hatte (die KV beging er in einer Kneipe und soll dabei laut Aussage (…) rechtsradikale Lieder und Gedankengut kundgetan haben), hat er sich sogar seine damalige Stellungnahme noch einmal aus der Akte holen lassen, um zu sehen, was er damals gesagt hatte. Das Verfahren

aufgrund der KV wurde eingestellt. Er erhielt eine missbilligen-
de Äußerung (geringste Abstrafe der Polizei). Aufgrund dieses
Vorfalls wurde er nicht als Gruppenführer übernommen«, wie
es in der Mail weiter heißt.

Timo H. ließ über den Deutschen Beamtenbund – seine
juristische Vertretung – am 9. September 2004 erklären, dass er
sich darüber im Klaren gewesen sei, dass es sich beim KKK um
eine Organisation gehandelt hat, »die sich nahe an der Verfas-
sungswidrigkeit bewegt(e)«. Aufgrund des Terroranschlags vom
11. September 2001 sei die Einsatzbelastung aber sehr hoch
gewesen und H. habe »aus diesem Grund nur noch sehr selten
seine Eltern oder Freunde und Bekannte besuchen« können.
Eine feste Freundin habe er auch nicht gehabt. »Vielleicht ent-
wickelte sich deshalb die Freundschaft zu seinem Kollegen so
intensiv.« H. betonte ausdrücklich »dass er weder antisemitisch,
noch fremdenfeindlich oder rassistisch war oder ist oder sonst
in irgendeiner Form Ziele verfolgt, die mit unserer Verfassung
nicht im Einklang stehen«.

Auch sei während der »wenigen Treffen«, an denen H. teilnahm, »primär über Freundschaft, Bruderschaft und gegensei-
tige Fürsorge gesprochen« worden. Es möge »im Nachhinein
etwas naiv klingen«, aber für H. sei von Anfang an im Mittelpunkt gestanden, »neue Leute kennen zu lernen und evtl. neue
Freundschaften schließen zu können. Da die beteiligten Personen bei den Treffen sehr zuvorkommend und nett miteinander
umgegangen sind, und auch viel über die Bibel und das Christentum gesprochen worden ist, unterstellte unser Mitglied der
Organisation primär christliche Ansätze«, heißt es im Schreiben
des Beamtenbundes an die Bereitschaftspolizei weiter.

Aus den Ermittlungsunterlagen lasse sich zudem entnehmen, so der Vertreter des Beamtenbundes, dass es sich bei der
EWK KKK zwar um eine extremistische Organisation handle,

diese aber noch nicht verboten sei. »Selbst wenn man ausblendet, dass sich Herr H. in keiner Weise für die EWK KKK politisch engagiert und sich auch niemals mit deren Zielen identifiziert hat, bliebe bereits hier festzustellen, dass kein Verstoß gegen die politische Treuepflicht vorliegt. Die bloße Mitgliedschaft in einer verfassungsgerichtlich nicht verbotenen politischen Partei, die für eine andere Verfassungsordnung eintritt (sog. radikale oder extremistische Parteien) ist nicht pflichtwidrig. In einer freiheitlich demokratischen und parlamentarischen Demokratie ist es nicht nur erlaubt, sondern für deren Bestand geradezu unerlässlich, dass erlaubte politische Überzeugungen in der Form des Eintritts in eine nicht verbotene politische Partei und der Betätigung in ihr verfolgt werden.«

Der Anwalt von Jörg W. äußert sich mit einem Schreiben am 14. Oktober 2004 gegenüber der Dienststelle und stellt in Frage, ob der Polizist mit dem Aufnahmeritual überhaupt eine echte Mitgliedschaft eingegangen ist, »da der Mandant keinen Mitgliedsbeitrag zahlen« musste. Entgegen den Ermittlungsergebnissen sei W. zudem »nur wenige Wochen« im Klan »hängen geblieben«. Als Beweggründe nennt der Anwalt, dass es für seinen Mandanten wie eine »nette Runde« wirkte, dass er dort »nette Frauen kennenlernen könnte«. Außerdem habe der KKK »auch etwas Geheimes, Mystisches an sich. Er stellte für unseren Mandanten eine Art Kirchenersatz dar (…). Gesprächsgegenstand der Treffen war häufig die Bibelauslegung. Die Bibelauslegung war für unseren Mandanten spannend, da sie so ganz anders war, als die Auslegung durch die christlichen Kirchen.« Unbeachtet ließ der Anwalt allerdings, dass W. im Vorfeld des Klan-Eintritts ausdrücklich erklärte, Mitglied werden zu wollen, und dass er vor und nach seiner Klan-Zeit keine Berührungspunkte mit dem Christentum hatte, wie Jörg W. 2015 als Zeuge im Stuttgarter Untersuchungsausschuss zugab.

Bibelstunde im Rassisten-Club?

Das Flugblatt des Schwäbisch Haller KKK, auf dem ein dunkelhäutiger Mann mit einer hellhäutigen Frau und der Aufschrift »Rassenvermischung – nein, danke!« abgedruckt ist, soll W. zwar gesehen haben, er habe damit aber »überhaupt nichts anfangen« können. Auf der damaligen Homepage des Klans, gespickt mit rassistischen Äußerungen, hätten W. »vor allem die Fotos interessiert. Alles andere hat er, so äußerte er sich in unserem Besprechungstermin, wenn überhaupt gelesen, nicht verstanden«, so der Anwalt weiter. Zudem habe der Klan-Chef Schmid die »rechtsradikalen und rassistischen Inhalte der Internetseite verharmlost bzw. relativiert«. Dort stand laut Protokoll des Verfassungsschutzes unter anderem: »Wenn du eine weiße, patriotische, ehrliche Person mit gesunder Moral und gesundem Charakter bist, wenn du daran glaubst, dass die Reinhaltung der Rassen das Beste für alle Rassen der Erde ist, wenn du mit unserem Glauben übereinstimmst, dann kannst du Mitglied werden.« Der Anwalt von W. erklärt hierzu: »Unser Mandant stand nie auf rechtsextremem oder rechtsradikalem oder rassistischem Boden, was dadurch bewiesen wird, dass er viele ausländische Freunde hat und mit Ryan Davis lediglich Gespräche und Diskussionen führte, die ihm erklären sollten, wie die Bibel auszulegen ist.«

Der einstige Sicherheitchef des Klans, Steffen B., widersprach bei seiner Vernehmung vor dem NSU-Untersuchungsausschuss den, wie er meint, »Schutzbehauptungen« von Jörg W. Zum Beispiel habe man im Klan nicht wirklich Frauen kennenlernen können. »So viele Frauen hatten wir jetzt ja gar nicht (…). Und die beiden Frauen waren vergeben.« Der Ausschussvorsitzende Drexler konfrontierte B. auch mit der Frage nach dem Vorwissen der Beamten: »Der Achim Schmid hat ja mal im Interview (…) gesagt, die beiden – gemeint waren die beiden Polizeibeamten – seien nicht doof genug gewesen zu erkennen, dass der KKK eine rassistische Vereinigung sei (…). Das hat jeder bemerken können. Oder war das nicht so?« B.: »Also ich wusste schon vorher, was das ist.« Steffen B. verortet den Beamten W. »ein wenig rechts der Mitte«. Rechte Tendenzen seien vorhanden gewesen. Timo H., der zweite Klan-Beamte, ging aber noch weiter und sagte den Ermittlern über Jörg W.: »Er hatte ein Problem mit Schwarzen. Er äußerte sich auch ausländerfeindlich. Dass er ein Problem mit Ausländern hatte, das wissen auch andere Kollegen aus unserer damaligen Einheit.«

Jörg W. beharrt bei seiner Vernehmung vor dem Ausschuss aber darauf, naiv gewesen zu sein. »Glauben Sie mir eines: Über meine Blödheit mache ich mir selber genug Gedanken.« Außerdem: »Ich könnte mich ja selber für diese Blödheit meinerseits (…) jeden Tag ein paarmal ohrfeigen.« Die Vorwürfe seines damaligen Freundes und Kollegen wertet er als Versuch, »sich selber einfach aus dem Dings rauszuziehen«. Timo H. habe sich »selber oft genug damit gebrüstet, hier sein Uropa, Onkel wäre der damalige Hitler-Stellvertreter gewesen«. Er wäre früher schon Skinhead gewesen. »Also ich sage mal, ich denke, dass es einfach Schutzbehauptungen sind.« H. widersprach dem vor dem Ausschuss und erklärte, er sei nicht mit Rudolf Heß verwandt. Alexander Salomon von den Grünen konfrontierte Timo H. mit der Bemerkung des ehemaligen Polizeipräsidenten Wolf-Dietrich Hammann, dass grenzenlose Naivität in der Polizei ebenso wenig zu suchen habe wie Rechtsradikalismus. »Was sagen Sie denn zu der These?« Die Antwort des Polizisten: »Da hat er recht damit.«

Ob grenzenlose Naivität oder purer Fremdenhass: Timo H. und Jörg W. sind nicht die einzigen Polizisten in Baden-

Württemberg, denen man beides vorwerfen kann. Im Umfeld des Ku Klux Klan gab es weitere Beamte. So wurde auch die Rolle von Jörg B., dem Bruder des Klan-Sicherheitsbeauftragten Steffen B. sowie Kontakthersteller in jener Sportsbar, untersucht. Einen Beleg, dass er tatsächlich im Klan mitwirkte, fanden die Ermittler allerdings nicht.

Streit unter Ausländerfeinden

Auch nicht beim damaligen Ehepaar Matthias und Kathrin F., die im Stuttgarter Innenstadtrevier im Einsatz waren. Die beiden Polizisten sollen laut Achim Schmid kurz davor gewesen sein, in den Klan einzutreten. Das berichteten die *Stuttgarter Nachrichten* im Juni 2015. Doch auch diese Beamten spielten ihre Rolle bei der Vernehmung durch das Landeskriminalamt am 24. Mai 2013 herunter. Mehrmals sollen die beiden Polizisten laut der Zeitung bei den Schmids in Gailenkirchen zu Gast gewesen sein. Ein Foto zeige den Klanchef mit KKK-Wappen auf dem Shirt, daneben den Beamten Matthias F., der ein schwarzes Poloshirt der Marke »Fred Perry« trägt – ein bei Neonazis beliebtes Label, das auch als Erkennungszeichen unter Rechtsextremen diene. Schmid berichtete zudem gegenüber mehreren Medien von weiteren Beamten, die die Nähe zum Klan gesucht hätten.

Matthias F. erklärte am 8. Juni 2015 vor dem NSU-Ausschuss in Stuttgart: »Ein Anwerbegespräch ist geführt worden von diesem Achim Schmid. Wie gesagt, ich habe die ganze Zeit eigentlich gedacht, das ist ein besserer Witz. Ich habe das auch nicht verstanden, habe das nicht besonders ernst genommen, diese Vereinigung (…). Ich wusste natürlich, was der Ku Klux Klan ist. So doof kann fast keiner sein, zu sagen, es sind Messdiener oder irgendwas.« Mitglied geworden seien die beiden letztlich aber nicht, weil sich das nicht mit dem Job vereinbaren ließe, sagte er. Konsequenzen hatte dieses Intermezzo mit dem rassistischen Geheimbund für die beiden Beamten nicht – sie sind ebenfalls nach wie vor bei der Polizei im Dienst.

Lange hätte eine Mitgliedschaft ohnehin nicht gehalten. Denn die Kapuzenträger gingen bald getrennte Wege. Nach Angaben von Verfassungsschutzpräsidentin Beate Bube soll das Ende 2002, Anfang 2003 gewesen sein, nachdem der Nachrichtendienst gezielt Mitglieder über Überwachungsmaßnahmen informiert habe. Es gibt noch eine andere Version: Demnach gab es interne Streitigkeiten, nachdem Achim Schmid die Klan-Kasse geplündert habe, wie Steffen B. vor dem Ausschuss erklärte. Offiziell aufgelöst habe sich der EWK KKK damals aber nicht – er und andere seien einfach nicht mehr zu den Treffen gegangen.

Klan-Aktivitäten gab und gibt es aber auch ohne Schmid und die »European White Knights« bundesweit. Die »International Knights«, die Vorgänger-Organisation der EWK, soll laut Abschlussbericht der LKA-Ermittlungsgruppe »Umfeld« bis etwa 2007 in Baden-Württemberg existiert haben. Das *Haller Tagblatt* deckte 2012 auf, dass im Schwäbisch Haller Teilort Gailenkirchen, just in jener Straße, in der auch Schmid um die Jahrtausendwende lebte, ein neuer Klan-Chef lebt: Dietmar B., alias Didi White, ist selbsternannter Europachef der »United Northern & Southern Knights of the Ku Klux Klan«, der bundesweit in der Szene vernetzt sein soll.

Die Rassisten der unabhängigen, teils zerstrittenen Vereinigungen geben sich zwar öffentlich als gesetzestreue Christen – hin und wieder kam es aber zu Straftaten. Nach Mitteilung des LKA wurden seit dem Jahr 1999 in Baden-Württemberg 15 Delikte im Zusammenhang mit politisch motivierter Kriminalität Rechts und dem KKK im Allgemeinen oder seinen

Ablegern polizeilich erfasst. In der Mehrzahl der Fälle handelte es sich um Beleidigungen, Propagandadelikte, Volksverhetzungen, Sachbeschädigungen oder Körperverletzungsdelikte, bei denen etwa bei der Tatausführung eine Klan-Kapuze oder Kutte getragen wurde. Allerdings, so das LKA weiter, sei keine dieser Taten dem EWK KKK zuzurechnen.

Mordversuch an Lehrer aus Nigeria

Es gibt aber auch bekanntere Namen militanter Neonazis im Kontext zum Ku Klux Klan. Dazu gehört der rechtsextreme Deutsch-Kroate Markus F. aus Kirchheim. Er war führendes Mitglied des mittlerweile verbotenen »Blood&Honour«-Netzwerkes und stand im Verdacht, V-Mann zu sein. Am 30. September 1996 informierten Verfassungsschützer aus Mecklenburg-Vorpommern die Kollegen in Stuttgart und wiesen auf eine Stuttgarter Klan-Gründung mit F. als Chef hin. Ein weiterer Name im KKK-Umfeld ist Carsten Szczepanski. 1992 war er als 21-Jähriger am bislang schlimmsten registrierten Klan-Vorfall im Bundesgebiet beteiligt. Zusammen mit neun anderen Skinheads und Neonazis soll er in der Nacht auf den 9. Mai 1992 den Lehrer Steve E., der erst kurz zuvor von Nigeria nach Deutschland gekommen war und an diesem Abend erstmalig seine Flüchtlingsunterkunft verlassen hatte, beinahe getötet haben. Das steht in einer Stellungnahme der SPD im Bundestags-NSU-Ausschuss. Zunächst hätten sie E. in einer Diskothek in Brandenburg umringt und mit »White Power«- und »Ku-Klux-Klan«-Rufen bedroht. Sie hätten mit einer durchgeladenen Gaswaffe auf ihn gezielt, ihn verprügelt und versucht, seine Jacke anzuzünden. Dabei sollen Sätze gefallen sein wie »Jetzt mach ich den Neger platt« und »Hat denn niemand Benzin, einen Kanister Benzin, anstecken die Kohle, verbrennt das Schwein«. Die Rassisten hatten Steve E. letztlich in den Scharmützelsee geworfen, wo ihn ein Disco-Türsteher rettete. E. überlebte nur knapp, schwebte tagelang in Lebensgefahr und lag längere Zeit im Koma.

Im NSU-Ausschuss in Brandenburg verdichteten sich im Januar 2018 die Hinweise darauf, dass Szczepanski bereits ab Februar 1992, also noch vor dem lebensgefährlichen Überfall, für den Verfassungsschutz gespitzelt haben könnte: möglicherweise für das Bundesamt für Verfassungsschutz. Öffentlich galt bisher die Meinung, er sei erst später angeheuert worden. 1995 wurde er wegen versuchten Mordes zu acht Jahren Haft verurteilt. Nach etwa vier Jahren war er in den offenen Vollzug gekommen. Dabei war Szczepanski ebenfalls am Aufbau der »Blood&Honour«-Bewegung beteiligt und gehörte auch deren militantem Flügel »Combat 18« an. Er wurde am 3. Dezember 2014 beim NSU-Prozess vor dem OLG München vernommen, weil er 1998 seinem V-Mann-Führer berichtet haben soll, die Chemnitzer Szene sammle Geld für das Trio. Damals hätten außerdem Waffen und ein Pass für das weibliche Mitglied beschafft werden sollen. Beim Prozess erschien der im Jahr 2000 enttarnte V-Mann vermummt.

Auch das mutmaßliche NSU-Trio wird mit dem Ku Klux Klan in Verbindung gebracht, selbst wenn es keine Anzeichen für eine Mitgliedschaft in einer derartigen Organisation gibt. Im Jahr 1996 bei Beate Zschäpe beschlagnahmte Fotos zeigen Rechtsextreme, die in einem Wald bei Jena vor brennenden Kreuzen und mit ausgestrecktem Arm posieren. Auf den Fotos sind neben Zschäpe auch Uwe Böhnhardt sowie der mutmaßliche NSU-Helfer und Mitangeklagte Ralf Wohlleben zu sehen.

»Endgültig vergessen kann man so etwas nicht«

Interview mit Walter Martinek, dem Anwalt
des Heilbronner Anschlagopfers Martin Arnold

*Herr Martinek, Ihr Mandant Martin Arnold war ebenfalls
Opfer des Anschlages am 25. April 2007 in Heilbronn. Können
Sie sagen, seit wann Sie sein Vertreter sind, und wie es Ihrem
Mandanten geht?*

Ihm geht es relativ gut. Er lebt ein normales Leben. In
Hinblick auf die Schwere der Verletzung würde ich meinen:
eigentlich überraschend gut. Das genaue Datum, wann ich das
Mandat übernommen habe, weiß ich jetzt nicht auswendig,
aber deutlich vor Eröffnung des NSU-Verfahrens. Ich war schon
bei dem ersten Treffen der damaligen Nebenkläger-Vertreter
im Jahr 2012 in Karlsruhe dabei.

*Martin Arnold hat ja dann an der Polizeifachhochschule
Villingen-Schwenningen studiert. Wie wichtig war ihm, wieder in
eine gewisse Normalität des polizeilichen Berufsalltags zu kommen?*

Das war mit Sicherheit herausragend wichtig, weil das für
ihn auch der Kampf um sein normales Leben darstellt. Natürlich ist da die berufliche Tätigkeit von großer Bedeutung,
und von daher war es für Herrn Arnold auch sehr gut, dass er
studieren konnte.

*Aber es war für ihn keine Frage, dass er weiterhin Polizist
bleiben wollte?*

Das ist eindeutig mit Ja zu beantworten, ganz klar.

*Vor dem Oberlandesgericht München hat Martin Arnold nach-
drücklich zu verstehen gegeben, er wolle wissen, warum an diesem
Tag seine Kollegin Michèle Kiesewetter getötet wurde und warum
er hätte getötet werden sollen. Haben er und Sie als sein Anwalt
heute den Eindruck, dass diese Frage ausreichend beantwortet ist?*
Was den Mandanten angeht, ist es sicherlich nicht ausreichend beantwortet, weil auch für ihn das Motiv, das dargelegt
ist in der Anklage, nicht schlüssig ist. Er geht nicht davon aus,
dass das alles falsch ist. Aber er geht davon aus, das kann nicht
das alleinige, ausschlaggebende Motiv gewesen sein. Er glaubt
auch nicht daran, dass das alles nur Zufall war.

*Sie meinen das angebliche Motiv, dass die Täter seine und die
Waffe von Michèle Kiesewetter in Besitz nehmen wollten?*
Ja, und dass durch ein Attentat auf zwei Polizeibeamte
einer staatsfeindlichen Gesinnung Ausdruck verliehen wird,
wie es in der Anklageschrift ja drinsteht, nicht wörtlich, aber
sinngemäß.

*Sowohl die Sonderkommission »Parkplatz« als auch fast der gan-
ze Bundestags-Untersuchungsausschuss mit Clemens Binninger an
der Spitze gehen davon aus, dass es mehr Täter waren, sprich: dass es
auch mögliche Helfer oder Mittäter gegeben haben muss. Stichwort:
die blutverschmierten Männer, die von mehreren Zeugen gesehen
wurden. Hat Martin Arnold dazu eine Meinung?*
Ich glaube, dazu hat er wenig bis gar keine Meinung, weil er
sich unsicher ist, ob er die Schlussfolgerung überhaupt mittra-
gen soll. Herr Arnold hat durchaus eine hohe Meinung von den
Polizeiermittlungen. Er sagt nicht, wenn da nichts gefunden
wurde, sei es unsinnig, das eine oder andere zu spekulieren
oder anzunehmen, aber es ist für ihn nicht hinreichend belegt.
Er sagt: »Ich mache mir nur Gedanken, wenn ich irgendetwas

wirklich schlüssig dargelegt kriege im Sinne von: Das ist ein Ermittlungsergebnis.«

Das sind Erkenntnisse der SoKo »Parkplatz« von vor 2011, wonach es aufgrund korrespondierender Zeugenaussagen mindestens vier bis sechs Täter waren. Dabei handelt es sich um eine Polizeiarbeit, die fundiert ist.

Das ist ja genau das Problem. Wenn ich jetzt dazu zu viel sage, dann positioniere ich mich, und zwar in der Richtung von Herrn Binninger. Aber Martin Arnold setzt sich mit diesem Problem relativ wenig auseinander, weil er sagt: »Ich mache das dann, wenn ich wirklich etwas weiß, und vorher ist das für mich eben Spekulation.« Es wäre etwas anderes, wenn wir ernsthaft bezweifeln müssten, dass die beiden tatsächlich die Täter vor Ort waren. Davon gehen wir bis jetzt einfach nicht aus. Die waren wohl da. Ob die allein da waren, und ob die von der Bundesanwaltschaft angenommene Motivlage zutrifft, da sind Zweifel. Aber dass die da waren, daran zweifeln wir nach der bisherigen Beweislage eigentlich nicht.

Im April 2017, als sich der Heilbronner Polizistenmord zum zehnten Mal jährte, haben Sie in den Medien zu verstehen gegeben, die Annahme der Bundesanwaltschaft, dass es ausschließlich um die Inbesitznahme der Waffen ging, erscheint Ihnen abwegig.

Das kann man so sagen. Ich würde vielleicht nicht das Wort »abwegig« benutzen, aber für mich ist diese angebliche Motivlage nicht nur nicht zwingend, sondern auch nicht hinreichend plausibel. Diese Unzahl der Zufälle, die gibt es nicht. Warum fahren sie nach Heilbronn? Warum verlängern sie die Anmietung des Wohnmobils? Da waren ja auch die Ermittlungsergebnisse der SoKo vor dem öffentlichen Auftauchen des NSU im November 2011, die in eine ganz andere Richtung gingen.

Es hat ja kein Mensch, das wird im Nachhinein auch immer übersehen, einen rechtsradikalen Hintergrund auch nur im Traum angenommen, bevor dieses Bekennervideo aufgetaucht ist. Und jetzt auf einmal sind alle überzeugt: Ja, genau so war es. Das ist für mich eine nicht nachvollziehbare Verengung der Sichtweise. Dass die das Bekennervideo mit produziert haben, ist sicherlich richtig. Dass man diese Indizien gefunden hat, bis hin zu Beweisen – die Waffe, die Tatwaffe, die gestohlenen Waffen, die anderen Utensilien, die man den Polizeibeamten weggenommen hat, die Blutspuren usw. – das ist ja alles mehrfach aufgelistet worden. Die waren da, daran habe ich auch keinen Zweifel. Nur: Das ist doch kein Ausschluss der ersten Ergebnisse, und das ist auch keine hinreichende Erklärung für ein Motiv. Die kann man auch, wenn ich ganz ehrlich bin, dem Bekennervideo nicht wirklich entnehmen. Das wird einfach unterstellt. Man nimmt die formulierten politischen Erklärungen zu den Morden an den Migranten und überträgt sie auf den Fall Heilbronn. Aus dem Gedächtnis heraus: Das ist dem Bekennervideo gar nicht zu entnehmen. Die sagen da nicht: »Wir hassen Polizeibeamte, wir hassen den Staat und so etwas.« Das kommt nicht vor.

Es ist das letzte Bild auf der DVD – eine Heilbronn-Collage.
Ja, aber das ist ja keine Aussage für sich.

In der medialen Berichterstattung ging der Umstand etwas un-ter, dass Beate Zschäpe zwar zunächst über ihren Anwalt erklärte, dass Uwe Mundlos und Uwe Böhnhardt ihr gesagt haben, sie hätten deshalb den Anschlag begangen, um an die Waffen heranzukommen, weil die bisherigen Waffen quasi nicht mehr funktionsfähig gewesen seien. Sie hat aber kurze Zeit später erklären lassen: »So haben mir es die beiden Uwes zwar gesagt, aber ich glaubte nicht daran.«

Wie haben Sie diese nachgereichte Erklärung von Beate Zschäpe aufgenommen?

Mich hat das überhaupt nicht überrascht. Schon die erste Aussage hat sie ja nicht selber gemacht, sondern man hat ja nur verlesen bekommen, was jemand formuliert hat – und zwar nicht sie. Aber schon das war, bevor sie es bei ihrer zweiten Aussage explizit gesagt hat, zu entnehmen. Sie hat ja gleich sinngemäß gesagt: »Ich habe mich so wahnsinnig aufgeregt. Seid ihr jetzt vollkommen verrückt geworden«, so in der Art: »Ich war fassungslos«. Das impliziert ja schon, dass es für sie überhaupt nicht plausibel ist. Und danach hat sie es ja ganz klar gesagt: »Ich habe das nie geglaubt.«

Die Einlassung damals im Dezember 2015 hat Zschäpe nicht selber formuliert?

Davon gehe ich aus. Ich weiß es natürlich nicht, aber wenn man den Schreibstil anschaut, würde man sagen: An der Formulierung hat jemand mitgewirkt, der zumindest schon einmal anwaltliche Schriftsätze verfasst hat.

In Jena gab es eine Szene der Organisierten Kriminalität (OK), in der entweder einer oder beide, Mundlos oder Böhnhardt, aktiv gewesen sein sollen. Welchen Fragen zu diesem Komplex sollte noch nachgegangen werden?

Die neuere Entwicklung geht aus meiner Sicht in die richtige Richtung – dass man nämlich sagt: Wir haben doch immer mehr Erkenntnisse dazu, dass zumindest den Hinweisen auf eine Verwicklung in OK, also Drogen oder andere Sachen, nicht nachgegangen wurde, obwohl man Hinweise darauf hatte.

Der NSU-Prozess in München ist ein Mammutprozess geworden. Worin sehen Sie die Gründe, dass er so lange andauert?

Ein wesentlicher Punkt ist natürlich auch der Anwalts-
wechsel oder die zusätzliche Verteidigung bei Frau Zschäpe.
Entscheidend aber ist, dass man einen reinen Indizienbeweis
hat. Nicht so sehr, was Zschäpe angeht, sondern im Hinblick
auf die anderen Beteiligten. Und ein solcher Indizienbeweis
ist wahnsinnig schwer zu führen. Ich habe da eine ganz ambi-
valente Einstellung dazu. Mir ist auch nicht klar, warum jetzt
ausgerechnet nur diese Leute auf der Anklagebank sitzen. Ich
weiß nicht, ob das nicht zu kryptisch ist, aber ich könnte mir
anhand der Dinge, die wir wissen, auch andere Beteiligte auf
der Anklagebank vorstellen. Ich glaube gar nicht, dass es Frau
Zschäpe ist, die den zeitlichen Aufwand soweit rechtfertigt,
sondern die anderen Täter.

*Sie sagten, Sie könnten sich noch andere Leute auf der Anklage-
bank vorstellen.*
Ja.

Wen denn?
Ich weiß jetzt nicht, ob ich so weit gehen soll, da jetzt
Namen zu nennen. Wir haben in den Akten durchaus Unterstützungshandlungen von anderen Personen. Da gab es Leute,
die haben Wohnungen zur Verfügung gestellt. Es gab Leute,
die haben Unterlagen, Ausweispapiere zur Verfügung gestellt,
und zwar zu einem relativ späten Zeitpunkt noch. Gegen die
wird anscheinend auch noch ermittelt. Die gehörten meiner
Ansicht nach mit gleicher Berechtigung in München auf die
Anklagebank, wie eben der eine oder andere, der da sitzt. Ich
möchte jetzt keine Namen nennen, aber für mich persönlich ist
es so: Warum jetzt die oder die hier sitzen und andere nicht, ist
für mich nicht verständlich oder auch nach vier Jahren Prozess
nicht wirklich nachvollziehbar. Das betrifft, ich möchte es aber

ausdrücklich sagen, nicht meinen Fall. Das betrifft nicht den Fall Heilbronn und betrifft nicht die Haupttäterin Zschäpe. Da gibt es keinen Zweifel für mich.

Sind welche darunter, die V-Personen waren?
Das weiß ich ja nicht. Dieses Gerücht tobt natürlich überall herum, aber ich weiß es nicht. (Er lacht)

Ein sehr zeitaufwändiger Aspekt im Prozess war auch die Frage der Beschaffung und Lieferung der Ceska, der Tatwaffe bei den Migrantenmorden. Das betrifft vor allem Ralf Wohlleben als Mitangeklagten. Halten Sie diese Lieferkette für geklärt?
Die Lieferkette halte ich für einigermaßen schlüssig geklärt. Der Punkt, der mich aber zweifeln lässt, ist die Art und Weise der Identifizierung der Waffe an sich. Da wurden Lichtbilder vorgelegt, auch nur sehr wenige Lichtbilder, und dann sollte sich jemand, der diese Waffe nach eigener Aussage übergeben hat, festlegen, welche Waffe es war, obwohl er keine Inschrift mehr kennt, keinen Typ und nichts. Dann waren es noch vier Waffen, glaube ich, die überhaupt in Betracht kamen. Doch wie kann jemand anhand von Lichtbildern von vier Faustfeuerwaffen mehr als ein Jahrzehnt später sagen: »Das war die Waffe, die ich damals übergeben habe«?

Was den Heilbronner Polizistenmord von den Migrantenmorden des NSU unterscheidet, ist neben der Tatsache, dass zwei Staatsbeamte die Opfer waren, besonders der Umstand, dass andere Tatwaffen verwendet wurden. Ein Thema, das Sie im Gegensatz zur Ceska direkt betrifft, weil auf Ihren Mandanten mit einer Tokarew geschossen wurde. Die Tokarew ist in diesen vier Jahren Prozess nie ein Thema gewesen. Warum? Und ist das für Sie ein Defizit?
Die Tokarew steht als Tatwaffe aufgrund der ballistischen

Untersuchung fest. Daran kann man nicht zweifeln. Also gibt es erst einmal, juristisch gesehen, keinen großen Grund dafür, diese Tokarew zu hinterfragen oder zum Thema zu machen. Etwas anderes ist es, wenn man sich das Motiv anschaut. Und da frage ich mich: Warum verwenden die Täter bei neun Morden die gleiche Waffe, wissend, dass diese Identität natürlich hergestellt wird und Gegenstand der Ermittlungen sein wird? Und warum verwenden sie beim zehnten Mord eine andere Waffe, die ausschließen wird, dass man eine Verbindung herstellt, um dann nachher ein Bekennervideo zu produzieren, das genau diese Verbindung wieder nahelegt? Das ist für mich schlicht und einfach ein ungelöstes Rätsel.

Bei der Beweiserhebung in München sieht man Unterschiede: Dem Weg der Ceska ist man monatelang nachgegangen, dem Weg der Tokarew und der Radom überhaupt nicht. Man hat sich nur auf die Ceska konzentriert …

Die Motivation dafür ist für mich nachvollziehbar. Das ist das Gleiche, was ich vorhin schon sagte: Ich kann die anderen Angeklagten, soweit denen diese Waffenüberbringung als Beihilfehandlung zur Last gelegt wird, nur dann überhaupt verfolgen, wenn ich schlüssig darlege, dass diese Waffe, die da übergeben wurde, auch nachher bei den Taten verwendet wurde. Und deswegen dieser hohe Aufwand bei der Waffe, um nachvollziehbar zu machen, dass das tatsächlich die war, die immer wieder verwendet wurde.

Das Entscheidende ist also, dass man den Angeklagten das nachweisen muss. Und wenn man sozusagen keine Angeklagten hat, die möglicherweise mit dem Transport der Tokarew in Verbindung stehen, dann wird auch im Gerichtssaal das nicht ermittelt – ist das sozusagen der Filter?

Der Beschaffungsweg der Tokarew, so kann man es sagen, spielt für die Tat- und Schuldfrage erst einmal keine Rolle.

Weil es dafür keinen Angeklagten gibt?
Weil wir dafür keinen Angeklagten haben, ja.

In Bezug auf die Tokarew gibt es einen spezifischen Vorgang: In einer Prozesspause des OLG-Prozesses gegen die damaligen islamistischen »Sauerland«-Terroristen sagte der Mitangeklagte Attila Selek einem seiner Anwälte, als es darum gegangen war, mit welchen Waffen sie im Terrorcamp ausgebildet worden seien, dass eine Tokarew beim Polizistenmord verwendet worden sei. Das heißt, hier wurde ein Täterwissen expliziert, das so aus den Medien nicht generiert werden konnte, weil es bis dato nicht berichtet worden war. Ist das für Sie von Relevanz?
Klar. Für mich wäre das, wenn es nachzuweisen wäre, sehr interessant. Denn, wenn diese Waffe aus einem anderen Motiv heraus verwendet wurde, würde das eine ganz andere Sichtweise auf die Auswahl und die Motivlage in Heilbronn zulassen. Wobei ich mir die Stellungnahme der Bundesanwaltschaft ungefähr vorstellen kann, und nach der bisherigen Argumentation würde auch das Gericht sagen: Ja, hat aber für die konkrete Tat- und Schuldfrage der hier Angeklagten erst einmal keine unmittelbare Bedeutung. Es sei denn, man hätte das nachgewiesen, dann würde sich die Frage stellen, ob man die gesamte Motiv- und Vorsatzhypothese kippen müsste. Aber dazu müsste es erst einmal feststehen, und das ist genau das Problem: Wir haben zwar Anhaltspunkte dafür, Indizien, nur: Die sind nicht greifbar im Sinne einer zu beweisenden Tatsache. Bis jetzt jedenfalls nicht. Vielleicht kommt das ja noch, dann wäre es aus meiner Sicht für Untersuchungsausschüsse zwingend, dem nachzugehen und alles daran zu

setzen, das aufzuklären. Auch für die Polizei natürlich, also die Ermittlungsbehörden.

Selek sagte damals seinem Anwalt auch, dass ein krimineller Terrorhelfer namens Mevlüt K. zur Tatzeit in einen Waffendeal am Heilbronner Tatort involviert gewesen sei. Dies deckt sich mit den Aussagen, die von der Münchner Anwältin Ricarda Lang im Frühjahr 2017 im Untersuchungsausschuss des Landtages von Baden-Württemberg formuliert worden sind. Der Untersuchungs-ausschuss sagt bei diesem Thema kategorisch: Wir haben keinerlei Hinweise auf solche Zusammenhänge. Wie nehmen Sie den Ausschuss in diesem Punkt und insgesamt die Arbeit dieses Gremiums wahr?

Es fällt mir ein bisschen schwer, da einigermaßen objektiv oder emotionsfrei heranzugehen, weil ich die Haltung des Ausschusses nicht verstehen kann. Es ist für mich absurd. Wenn sich ein Untersuchungsausschuss, zumindest in seiner ersten Auflage, zum Ziel gesetzt hat, mögliche Ermittlungsfehler oder unterlassene Ermittlungsansätze aufzuklären, dann ist dies ja jetzt beim etwas abgeänderten Thema des zweiten Ausschusses sicherlich auch noch die Aufgabe. Wenn sich etwas Neues aufdrängt, dann kann ich doch nicht sagen: »Ich habe hier eine völlig neue Erkenntnis, aber der muss ich nicht nachgehen.« Das Einzige, was ich verstehen würde, ist, wenn der Ausschuss sagt: »Das ist eine Sache für die Ermittlungsbehörden, wir können das gar nicht.« Soweit ich es verstanden habe, sagt er aber nicht, dass er das nicht kann oder dass er dazu zu wenig Kräfte hat, sondern er sagt, es sei aufgeklärt, oder es hätte keine Relevanz. Diese Aussage kann ich nicht verstehen.

Baden-württembergische Politiker sind sich darin eins mit der Position der Bundesanwaltschaft (BAW) – welche Motivation sehen Sie dahinter? Geschieht das, um die BAW zu affirmieren, oder spielt auch die Befürchtung mit, dass es, wenn es noch andere Hintergründe, Tataspekte und Mittäter gegeben haben sollte, innenpolitisch für das Land Baden-Württemberg zu brisant wäre?

Ich kann nur hoffen, dass es nicht so ist. Denn, wenn es solche unterlassene Ermittlungstätigkeiten gegeben hat, dann müsste man ja zumindest mal aufklären, auf welcher Ebene diese Unterlassung stattgefunden hat. Ich glaube nicht, dass es auf der Ebene der SoKo Parkplatz war, also bei den eigentlichen Ermittlungsbeamten. Wenn die das gehabt hätten, davon gehe ich einmal ganz sicher aus, dann wären die dem nachgegangen. Wie die Ermittlungsakten von Heilbronn zeigen, sind sie jedem Detail nachgegangen, mit Akribie. Und wenn ich das zugrunde lege, dann kann ich nicht verstehen, warum ein Ausschuss, der genau in dieser Richtung ermittelt, jetzt sagt: »Es kommt nicht darauf an, was dabei herauskommt, denn völlig egal, was sich darstellt, es wäre nicht relevant.« Das kann ich nicht nachvollziehen.

Thomas Feltes, langjähriger Rektor der Polizei-Fachhochschule Villingen-Schwenningen und heute Kriminologie-Professor in Bochum, hat in Interviews zu diesem Kontext wiederholt zu verstehen gegeben, dass er im Falle von Heilbronn neue Ermittlungen für sinnvoll und notwendig ansieht. Wie sehen Sie das?

Wenn sich diese neue Entwicklung weiter verfestigt oder weitere Hinweise kommen, dann kann es aus meiner Sicht überhaupt keine Frage geben, dass da weiter ermittelt werden muss. Und zwar nicht nur durch einen Untersuchungsausschuss. Wir dürfen nicht vergessen, wer da drinsitzt. Das sind Berufspolitiker, und die sind alles, aber keine geschulten Ermittler. Wenn es dann genügend Hinweise dafür geben würde, dass da etwas dran sein könnte, dann sehe ich überhaupt keine andere Möglichkeit, als dass die Polizei, die Ermittlungsbehörden natürlich neu ermitteln müssen.

Der Heilbronn-Mord passt nicht in die Mordserie an den Migranten. Und trotzdem gibt es eben die Verbindung, zum Beispiel über die Waffen bei den toten Uwes, und über die DVD, auf der alle Taten zusammengefasst werden. Ist der Heilbronn-Fall ein Schlüsselfall für die Aufklärung der NSU-Mordserie?

Der Polizistenmord ist der zeitlich letzte, und er passt nicht ins Schema. Diese zwei Punkte sind aus meiner Sicht klar und sicher. Mir ist aber nicht ganz klar, wenn ich ehrlich bin, warum das der Schlüssel zu den anderen Fällen sein muss. Es gab in der Stuttgarter Mordkommission einmal einen Beamten, der mir in anderen Fällen, wo ich als Verteidiger tätig war, gesagt hat: »Zufall gibt es für uns überhaupt nicht, es gibt für alles eine vernünftige Erklärung.« Wenn irgendetwas auffällt und zwar signifikant auffällt, kann ein Kripobeamter nicht unterstellen, das sei Zufall. Und das ist eben mein Problem mit Heilbronn. Hier fallen Sachen extrem auf, zum Beispiel: andere Täterwaffen, zeitlicher Abstand, völlig andere Qualität des Bekennervideos. Wenn ich diesen erfahrenen Kripobeamten nehme, dann muss ich sagen: Da fehlt uns die vernünftige Erklärung dazu. Ich habe jedenfalls keine. Ich habe auch noch keine gehört, warum das so gewesen sein sollte. Ich kann auch der Zschäpe-Aussage keine vernünftige Erklärung entnehmen. Sie sagte ja selber, sie verstehe es überhaupt nicht.

Das wäre nicht der Schlüssel zu den neun anderen Morden, sondern zu einem bisher unbekannten Hintergrund.

So ist es, das meine ich damit. Für mich ist jetzt klar: Es ist kein Zufall. Und wenn es kein Zufall ist, dann habe ich meine Probleme mit dem Begriff »Schlüssel für die Erklärung der anderen«. Vielmehr wäre eher zu sagen: Entweder ist es ein Fall, der gar nichts mit den anderen zu tun hat oder nur sehr wenig, eine völlig andere Lage, kann ja sein. Oder aber es ist ein Zeichen dafür, dass es eben noch ein ganz anderes Motiv gibt bei der ganzen Sache.

»Tod einer Polizistin«, eine Dokumentation der Berliner Filme-macher Clemens und Katja Riha, ist vom Vorsitzenden des baden-württembergischen U-Ausschusses, Wolfgang Drexler, heftig kriti-siert worden. Besonders scharf monierte er, dass im Film behauptet werde, Michèle Kiesewetter sei drogenabhängig gewesen. Wie haben Sie den Film wahrgenommen und vor allen Dingen diese fragliche Sequenz?

Ich kann nicht nachvollziehen, wie man die Szene mit dieser einen Drogensüchtigen, die sagt, Michèle Kiesewetter habe auch Drogen genommen, so werten kann, als würde der Film implizieren, Frau Kiesewetter wäre heroinsüchtig gewesen. Das ist etwas, was dieser Film auf gar keinen Fall aussagen will. Und ich denke auch, dass man diese Aussage nicht hinein interpretieren kann. Es war klar, dass es sich um verdeckte Ermittlungen handelte. Und es wurde klar, dass die Frau aus der Szene das als Annahme dahin gesagt hat, und danach wird dann von dem ehemaligen Polizeipräsidenten gesagt: »Ja, Michèle Kiesewetter konnte sich eben wirklich in die Szene hineinversetzen.« Das kann man aus meiner Sicht nur so interpretieren, dass damit gesagt werden oder zum Aus-druck gebracht werden soll, dass Frau Kiesewetter eben sehr überzeugend auftreten konnte. Herr Drexlers Darstellung, man wolle implizieren, sie sei drogensüchtig gewesen, die kann ich aus dieser Szene überhaupt nicht herauslesen.

Und generell Ihre Meinung zu dem Film?

Aus meiner Sicht ist es so: Wenn ich mit einer Reporta-ge erreichen will, dass ich bei Zuschauern das Bewusstsein schaffe für eine Problematik oder für eine unklare Situation, dann muss ich eben auch mit begründbaren Gedankenspielen, Spekulationen, arbeiten. Soweit ich die nicht frei erfinde – und die im Film sind nicht frei erfunden. Wenn nur berichtet wird, was hundertprozentig gesichert sein soll, dann hätte ich ein großes Problem damit. Denn es ist in diesem Fall überhaupt nichts hundertprozentig gesichert, weil wir in München kein rechtskräftiges Urteil haben. Das heißt also: Wenn dieser Film zu diesem Zeitpunkt unter der Prämisse gedreht und gezeigt worden wäre, das sei die gesicherte Erkenntnis von Heilbronn, dann wäre das unter journalistischen Gesichtspunkten völlig unvertretbar. Wir haben noch kein abgeschlossenes Verfahren. Also muss es erlaubt sein, auf Widersprüche, auf Ungeklärtheiten zu verweisen. Ich kann nicht verstehen, warum das unzulässig sein soll. Oder anders herum gesagt: Wenn das unzulässig wäre, dann müsste man sagen: Okay, jetzt gar keinen Film, weil ich keine Fakten darstellen kann. Dann warten wir ab, bis das entschieden ist, und zwar rechtskräftig.

Herr Drexler sitzt im Verwaltungsrat des SWR. Wie ist seine extrem pointierte Kritik einzuschätzen?

Ich kann die Reaktion aus den genannten Gründen nicht nachvollziehen. Ich verstehe es nicht. Wenn er sagen will, man dürfe zum jetzigen Zeitpunkt gar nichts bringen, dann müsste er begründen, warum. Das tut er nicht, sondern er sagt, das hätte man anders darstellen müssen. Dann wäre meine Frage: Wie hätte man es darstellen müssen? Das wäre ja dann wohl so: Er stellt fest, wie es war. Etwas, was eben noch nicht feststeht, weil es eben noch nicht entschieden ist. Man kann auch juristisch sagen, es wäre ein massiver Verstoß gegen die Unschuldsvermutung, was Herr Drexler da zu fordern scheint. Oder er sagt: »Ihr dürft zu diesem Zeitpunkt gar keinen Film machen.« Aber nachvollziehbar ist die Reaktion für mich nicht.

War Martin Arnold seitdem jemals wieder in Heilbronn auf der Theresienwiese?

Ob er dort war, weiß ich nicht. Ich halte es für sehr unwahrscheinlich.

Am 25. April 2017, dem zehnten Jahrestag des Anschlages, trafen sich Opferangehörige in Heilbronn, es gab eine Gedenkveranstaltung. War er dabei?

Nach meiner Kenntnis nicht.

War er eingeladen?

Ich glaube, eingeladen war er. Wir wussten, dass es diese Gedenkveranstaltung gibt, und wir haben regelmäßig Kontakt, aber über eine Teilnahme an der Veranstaltung haben wir nie gesprochen. Ich glaube, es war von vornherein völlig eindeutig, dass von uns da niemand teilnimmt aus den Gründen, weil Herr Arnold eben ganz einfach nicht in der Öffentlichkeit auftreten möchte.

Wie wichtig ist ihm der Abschluss des Münchner NSU-Prozesses, sprich: auch eine Verurteilung von Beate Zschäpe und den Mitangeklagten?

Die Beendigung dieses Prozesses, wenn das gleichzeitig die Beendigung dieses Falles wäre, das wäre für Martin Arnold schon sehr wichtig, klar. Das wäre der Abschluss, den er meiner Ansicht nach braucht. Ich bin jetzt kein Arzt, und er ist ja auch nicht mehr permanent in Behandlung. Aber endgültig vergessen kann man so etwas nicht, und verdrängen kann man es wahrscheinlich auch nicht. Für ihn wäre der Abschluss bestimmt sehr wichtig. Psychologen, die ich als Anwalt kennen gelernt habe, sagen, das ist ein ganz entscheidender Punkt. Egal, ob man irgendeinen Verlust erlitten habe oder ein traumatisches Erlebnis habe: Es muss irgendwann einmal ganz einfach auch Ruhe sein. Und das ist auch für Martin Arnold ein ganz zentraler Wunsch. Ich meine, er würde sich nicht freuen, wenn das mit einem Freispruch für die Frau Zschäpe ausgeht, das ist sicher nicht so. Das ist jetzt eher flapsig dahin gesagt. Aber wie dieser Abschluss erfolgt, ist für ihn nicht so wichtig.

Ein Abschluss also in dem Wissen, was tatsächlich passiert ist?
Ja. Soweit es aufklärbar ist. Eine große Unsicherheit sollte halt nicht mehr bestehen.

Interview: Thomas Moser / Rainer Nübel
Geführt im April 2017
Walter Martinek, Jahrgang 1956, arbeitet als Rechtsanwalt in Stuttgart

»Zweifel an der Art und Weise der Aufklärung«

Auszug aus dem Plädoyer von Walter Martinek, dem Anwalt des Polizisten Martin Arnold, der beim Heilbronner Attentat lebensgefährlich verletzt wurde

Ich will von einer persönlichen Erfahrung mit dem ersten baden-württembergischen Untersuchungsausschuss kurz berichten. Dieser wollte die Aufklärungsbemühungen der Ermittlungsbehörden im Zusammenhang mit dem Tod des Zeugen Florian Heilig untersuchen. Dieser Zeuge – ursprünglich in der rechten Szene verhaftet und dann »Neonaziaussteiger« – war am 16. September 2013 in Stuttgart, wo seine eigene Vernehmung beim LKA Baden-Württemberg an diesem Tag stattfinden sollte. Dort wollte und sollte er eine Aussage machen, und zwar über die nach seinen eigenen Angaben bei ihm vorhandenen Kenntnisse zu den »wahren Hintergründen der Tat in Heilbronn und den richtigen Tätern«. Er erreichte den Ort seiner Vernehmung allerdings nie. Stattdessen hielt er mit seinem Auto auf dem zu diesem Zeitpunkt völlig leeren Festplatz des Cannstatter Wasens an und beging Selbstmord, indem er sich in seinem Auto selbst verbrannte.

So die offizielle Darstellung – ich betonte das Wort »Darstellung«; denn ein Ermittlungsergebnis gibt es nicht.

Die Polizei wollte ermitteln, was bei diesem völlig außergewöhnlichen Ereignis und in Kenntnis des brisanten Hintergrunds der angekündigten Aussage des jetzt Verstorbenen nicht nur selbstverständlich, sondern auch absolut zwingend war. Die Polizei durfte das aber nicht. Der zuständige Staatsanwalt untersagte jegliche Ermittlungstätigkeit.

Dies ist keine Wiedergabe einer Vermutung, sondern das Ergebnis der Vernehmung der zuständigen Polizeibeamten, die ja ermitteln wollten, vor dem zur Aufklärung von Fehlern bei der Ermittlungsarbeit eingesetzten Untersuchungsausschuss des Landes Baden-Württemberg. Dieser Ausschuss vernahm daraufhin den Staatsanwalt, der dies dabei ausdrücklich bestätigt hat, und zwar mit der Begründung, er sei von Gesetzes wegen verpflichtet gewesen, jegliche Ermittlungstätigkeit wegen eines »fehlenden Anfangsverdachts« zu unterbinden.

Die Obmänner und der Vorsitzende des Untersuchungsausschusses haben mir diesen Vorgang auf meine dahingehende Frage im persönlichen gemeinsamen Gespräch genau so bestätigt. Sie haben mir auch bestätigt, dass sie wussten, dass diese Aussage des Staatsanwalts, also des Zeugen, schon rein rechtlich nicht richtig war. Meine Frage an die durchaus fachkundigen Obmänner eines mit den Befugnissen eines Strafgerichts ausgestatteten Untersuchungsausschusses, die darüber hinaus von eigens abgestellten Richtern mit wiederum strafrechtlicher Erfahrung beraten werden, nach einer Reaktion auf diese Aussage des Zeugen, wurde wie folgt beantwortet: »Wir wussten, dass das nicht stimmt. Er hat es aber so gesagt und was sollten wir machen?«

Dabei blieb es – und auch das ist es, was bei mir und meinem Mandanten nicht nur Fassungslosigkeit, sondern auch Zweifel an der Art und Weise der Aufklärung, also letztlich der Ermittlungen, hinterlässt.

Die Methode Drexler

Der Vorsitzende des Stuttgarter NSU-Untersuchungsausschusses hat eine erstaunliche Expertise darin,
politisch brisante Hinweise und Spuren abzumoderieren

RAINER NÜBEL

Gab es Augenzeugen, als am 25. April 2007 gegen 14 Uhr
die junge Polizistin Michèle Kiesewetter auf der Heilbronner
Theresienwiese durch einen Kopfschuss ermordet und ihr
Kollege Martin Arnold lebensgefährlich verletzt wurde?
Dass diese Frage für den NSU-Untersuchungsausschuss des
baden-württembergischen Landtags relevant ist, dürfte unstrittig sein. Regelmäßig betonen die Ausschussvertreter
und allen voran ihr Vorsitzender Wolfgang Drexler (SPD)
mit Nachdruck und getragener Stimme, sie handelten in
Verantwortung gegenüber den Opfern der NSU-Mordserie.
Martin Arnold hat im Frühjahr 2014 als Zeuge im Münchner Prozess gegen Beate Zschäpe und andere Angeklagte in
eindrucksvoller Weise verdeutlicht, was Verantwortung für
ihn bedeutet: Er wolle wissen, was an diesem Tag passiert
ist, warum Michèle Kiesewetter getötet wurde und auch er
hätte sterben sollen.

Bis heute ist nicht geklärt, was genau an diesem sonnigen
Frühlingstag in Heilbronn geschehen ist. Der Polizistenmord,
der von der Bundesanwaltschaft allein den Rechtsterroristen
Uwe Mundlos und Uwe Böhnhardt zugerechnet wird, ist be-
sonders rätselhaft. Bis dahin hatte der »Nationalsozialistische
Untergrund« neun Migranten getötet, jetzt waren zwei Beamte

die Opfer. Und anders als bei den anderen NSU-Morden verwendeten die Täter nicht die Ceska, sondern andere Waffen: eine Tokarew und eine Radom. Würde die Heilbronner Tat aufgeklärt, könnten Antworten auf viele ungelöste Fragen rund um die gesamte NSU-Mordserie gefunden werden. Zumindest spricht einiges dafür. Augenzeugen, das ist eine kriminologische Binsenwahrheit, erinnern sich oft an Details, die für Ermittlungen entscheidend sind. Doch dazu müsste man sie erst befragen.

Die Frage, ob es in Heilbronn – im Gegensatz zu allen anderen NSU-Morden – Augenzeugen gab, hat ihre Geschichte. Es ist eine Geschichte, die einiges darüber erzählt, wie glaubwürdig der von Behörden und Politikern im Bund oder im Ländle so gerne beschworene Aufklärungswille ist.

Diese Geschichte beginnt am 30. November 2011. Damals berichtete das Magazin *stern* von einem Observationsprotokoll des US-Militärgeheimdienstes DIA. Aus dem geht hervor, dass zur Tatzeit amerikanische Agenten sowie Verfassungsschützer aus Baden-Württemberg oder Bayern auf der Heilbronner Theresienwiese gewesen sein sollen. Ihre Observation galt laut diesem Protokoll Mevlüt K. – einem Deutsch-Türken aus Ludwigshafen, der damals mit Waffen und Drogen handelte, Chef einer kriminellen serbischen Bande war und vor allem als fünfter Mann der »Sauerland«-Gruppe bekannt wurde. K., der seit 2002 in der Türkei lebte, hatte dort im Frühjahr 2007 Zünder für die islamistischen Terroristen um den Ulmer Fritz Gelowicz beschafft, die Anschläge auf amerikanische Einrichtungen in Deutschland planten. Gleichzeitig war K. aber auch für den türkischen Geheimdienst MIT aktiv, der mit US-Diensten zusammenarbeitete. Obwohl die Aufenthaltsorte von Mevlüt K. den Ermittlungsbehörden bekannt waren, ist der Terrorhelfer nie festgenommen worden. Die Observation von Mevlüt K., so steht es in dem vom *stern* teilveröffentlichten Protokoll, sei um 13.50 Uhr abgebrochen worden, als auf der Theresienwiese Rechtsextremisten auf eine Polizeistreife geschossen hätten.

Der Verfasser dieses Kapitels gehörte damals dem siebenköpfigen *stern*-Autorenteam an, da er schon 2009 Informationen über Mevlüt K. in Bezug zu den Heilbronner Ereignissen gewonnen und sie ein Jahr später in einem Buchkapitel publiziert hatte. Darunter auch dieses Detail: Der »Sauerland«-Terrorist Attila Selek, der im Frühjahr 2007 in der Türkei in engem Kontakt zu K. stand, hatte zwei Jahre später am Rande seines Prozesses in Düsseldorf einem seiner Anwälte mitgeteilt, in Heilbronn habe es am Tattag einen Waffendeal gegeben, in den Mevlüt K. involviert gewesen sei. Mehr noch: Selek sagte, dass beim Heilbronner Polizistenmord eine Tokarew eingesetzt worden sei. Eine erstaunliche Aussage, denn zum damaligen Zeitpunkt war der Öffentlichkeit nicht bekannt, dass einer der beiden Täter tatsächlich diese Waffe verwendet hatte.

Im Frühjahr 2007 waren die Ermittlungen gegen die später im Sauerland festgenommenen islamistischen Terroristen auf Hochtouren gelaufen. Hunderte deutsche Ermittler, sehr viele aus Baden-Württemberg, waren bei dieser »Operation Alberich« im Einsatz, auch der Verfassungsschutz war involviert. Eine wichtige Einrichtung der Terrorermittlung, die schon länger bestand und unter dem Eindruck der Terroranschläge vom 11. September 2001 eingerichtet worden war, war die »Ermittlungsgruppe Donau«, die aus baden-württembergischen und bayerischen Beamten bestand. Wie man heute aufgrund der Snowden-Dokumente und der NSA-Affäre weiß, operierten im Frühjahr 2007 zudem mehr als 100 US-Agenten auf deutschem Boden. Diese Anti-Terror-Einheit kooperierte eng mit Bundesnachrichtendienst und Bundesamt für Verfassungsschutz, sie residierte zunächst klandestin in einer

Sparkassen-Immobilie in Neuss, später in der Kölner Zentrale des deutschen Verfassungsschutzes.

Bei ihren Einsätzen wurden die US-Agenten, wie *Focus* 2013 berichtete, von amerikanischen Elitesoldaten geschützt. Eine Stunde vor dem Polizistenmord war auf der Autobahn A 6 in Höhe Heilbronn der US-Elitesoldat Master Sergeant Andrew H. geblitzt worden. Er gehörte der Special Forces Group an, die unter anderem in der islamistischen Gefahrenabwehr agiert. Stationiert ist die amerikanische Militär-Spezialeinheit in der Panzer-Kaserne in Böblingen. Die Frage des Bundeskriminalamtes, welchem Einsatz H. an diesem Tag nachging, beantworteten die US-Behörden nicht. Das BKA hakte nicht weiter nach.

Hinweise sollten bis 2071 geheim bleiben

Als der *stern*-Bericht über die möglichen staatlichen Augenzeugen am 30. November 2011 erschienen war, geschah zweierlei: Keine zwei Stunden nach der Veröffentlichung schrieb der »*ARD*-Terrorexperte« Holger Schmidt in einem Online-Artikel, bei dem angeblichen US-Papier handele es sich um eine Fälschung. Diese in rekordverdächtig kurzer Zeit getroffene Einschätzung deckte sich haargenau mit dem, was Vertreter der Bundesanwaltschaft und des Bundeskriminalamtes (BKA) am selben Tag und auch später ausgewählten Journalisten in den Block diktierten.

Was zwei Tage nach der *stern*-Veröffentlichung passierte, sollte dagegen in den nächsten 60 Jahren partout nicht an die Öffentlichkeit gelangen. Diese Informationen stehen in Akten, die als streng geheim eingestuft und bis 2071 gesperrt worden sind: Am 2. Dezember 2011 meldete sich demnach ein Verbindungsbeamter der US-Geheimdienste in Süddeutschland bei der Dienststelle des Militärischen Abschirmdienstes (MAD) in der Stuttgarter Heuss-Kaserne. Der Mann bat um einen Kontakt, mit dem er über die im *stern*-Bericht thematisierte US-Zeugenschaft in Heilbronn offiziell reden könne. Aus bislang ungeklärten Gründen wurde er vom MAD weiterverwiesen an die Dienststelle Süd des Bundesnachrichtendienstes (BND), der in derselben Kaserne sitzt. Was der US-Geheime dann den deutschen BND-Kollegen mitzuteilen hatte, steht in BND-internen Mails und einer Korrespondenz zwischen der BND-Spitze und dem Kanzleramt sowie der Bundesanwaltschaft: Man habe auf US-Seite Hinweise darauf, dass »möglicherweise das FBI im Rahmen einer Operation auf deutschem Boden zwei Mitarbeiter habe nach Deutschland reisen lassen und diese nach dem Vorfall in Heilbronn wieder zurückbeordert habe«.

Noch konkreter wurde der US-Verbindungsbeamte laut diesen Akten wenige Tage später bei einem Treffen mit einem ihm bekannten BND-Ermittler in der MAD-Dienststelle: »Der US-Mitarbeiter«, so wurde danach beim BND protokolliert, »ließ dabei erkennen, dass eine eigene Untersuchung der Ereignisse die Beteiligung von zwei Mitarbeitern des FBI ergeben habe.« Er regte zudem »ein offizielles Gespräch zu den Hintergründen an«. Der BND hätte also von US-Seite erfahren können, welchen Hintergrund die FBI-Operation in Heilbronn hatte – und damit potenziell auch, was auf der Theresienwiese passiert ist. Doch der Bundesnachrichtendienst wies das Angebot merkwürdigerweise ab: »Ein Eingehen auf das Gesprächsangebot des Mitarbeiters des US-Dienstes ist von hiesiger Seite nicht vorgesehen«, heißt es in den Akten. Der damalige BND-Präsident Ernst Uhrlau entschied sich schließlich, das Kanzleramt und den Generalbundesanwalt über diese Vorgänge zu informieren: »Mögliche Kenntnis des

FBI von den Ereignissen in Heilbronn (2007)«, stand in der Betreffzeile des Schreibens, das Uhrlau am 9. Dezember 2011 an den damaligen Generalbundesanwalt Harald Range faxte.

Die Bundesanwaltschaft war also über die von US-Seite intern thematisierte Operation in Heilbronn informiert – und das zur selben Zeit, als Behördenvertreter den *stern*-Bericht über eine mögliche US-Operation ins Reich der Fabel verwiesen, was willige Journalisten danach auch genau so taten. Inzwischen können sich interessierte Bürgerinnen und Bürger ein eigenes Bild von den Ereignissen machen: Das Onlinemagazin *telepolis* (www.heise.de) hat die fraglichen Akten veröffentlicht.

Fünf Tage vor den dramatischen Ereignissen in Heilbronn, so ist inzwischen auch bekannt, hatte die amerikanische Regierung eine öffentliche Terrorwarnung für US-Bürger in Deutschland ausgegeben. Ein eher seltener Vorgang, der 2007 singulär blieb. Der Hintergrund dieser Terrorwarnung erschließt sich aus Ermittlungsakten des Bundeskriminalamtes: Mevlüt K., jener deutsch-türkische Waffendealer, Bandenchef und fünfter Mann der »Sauerland«-Gruppe, hatte zuvor mit den islamistischen Terroristen über »die Verbringung der ersten Zünderlieferung aus der Türkei nach Deutschland« kommuniziert, wie in einem BKA-Protokoll steht. Er war dabei offensichtlich abgehört worden. Am 22. April 2007, so hielten BKA-Ermittler fest, »bestätigte K. telefonisch Selek gegenüber, dass er die Zünder in Istanbul übernommen habe«.

Es war also Gefahr im Verzug. Die öffentliche US-Terrorwarnung führte insbesondere in Baden-Württemberg zu behördlichen Reaktionen. Das Landesinnenministerium veranlasste Einsatzmaßnahmen, die in die Fortschreibung eines entsprechenden Rahmenbefehls eingingen, der zuletzt 2004 justiert worden war. Erhöhte Präsenz an möglichen Treffpunkten von Islamisten gehörte dazu. In Heilbronn lebten damals mindestens fünf Gefährder, wie Staatsschützer öffentlich erklärt hatten. Im Falle einer »Lageverschärfung«, so geht aus dem geheimen Rahmenbefehl hervor, war speziell der Einsatz der Beweissicherungs- und Festnahmeeinheiten (BFE) vorgesehen – also jener BFE, denen Michèle Kiesewetter und Martin Arnold angehörten. »Über den Einsatz dieser Kräfte«, so ist nachzulesen, »entscheidet das Innenministerium Baden-Württemberg – LPP«, also der Landespolizeipräsident. Der hieß damals Erwin Hetger.

Vorhang auf für ein groteskes Schauspiel!

Wer nun denkt, die Frage einer Zeugenschaft beim Heilbronner Polizistenmord habe eine Logik, der gilt schnell als Verschwörungstheoretiker. Zumindest bei den vermeintlichen Aufklärern aus dem von Wolfgang Drexler (SPD) geleiteten NSU-Untersuchungsausschuss in Baden-Württemberg. Davor schützt nicht einmal eine ausgewiesene polizeiliche Expertise. Über diese verfügt beispielsweise der Bochumer Kriminologie-Professor und langjährige Rektor der Polizeifachhochschule Villingen-Schwenningen, Thomas Feltes. Feltes sagt in Interviews, dass all diese Akteninhalte, Vorgänge und Hintergründe neue Ermittlungen nach sich ziehen müssten. Aus Sicht der meisten Fraktionsvertreter im Stuttgarter Ausschuss hat Feltes aber gar keine Ahnung, was Aufklärung ist. Darunter verstehen die Abgeordneten offensichtlich etwas anderes. Nämlich die Kunst, rhetorisch möglichst überzeugend Erfolge zu suggerieren, tatsächlich aber mit feiner Hand Sachverhalte abzumoderieren, die politisch brisant sind – etwa weil sie die ehemaligen Landesinnenminister Heribert Rech (CDU) und Reinhold Gall (SPD) schwer in die Bredouille bringen könnten. Liegt diese Kunst in Vollendung vor, sollte sie mit einem Fachterminus geadelt werden: die gedrexlerte Aufklärung.

Kostproben gibt es genügend. Oft sind es Akte und Szenen einer bizarren Inszenierung. Vorhang auf, erster Akt. Im ersten baden-württembergischen Untersuchungsausschuss tritt auf: Peter Rudolph L., viele Jahre Verbindungsbeamter der US-Geheimdienste in Süddeutschland, inzwischen pensioniert. Laut BND-internen Akten war er es, der sich nach Erscheinen des *stern*-Berichts zu möglichen Augenzeugen an die deutschen Agentenkollegen in Stuttgart gewandt und von der FBI-Operation gesprochen hatte. Der gebürtige Australier, der heute im gemütlichen pfälzischen Dialekt parliert, ist ein routinierter Geheimdienstprofi, der jede Form kommunikativer Gefahrenabwehr bestens beherrscht. Als er im Juni 2012 von baden-württembergischen LKA-Beamten vernommen wurde, befiel ihn eine akute Amnesie: »Ich kann mich nicht erinnern, dass ich mich in dieser Angelegenheit an den MAD oder sonst eine Behörde gewandt habe. Sorry, ich kann mich nicht erinnern.«

Mehr als drei Jahre später sitzt er vor den Mitgliedern des baden-württembergischen Untersuchungsausschusses und schaut recht gelassen in die Runde. Als der Ausschussvorsitzende Wolfgang Drexler fragt, ob er im Dezember 2011 mit Stuttgarter BND-Mitarbeitern gesprochen habe, scheint bei L. plötzlich wie durch ein Wunder die Erinnerung zurückzukehren: Nein, sagt er nun, er habe definitiv keinen Kontakt aufgenommen. Vor Drexler liegt die damalige Vernehmung des US-Mitarbeiters. Doch jetzt ist es der Ausschussvorsitzende, der offenbar von einer akuten Wahrnehmungsstörung heimgesucht wird: Der evidente Widerspruch will ihm partout nicht auffallen. Drexler ist Jurist, er müsste also schon in den ersten Semestern seines Studiums davon gehört haben, dass es bei Vernehmungen sinnvoll und notwendig ist, einem Zeugen Inhalte aus einschlägigen Akten vorzuhalten. Doch: Drexler zitiert keine einzige Passage aus den BND-internen Akten, in denen L.'s Gespräche mit deutschen Geheimdienstlern zur FBI-Operation dokumentiert sind.

Stattdessen interessiert ihn etwas ganz Anderes: Was hält L. von dem angeblichen Observationsprotokoll, auf den sich der *stern*-Bericht bezogen hatte? Dem ehemaligen US-Geheimdienstler wird eine Abschrift dieses Papiers vorgelegt. L. sagt: Ja, so könne ein entsprechendes Protokoll aussehen, seine Echtheit sei »nicht ausgeschlossen«. Das scheint Drexler gar nicht gerne zu hören. Er reagiert ziemlich enerviert. Und siehe da, plötzlich mutiert Drexler zu einem wahren Meister des Vorhaltens. Er habe doch in seiner früheren Vernehmung erklärt, dass er das Papier als »nicht authentisch« einschätze, fährt er L. an und insistiert. L. schaut sich das Papier noch einmal an, dreht und wendet es und meint dann, es stehe zu wenig Inhalt drin. Jetzt scheint Drexler zufrieden mit dem Zeugen zu sein – und übersieht geflissentlich den diametralen Widerspruch zu L.'s Aussage vom Juni 2012. Seinerzeit hatte der damalige Geheimdienstmitarbeiter gegenüber dem Landeskriminalamt Baden-Württemberg behauptet: Es stehe »zu viel Text« im Observationsprotokoll. Zu viel, zu wenig – niemand aus dem Ausschuss belästigt L. mit solchen Unstimmigkeiten.

Peter Rudolph L., der erfahrene US-Geheimdienstprofi, hat den Ausschuss abgekocht. Besser sollte man wohl sagen: Der Ausschuss hat sich von ihm abkochen lassen. Fahrlässig, weil es das Gremium nicht besser kann – oder vorsätzlich? Diese Frage wird sich in dieser Aufklärungs-Inszenierung immer wieder stellen. Neu aufgelegt wird auf der Stuttgarter Politbühne das Strategie-Stück, das bereits die Bundesanwaltschaft sehr ambitioniert gespielt hat: das Observationsprotokoll zur Fälschung erklären – und die BND-internen Dokumente, in denen die US-Operation in Heilbronn bestätigt wird, völlig ausblenden. Als ob es sie einfach nicht gibt.

Der Wahrheitseifer von Verfassungsschützern

Zweiter Akt. Es tritt auf: Volker L., baden-württembergischer Verfassungsschützer. Ihn darf es eigentlich gar nicht geben. Denn als Ende 2011 der *stern*-Bericht erschienen war, hatte das Stuttgarter Innenministerium erklärt, am Tag des Polizistenmords sei kein Vertreter des Landesamts für Verfassungsschutz in Heilbronn gewesen. Doch Volker L. war an diesem Tag in Heilbronn – mit dem Auftrag, einen V-Mann im Islamistenbereich anzuwerben. Die *Stuttgarter Nachrichten* hatten dies herausgefunden und publiziert. Die evidente Falschdarstellung des damaligen SPD-Innenministers Reinhold Gall ist kein Thema, als der Ausschuss Volker L. vernimmt. Der Verfassungsschützer wirkt etwas nervös, als er erzählt, dass er am 25. April 2007 gegen 15 Uhr von Stuttgart nach Heilbronn gefahren sei und auf der gesamten Fahrt nichts von dem gegen 14 Uhr verübten Mord an der Polizistin mitbekommen habe – da er im Auto nur CDs gehört habe. Er habe sich bereits in der Heilbronner Innenstadt befunden, als das Treffen mit dem Islamisten aufgrund des Verkehrschaos abgesagt worden sei. Wo genau er sich in der City aufhielt, vermag er nicht zu sagen. Aber ganz bestimmt, da ist sich der Verfassungsschützer bei aller Ortsunkenntnis felsenfest sicher, sei er nicht auf der Theresienwiese gewesen. Sein leichter Kloß im Hals hat sich aufgelöst, seine Stimme ist deutlich fester, als er das sagt, was er offenbar auf jeden Fall loswerden will oder soll: Der *stern*-Bericht über die mögliche Präsenz von Zeugen sei »erfunden und erlogen«.

Dann kommt es zu interessanten Einblicken in den Wahrheitseifer des Verfassungsschützers – und den Aufklärungswillen des Ausschusses. L. wird auf die öffentliche US-Terror-warnung fünf Tage vor dem Polizistenmord angesprochen. Solche Warnungen habe es immer wieder gegeben, sie seien sozusagen an der Tagesordnung gewesen, gibt er zu verstehen. Durch einfaches Googeln ist zu realisieren, dass es eine solche öffentliche Terrorwarnung der Amerikaner lange Zeit vor und nach diesem Zeitpunkt nicht gab – die Darstellung des Zeugen also, diplomatisch ausgedrückt, defizitär ist. Der Ausschuss schluckt sie, konfrontiert ihn auch nicht mit Einsatzmaß-nahmen, die das Landesinnenministerium nach dieser Terror-warnung einleitete. Wie war der Kontakt des Verfassungsschut-zes zu US-Behörden? Eher selten, eher oberflächlich, meint L. Ihm muss entgangen sein, wie wortreich Behörden und Politik nach der Festnahme der »Sauerland«-Terroristen im September 2007 von der engen und erfolgreichen Zusammenarbeit mit der US-Seite geradezu geschwärmt haben. Der Ausschuss hakt auch da nicht nach. War Heilbronn ein besonderer Brennpunkt, was radikale Islamisten angeht? L. schüttelt den Kopf. Was die Gefährder-Situation angeht, sei Heilbronn im Vergleich zu anderen Städten nicht auffällig gewesen, behauptet er. Das logische Defizit in seiner Aussage scheint ihn nicht zu inter-essieren. Braucht ihn auch nicht, denn es interessiert auch den Ausschuss nicht: Warum versuchte der Verfassungsschutz in Heilbronn einen V-Mann anzuwerben, wenn es in der Stadt angeblich gar keine relevante Szene gab?

Dritter Akt. Es tritt auf: Beate Bube, Präsidentin des Landes-amts für Verfassungsschutz, die Chefin von L. Das Klima im Stuttgarter Schlapphut-Amt muss gut sein: Die Aussagen von Chefin und Mitarbeiter gleichen sich wie ein Ei dem andern. Auch Bube, auf die öffentliche US-Terrorwarnung angespro-chen, gibt zu verstehen, so etwas habe es regelmäßig gegeben, nichts Besonderes. Warum erließ dann das Landesinnenmi-

nisterium nach 2004 erstmals wieder einen neuen Rahmen-
befehl, als Reaktion auf diese US-Warnung? Mit einer derart
ungemütlich-konfrontativen Frage wird Bube nicht behelligt.
Auch als die Verfassungsschutzpräsidentin fast schon den
Eindruck vermittelt, US-Behörden nur vom Hörensagen zu
kennen, sieht der Ausschuss keinerlei Grund kritisch nachzu-
haken. Und nickt es anstandslos ab, dass Bube die Bedeutung
Heilbronns, was die islamistische Szene angeht, herunterspielt.
Dabei hat diese Darstellung von Bube und ihrem Mitarbeiter
L. fast schon etwas Zynisches. Mindestens fünf Gefährder
gab es laut Staatsschutz in Heilbronn, wie bei der *Heilbronner
Stimme* nachzulesen ist. In Paris waren es sieben Gefährder, die
verheerende Anschläge verübt haben – in Berlin einer.

Vor allem aber widerspricht diese Darstellung elementar der
Expertise im Landesamt für Verfassungsschutz. Der ausgewiesene Islamismus-Experte beim LfV, Herbert Landolin Müller,
hat 2009 dem Autor dieses Kapitels gegenüber wiederholt
dargelegt, dass Heilbronn in Sachen Islamisten ein besonderer
Brennpunkt sei. Seit mehreren Jahren versuche man, ein Auge
darauf zu halten. Es gebe »eine Reihe von Hardcore-Islamis-
ten«. Darunter seien arabische Extremisten, die versuchten
militante Kämpfer für den Jihad zu rekrutieren. Versuche, so
eine weitere Aussage von Müller, über V-Männer in die Szene
einzudringen, seien verworfen worden – es sei zu gefährlich.
Der U-Ausschuss, in dem zahlreiche »innenpolitische Experten« sitzen, interessiert sich für solche Hintergründe nicht.
Sie könnten ja in die Richtung gehen, dass es am Tattag in
Heilbronn tatsächlich eine Geheimdienstoperation gab.

Eine Überraschung gibt es dann doch bei Bubes Ver-
nehmung. Dafür sorgt die damalige SPD-Abgeordnete Rita
Haller-Haid, die mit ihrer Aktion Schnappatmung bei einigen
Parlamentariern auslöst. Haller-Haid nimmt einige Seiten

aus den BND-Akten zur FBI-Aktion in die Hand, steht auf, schreitet an den Zeugentisch und hält sie der Verfassungsschutzpräsidentin vor. Beate Bube liest, wirkt irritiert, sie liest weiter, wirkt noch irritierter. Das sei ihr nicht bekannt, sagt sie schließlich recht kurz. Und fügt hinzu: »Die Namen, die da drin stehen, kenne ich nicht.« Wäre der ganze Sachverhalt nicht so traurig-ernst, könnte die Stuttgarter Aufklärungs-Inszenierung an dieser Stelle einen humorigen Effekt verbuchen: Die in den Geheimakten stehenden Namen von BND-Mitarbeitern sind bekanntermaßen Decknamen. Eine Agentin nennt sich Beate Futschi, eine andere scheint TV-affin zu sein. Sie heißt im Amt Simone Thomalla. Als Rita Haller-Haid ihren Vorhalt beendet hat und zurück zu ihrem Platz geht, erntet sie böse Blicke von Ausschusskollegen – auch ihrer eigenen Fraktion.

Einen ähnlich couragierten Vorhalt gegenüber Behördenvertretern hat es in der Frage einer möglichen FBI-Operation bzw. Zeugenschaft beim Polizistenmord seitdem nie mehr gegeben. Dabei sind sämtliche Abgeordnete, die Obmänner im ersten Untersuchungsausschuss waren, studierte Juristen. Ulrich Goll (FDP), der zum Zeitpunkt des Polizistenmords baden-württembergischer Justizminister war, verfügt gar über einen Professorentitel, Matthias Pröfrock (CDU) war zumindest vorübergehend promoviert. Beide, wie auch Nikolaos Sakellariou von der SPD, ließen in ihren öffentlichen Statements regelmäßig verlauten, es gebe nicht die geringsten Anzeichen dafür, dass am Tattag eine Geheimdienstoperation stattgefunden habe. Die BND-Akten, die ihnen en détail vorlagen, blendeten sie dabei völlig aus. Wenn Akademiker eine solche Quellenarbeit betreiben würden, hätten sie große Chancen, ad hoc entlassen zu werden. In der Aufklärungs-Inszenierung auf der politischen Bühne ist vorsätzliche Quellen-Ignoranz derweil so etwas wie der rote Faden.

Kaffeekränzchen mit dem Ex-Polizeipräsidenten

Daran knüpft der zweite NSU-Untersuchungsausschuss im baden-württembergischen Landtag nahtlos an. Schon vor seiner ersten Sitzung formuliert der neue CDU-Obmann Arnulf Freiherr von Eyb eine geradezu programmatische Sentenz: Man dürfe, was die Frage der möglichen Anwesenheit von Geheimdiensten in Heilbronn angeht, »nicht zu viel erwarten«. Er und seine Ausschusskollegen bemühen sich redlich, dieser Erwartung gerecht zu werden.

Vierter Akt. Es tritt auf: ein Mitarbeiter der BND-Dienststelle in Stuttgart. Das Publikum bekommt ihn nicht zu Gesicht – der Bundesnachrichtendienst lässt nicht zu, dass er öffentlich vernommen wird. Es ist der Mann, der laut den BND-internen Akten am 2. Dezember 2011 den Anruf des Verbindungsbeamten der US-Geheimdienste in Süddeutschland entgegen genommen hatte. Ausschusschef Drexler kündigt an, dass nach der Vernehmung die Obleute aus den Fraktionen für Fragen der Journalisten bereit stehen werden. Doch als die nichtöffentliche Befragung zu Ende ist, tritt nur Wolfgang Drexler vor die Journalisten. Er macht einen etwas zerknirschten Eindruck. Der BND-Mitarbeiter habe den Anruf des US-Geheimdienstlers bestätigt, sagt Drexler schmallippig, mehr möchte er nicht mitteilen. Die Frage, was der BND-Mitarbeiter zu den Inhalten des Telefongespräches, also zur FBI-Aktion sagte, lässt er unbeantwortet. Das fast schon routinierte Ritual, dass die Obleute von CDU, SPD und FDP verkünden, es gebe keinerlei Hinweise auf eine US-Operation am Tattag in Heilbronn, fällt an diesem Tag aus.

In den nächsten Sitzungen werden weitere BND-Mitarbeiter vernommen, auch hinter verschlossenen Türen. Im Anschluss pflegt Drexler zu verkünden, man sei nicht weiter gekommen. Es sei primär zu klären, wer damals mit wem wann kommuniziert habe. Drexler und seine Ausschusskollegen wissen ganz genau, dass es faktisch um etwas ganz Anderes, geht – nämlich um die innen- wie außenpolitisch äußerst heikle Frage, ob US-Agenten auf deutschem Boden operiert haben und dabei Zeugen des Polizistenmordes wurden. Und was baden-württembergische Behörden davon wussten oder ob sie sogar direkt involviert waren.

Fünfter Akt. Es tritt auf: Erwin Hetger, zum Zeitpunkt des Heilbronner Polizistenmordes Landespolizeipräsident. Der geheime Rahmenbefehl, der im Stuttgarter Innenministerium nach der öffentlichen US-Terrorwarnung am 20. April 2007 fortgeschrieben worden war, trägt seine Unterschrift. Wenn es polizeiliche Maßnahmen am Mordtag in Heilbronn gab, die sich – jenseits der offiziellen Aktion »Sichere City« – um Islamistenabwehr drehten, hätte er dafür die oberste Verantwortung getragen. Hetger gibt sich vor dem Ausschuss betont gelassen. Der Rahmenbefehl, sagt er, habe mit den Heilbronner Ereignissen nichts, aber auch gar nichts zu tun gehabt. Er sei nämlich erst Anfang Mai, also nach dem Polizistenmord, in Kraft getreten. Wolfgang Drexler nickt bei Hetgers Auftritt immer wieder eifrig – und nickt dabei den bizarren Aspekt von dessen Darstellung munter weg. Man stelle sich vor, in Heilbronn wäre es fünf Tage nach der US-Terrorwarnung tatsächlich zu einem relevanten Vorgang oder gar einem Anschlag gekommen, und danach hätte der Landespolizeipräsident öffentlich erklärt, man habe am 25. April 2007 nichts, aber auch gar nichts gemacht, da der interne Rahmenbefehl – der konkrete Maßnahmen amtlich fixiert – erst Tage später in Kraft getreten sei. Hetger, und nicht nur er, sondern auch sein ministerialer Chef hätten beste Chancen auf ihre Demission gehabt. Aber mit einer solchen Logik schlägt sich Chefaufklärer Drexler nicht unnötig herum. Aus den Kopfzeilen des Rahmenbefehls geht hervor, dass Hetger am 20. April 2007 eine Mail verfasst hatte. Was war ihr Inhalt, an wen ging sie? Drexler und seine Mitaufklärer fragen nicht nach. Ein gravierendes Versäumnis ist dem Vorsitzenden an diesem Morgen freilich doch vorzuwerfen: Wenn der ehemalige Landespolizeipräsident schon zum beschaulichen Kaffeekränzchen geladen wird, hätten dazu wenigstens Croissants und Marmelade serviert werden können.

Einmal, auf bestimmte Berichte in den Medien angesprochen, gibt Hetger betont süffisant zu verstehen, er möge und lese solche Erzählgeschichten nicht. Da stellt er aber, ganz Schwabe, sein Licht arg unter den Scheffel. Hetger ist nämlich ein wahrer Meister des Narrativen, was er im Februar 2009 eindrucksvoll unter Beweis gestellt hatte. Damals hatte es bereits seit längerem schon DNA-Spuren der legendären »Phantomkillerin von Heilbronn« gegeben, die so grotesk waren, dass den Ermittlern und ihren Chefs klar gewesen sein musste: Hinter dieser »uwP«-Spur (»unbekannte weibliche Person«) steckte etwas anderes. Eben verunreinigte Wattestäbchen, wie die Behörden einen Monat später bestätigen mussten. Nur: Diese grotesken DNA-Spuren waren im Februar 2009 der Öffentlichkeit noch vorenthalten worden. Und also sprach Hetger damals in einer Pressekonferenz mit überzeugter Miene jenen blumigen Satz, bei dem jeder Boulevard-Journalist mit der Zunge schnalzen müsste: »Die Schlinge um diese Frau zieht sich immer enger.« Als er und der damalige LKA-Präsident Klaus Hiller danach gefragt wurden, ob es DNA-Spuren gebe, die von den Behörden noch nicht kommuniziert wurden, erröteten Hetger und Hiller kurz, um dann zur Kunst des kreativen Redens zu greifen: Nein, man betreibe ja keine Salamitaktik. Feuilletonisten würden von Fiktion sprechen, der Volksmund nennt's schlicht Lüge.

Der ehemalige BND-Chef und das Gesetz der Logik

Sechster Akt. Es tritt auf: Ernst Uhrlau, der frühere Chef des Bundesnachrichtendienstes (BND). In der öffentlichen Vernehmung kabbelt sich der smarte Geheimdienst-Pensionär erst ein wenig mit Drexler, weil er offenbar nicht recht einsehen will, warum er, immer auf der hohen Ebene des Bundes unterwegs, in der baden-württembergischen Provinz Rede und Antwort stehen soll. Schließlich sagt Uhrlau doch noch den Satz, bei dem sich Drexlers Ärger in Zufriedenheit wandelt: Damals habe man beim BND keine Erkenntnisse zum Heilbronner Polizistenmord gehabt. Fortan wird Drexler, wenn er öffentlich mal wieder im Brustton der Überzeugung erklärt, dass es keinerlei Hinweise auf eine US-Präsenz in Heilbronn gebe, insbesondere auf diese Uhrlau-Aussage verweisen. Und wieder lässt der geübte Rhetoriker dabei einen evidenten Widerspruch schnurstracks zum ›Argument‹ mutieren: Da der – damals von Uhrlau geführte – BND das Angebot der Amerikaner, ihn über die Hintergründe ihrer Operation in Heilbronn zu informieren, abgelehnt hatte, wie aus den BND-internen Unterlagen eindeutig hervorgeht, kann die Geheimdienstbehörde natürlich keine Erkenntnisse zum Anschlag auf die beiden Polizisten haben. Das ergibt sich aus dem reinen Gesetz der Logik – die Drexler einmal mehr routiniert außer Kraft setzt.

Siebter Akt. Es tritt auf: Rudolf Reinhold K., deutscher Ex-Mitarbeiter der amerikanischen Geheimdienste in Hanau. Er hatte nach dem Bekanntwerden des NSU als Zeuge gegenüber dem Bundeskriminalamt erklärt, einen Tag nach dem Polizistenmord mitgehört zu haben, wie US-Offiziere sich darüber unterhalten hätten, dass in Heilbronn etwas schief gelaufen sei. Dabei sei auch der Name Mevlüt K. gefallen. Rudolf Reinhold K. hatte, wie aus BKA-Akten hervorgeht, Ende 2011 auch dem damaligen Bundesinnenminister Hans-Peter Friedrich schriftlich mitgeteilt, es habe am 25. April 2007 eine US-Operation in Zusammenhang mit Mevlüt K. gegeben. Jetzt, vor dem baden-württembergischen Untersuchungsausschuss, will sich der Ex-Geheimdienstmann, der zuvor gleich mehrfach nicht als Zeuge erschienen war, partout nicht mehr daran erinnern, dass er bei seinen Vernehmungen von Mevlüt K.'s Anwesenheit in Heilbronn gesprochen hatte. Drexler hakt sofort nach, hält ihm seine damaligen Aussagen vor, insistiert, bohrt, weist ihn dezidiert auf die evidenten Widersprüche hin, expliziert danach auch klipp und klar, dass er K. für unglaubwürdig hält – all das, was er im ersten Ausschuss bei dem ähnlich ›ambivalenten‹ Ex-US-Geheimdienstler Peter L. tunlichst unterlassen hatte.

Jetzt zeigt Drexler, dass er sie doch beherrscht, die brutalstmögliche Aufklärung. Wenn er denn will. Und es seiner Sache dient. Die AfD, die einen Hang zur Realsatire zu haben scheint, macht später Rudolf Reinhard K., der einen weiteren fragwürdigen Auftritt haben wird, zu ihrem parlamentarischen Berater im Ausschuss.

Achter Akt. Es tritt auf: Fritz Gelowicz, ehemaliger islamistischer »Sauerland«-Terrorist aus Ulm, der seine vom Oberlandesgericht Düsseldorf 2010 verhängte Gefängnisstrafe inzwischen verbüßt hat. Laut dem Urteil hatten die »Sauerland«-Terroristen im Jahr 2007 vor, Anschläge auf US-Einrichtungen in Deutschland zu verüben. Im Frühjahr 2007, zum Zeitpunkt des Heilbronner Polizistenmords, waren die Ermittlungen gegen die Gruppe, für die Mevlüt K. schließlich die Zünder beschaffte, auf Hochtouren gelaufen. An diesem Sitzungstag scheint Drexler seinen unbändigen Aufklärungswillen wieder zu bremsen, vielleicht zugunsten der wichtigen Resozialisierung ehemaliger Terroristen. Er unterbricht nur selten die eloquent wirkenden Ausführungen von Fritz Gelowicz, hakt auch nicht nach, als der auf seine Nachfrage erklärt, sie seien im Terrorcamp von Waziristan nicht an der Tokarew ausgebildet worden. In BKA-Vernehmungen und im Prozess hatten Mitglieder der Terrorgruppe sehr wohl ausgesagt, dass sie auch im Umgang mit diesem Waffentyp trainiert worden seien. Heilbronn, gibt Gelowicz zu verstehen, habe für sie keine Rolle gespielt, kein Mitglied sei dort gewesen. Und er glaube, dass auch Mevlüt K. sich am Tag des Polizistenmords nicht in Heilbronn aufgehalten habe, immerhin habe es ja einen Haftbefehl gegen K., der in der Türkei gelebt habe, gegeben. Er sagt freilich auch: »Wissen kann ich's nicht.« Drexler wird später, im Einklang mit Obmännern verschiedener Fraktionen, dies kurzerhand zum Beleg umdeuten: Gelowicz habe ausgesagt, dass Mevlüt K. nicht in Heilbronn gewesen sei.

Neunter Akt. Es tritt auf: Attila Selek, wie Gelowicz ehemaliges, verurteiltes Mitglied der »Sauerland«-Terrorgruppe, der seit längerem seine Haftstrafe verbüßt hat. Drexler fragt ihn, ob er am Rande des OLG-Prozesses einem seiner damaligen Anwälte gesagt habe, dass beim Polizistenmord eine Tokarew verwendet worden und Mevlüt K. am Tattag in Heilbronn anwesend gewesen sei. Selek kann sich partout nicht mehr genau erinnern. Schließlich meint er, wenn er dem Anwalt gegenüber etwas von einer Tokarew erwähnt hätte, also nur mal als Hypothese, dann hätte er sicherlich aus der Zeitungslektüre gewusst, dass die Täter in Heilbronn einen solchen Waffentyp benutzt hätten. Drexler macht ihn darauf aufmerksam, dass – auch nach Prüfung des Ausschusses – dies damals zu diesem Zeitpunkt von keinem Medium berichtet worden sei. Doch Selek bleibt dabei. Und Drexler sowie Mitglieder des Ausschusses haken nicht nach. Auch nicht, als Selek – im eindeutigen Widerspruch zu seinen BKA-Vernehmungen – erklärt, im Terrorcamp nicht an der Tokarew ausgebildet worden zu sein. Drexler und seine Kollegen halten ihm diesen Widerspruch nicht vor. Ob er denn gewillt sei, seine damaligen Anwälte von der Verschwiegenheitspflicht zu entbinden, wird er in der Sitzung gefragt. Selek signalisiert eine gewisse Zustimmung. Doch Drexler unterlässt es, sich von ihm eine entsprechende schriftliche Erklärung geben zu lassen.

Einige Wochen später, im Februar 2017, gibt Drexler öffentlich bekannt: Selek habe dem Ausschuss inzwischen schriftlich mitgeteilt, er werde seine damaligen Anwälte nicht von ihrer Verschwiegenheitspflicht entbinden. Und weiter habe er geschrieben: Gegenüber dem besagten Anwalt habe er damals keinerlei Aussagen besagten Inhalts gemacht – »schon gar nicht«, wie Drexler sein Schreiben wiedergibt, was die Tokarew betreffe. Dass es sich hierbei um eine Falschaussage handeln könnte, interessiert Drexler offensichtlich nicht. Im Gegenteil, fortan verwendet er Seleks Darstellung, nach seiner Annahme sei Mevlüt K. am Tag des Polizistenmords nicht in Heilbronn gewesen, ebenfalls als Beleg oder zumindest als Argument dafür, dass es in Heilbronn keinerlei »Sauerland«-Bezug gebe. Diese Drexler-Darstellung wird von diversen Lokalmedien kritiklos transportiert.

Die Irrungen und Wirrungen des Grünen-Obmanns

Zehnter Akt. Es tritt auf: Ricarda Lang, Münchner Juristin, die schon einige Terrorangeklagte verteidigt hat, darunter das Frankfurter »Sauerland«-Mitglied Adem Yilmaz. Zuvor hat der Ausschuss einige ehemalige Mitglieder der rechtsextremen Szene vernommen. Immer im ruhigen, betont sachlichen Stil. Grünen-Obmann Jürgen Filius stellt an einen ehemaligen Neonazi sogar eine, wie er vorausschickt, »pädagogische Frage« zu dessen früherer Gewaltbereitschaft. Diese fast schon empathische Atmosphäre ändert sich schlagartig, nachdem die

Zeugin Ricarda Lang vor dem Ausschuss Platz genommen hat. Die Juristin, die sich selbst an den Ausschuss gewandt hatte, schildert, was ihr ein langjähriger Kontaktmann aus der islamistischen Szene im Frühjahr 2009 berichtet habe: Am Tag des Polizistenmords habe es in Heilbronn eine Waffenübergabe gegeben, Mevlüt K. sei anwesend gewesen – sowie Agenten des US-Geheimdiensts. Konkret, so führt Lang aus, habe der Kontaktmann von dem »Türken« gesprochen, der für MIT und CIA arbeite, daraus habe sie eindeutig schließen können, dass es sich um Mevlüt K. handele. Drexler hält sich nicht lange mit inhaltlichen Dingen auf, er will von der Zeugin primär eines wissen: den Namen des Kontaktmannes. Ricarda Lang reagiert forsch. Sie werde den Namen dieses Mannes nicht nennen, sagt sie. Denn der sei sonst gefährdet. Danach bricht ein regelrechter Sturm los. Drexler und andere Ausschussvertreter, die gerade noch völlig ruhig ehemalige Neonazis vernommen haben, schimpfen und poltern gegen die Juristin: Das gehe ja gar nicht an, Lang sei eindeutig verpflichtet, den Namen zu nennen. Mehrfach sagt die Anwältin, sie habe wiederholt versucht, den Kontaktmann telefonisch zu erreichen, bislang erfolglos. Solange sie ihn nicht sprechen und fragen könne, ob er vor dem Ausschuss aussage, werde sie seinen Namen nicht nennen.

Es ist die Stunde der merkwürdigen Irrungen und Wirrungen des Jürgen Filius. Der Grünen-Obmann fragt Lang in der Sitzung mit harschem Unterton, ob sie wisse, dass ein Ulmer Anwaltskollege von ihr gerade ein Buch schreibe – und ob sie deshalb hier sitze. Filius meint den Anwalt, der im »Sauerland«-Verfahren Attila Selek vertreten hatte. Lang schaut ihn verdutzt an, verneint. Später, in der Pressekonferenz, wettert Filius, hier solle ein Thema künstlich am Leben gehalten werden, weil von einem Ulmer Anwalt zu dem Komplex ein Buch geschrieben werde. Eine krasse Falschdarstellung. Filius, selbst

Anwalt in Ulm, äußert damit faktisch den Vorwurf, sein Kollege habe Ricarda Lang dazu aufgefordert, im Ausschuss eine Falschaussage zu machen, um für sein aktuelles Buchprojekt daraus profitieren zu können. Der Schönheitsfehler an Filius' These: Es gibt dieses aktuelle Buchprojekt nicht. Einen Monat später wird er öffentlich erklären,»weitere Recherchen« von ihm hätten ergeben, dass der Ulmer Anwalt früher einmal Mitautor eines Buches über den NSU-Komplex gewesen sei. Das stimmt. Allerdings erschien dieses Buch 2014, knapp drei Jahre vor der Aussage von Juristin Lang. Ein Wort der Entschuldigung für seine völlig aus der Luft gegriffenen, strafrechtlich relevanten Vorwürfe findet Grünen-Politiker Filius nicht. Zunehmend erkennbar wird freilich eine Strategie, die nicht nur Filius, sondern auch Drexler und die Obmänner von CDU, SPD und FDP konsequent zu verfolgen scheinen: Zeugen, die innenpolitisch Brisantes aussagen, zu diskreditieren. Der Ausschuss beantragt, mit den einhelligen Stimmen der besagten Obmänner, beim Amtsgericht eine Ordnungsstrafe gegen die Anwältin zu verhängen. Das Amtsgericht und auch das Landgericht werden später dem Antrag des Gremiums folgen. Die Anwältin weigert sich in einer Sitzung im Mai 2018 weiterhin, den Informanten zu benennen, und kündigt den Gang zum Bundesverfassungsgericht an. Der Ausschuss beantragt daraufhin Beugehaft von mindestens zwei Monaten. Unter diesem Eindruck nennt Lang schließlich den Namen ihres Informanten. Nach Informationen der *Stuttgarter Nachrichten* handelt es sich um einen Mann, der Kontakt zu Mevlüt K. hatte.

»Kreuztreffer« in der Schublade

Im Mai 2017 werden sogenannte »Kreuztreffer« öffentlich bekannt, die baden-württembergische Heilbronn-Ermittler bereits im Dezember 2008 von Europol geliefert bekommen hatten. Die »Soko Parkplatz« hatte damals zahlreiche Funkzellendaten vom Tattag an die EU-Behörde gegeben, die daraufhin prüfte, ob diverse Festnetz- oder Mobilnummern bereits in Ermittlungsverfahren anderer Deliktbereiche aufgetaucht sind. Europol wurde fündig. Demnach hielten sich am Tattag unter anderem Drogendealer, zwei Hells Angels und illegale Schleuser in Heilbronn auf. Nicht weniger spannend sind drei Handynummern, die nahe dem Tatort Theresienwiese eingeloggt waren – eine bis 13.49 Uhr, also kurz bevor die Schüsse auf Michèle Kiesewetter und ihren Kollegen Martin Arnold fielen. Zwei Nummern tauchen auch auf in prominenten Ermittlungen, die im April 2007 auf Hochtouren liefen: Es sind die Ermittlungen gegen die »Sauerland«-Terroristen, die damals von der »EG Zeit« geführt wurden. Die zweite Handynummer führt zu Ermittlungen, die in Zusammenhang mit dem Tod von drei Jihadisten aus Ulm und der Stuttgarter Region 2002 in Tschetschenien gestartet worden waren. Sie war damals einem türkischen Reisebüro zuzuordnen. Die dritte Mobilnummer wiederum, so wird später ein BKA-Beamter im Ausschuss sagen, habe man von Beginn an nicht identifizieren können.

Insgesamt stehen auf der Europol-Liste neun Kreuztreffer aus dem Bereich »Islamistischer Terrorismus«. Doch: Obwohl sich Ende März 2009 die »Phantomkillerin von Heilbronn« als unschuldige Mitarbeiterin eines Wattestäbchen-Produzenten entpuppt hatte, die Ermittler also keine heiße Spur mehr hatten, entschied die damalige Soko-Leitung, diesen Kreuztreffern nicht nachzugehen, sondern ihre Auswertung zurückzustellen. Erst im Frühjahr 2011 wurde schließlich mit der Auswertung begonnen, doch da war es zu spät: Das Bundeskriminalamt teilte damals den baden-württembergischen Kollegen mit, die fragliche Nummer aus den »Sauerland«-Ermittlungen sei inzwischen gelöscht worden. Bei den Personen, die hinter solchen Kreuztreffern stehen, kann es sich grundsätzlich um Zeugen oder Leute handeln, deren Nummern zufällig und ohne Deliktbezug in beiden Ermittlungskontexten auftauchen, aber auch um Helfer, Mittäter oder Täter.

Stehen Ermittlungsbehörden faktisch bei Null, wissen aber, dass es im Tatortbereich Funkzellendaten mit Bezug zu Terrorermittlungen gibt und gehen diesen nicht nach, handelt es sich nach Einschätzung von Rechtsexperten zumindest um einen eklatanten Verstoß gegen das Legalitätsprinzip, das verlangt, in alle möglichen Richtungen zu ermitteln. Dem sollten Politiker nachgehen. Gleichzeitig sind die Kreuztreffer aus dem Tatortbereich Hinweise dafür, dass es in Heilbronn durchaus einen »Sauerland«-Ermittlungsbezug geben kann, was auch für die Frage einer möglichen Anwesenheit von Geheimdiensten relevant ist. Die Kreuztreffer spielen also für beide Kernbereiche (mögliche Unterstützer oder Mittäter/Frage der Präsenz von Geheimdiensten) des Untersuchungsauftrages eine Rolle, den sich der zweite Ausschuss im Stuttgarter Landtag gegeben hat.

Und genau da hebt sich jetzt der Vorhang für die politische Groteske in der Groteske: Die internen Polizeiunterlagen mit der Kreuztreffer-Liste von Europol lagen bereits dem ersten U-Ausschuss vor – seit dem 18. Dezember 2015, wie Drexler nach Erscheinen von Medienberichten zu den Kreuztreffern öffentlich bestätigt. Doch bis zur medialen Veröffentlichung im Mai 2017 haben Wolfgang Drexler, die stellvertretende Ausschusschefin Petra Häffner von den Grünen, Jürgen Filius und CDU-Obmann Arnulf Freiherr von Eyb – die alle bereits im ersten U-Ausschuss saßen – diese Akteninhalte nie in den Sitzungen thematisiert oder Zeugen vorgehalten. Nicht beim Kaffeekränzchen mit Ex-Landespolizeipräsident Hetger, nicht beim Auftritt des ehemaligen BND-Chefs Uhrlau, nicht in den Vernehmungen der ehemaligen »Sauerland«-Terroristen Gelowicz und Selek, nicht beim Gepoltere gegen die Anwältin Lang. Stattdessen erklärten sie regelmäßig, unisono und stereotyp, es gebe keinerlei Hinweise auf einen »Sauerland«-Bezug und die Präsenz von US-Agenten – so, wie es bereits der Heilbronner Staatsanwalt Christoph Meyer-Manoras in seiner Zeugenvernehmung gemacht hatte. Stattdessen warf Drexler in einer geharnischten Programmbeschwerde den Filmemachern Clemens und Katja Riha (»Tod einer Polizistin«) in diesem Kontext vor, sie hätten Untersuchungen unterschlagen, um längst widerlegte Verschwörungstheorien weiter zu befeuern. Um es in Drexlers Diktion zu sagen: Drexler selbst scheint Akteninhalte unterschlagen zu haben, um politisch Brisantes weiter als Verschwörungstheorie abzutun.

Im Januar 2018 gibt Drexler bekannt, nach Untersuchungen seines Ausschussbüros sei die Handynummer, die bis kurz vor dem Polizistenmord in Tatortnähe eingeloggt war, dem »Außendienstmitarbeiter« einer Ulmer Textilfirma zuzuordnen. Zu deren Geschäftsfeld gehört es unter anderem, eingesammelte Altkleider zu verarbeiten. Die Islamistenspur erweise sich also als falsch, berichten daraufhin Lokalblätter unter Bezugnahme auf Drexler, der auch die zweite Mobilnummer, die damals zu einem türkischen Reisebüro geführt hatte, sowie die dritte für irrelevant erklärt, im völligen Gleichklang mit dem Bundeskriminalamt. Was der Stuttgarter Landtags-Chefaufklärer dabei völlig ausblendet: Der Terrorhelfer Mevlüt K. war für Jihadisten, die nach Tschetschenien reisten, laut Ermittlungsunterlagen der Cheflogistiker – türkische Reisebüros spielten in diesem Zusammenhang eine Rolle. Und Drexler wie auch seine wackeren Mitstreiter interessiert offenbar überhaupt nicht die Frage, warum die weitere Handynummer, die in zeitlicher Nähe zum Polizistenmord in Tatortnähe eingeloggt und von jenem türkischen Reisebüro angerufen worden war, schon damals partout nicht zu identifizieren gewesen sein soll. Stellt man Terrorermittlern diese Frage, grinsen die ziemlich breit und sagen: »Ein Grund kann sein, dass es sich dabei um einen ausländischen V-Mann gehandelt hat. In einem solchen Fall können deutsche Behörden die Nummer einfach nicht rekonstruieren. Oder sagen wir so: Sie sollen es nicht.«

Auf Opferseite greift die gedrexlerte Aufklärung nicht

Eines stört indes die Aufklärung nach der Methode Drexler. Das ist der verflixte Umstand, dass in jenen BND-internen Unterlagen, die ihm und dem Gremium seit langem vorliegen, die Anwesenheit von US-Agenten am Heilbronner Tatort bestätigt wird. Kein Wunder, dass Drexler und seine Mitstreiter bei diesem Thema missmutig reagieren. Doch es wäre ja gelacht, wenn man diesen leidigen Punkt nicht auch noch ausblenden oder wegdrücken könnte. Immerhin sind diese Unterlagen bis ins Jahr 2071 als geheim eingestuft worden. Und was geheim ist, gibt es sozusagen nicht. Den Grünen-Obmann Jürgen Filius überfällt denn auch eine akute Teilamnesie, als er im Januar 2018 in der Presserunde nach dem entsprechenden BND-internen Protokoll befragt wird: »Ach so, die Amerikaner haben bestätigt, dass es in Heilbronn eine Operation gegeben hat?« Und Wolfgang Drexler sowie die Obmänner von CDU, SPD und FDP betonen unisono, man habe sich an die Geheimhaltungspflicht zu halten.

Brav transportieren manche Lokalzeitungen und auch der *dpa*-Landesdienst stets Drexlers Dauerdiktum, es gebe keine Hinweise auf eine Anwesenheit von US-Agenten in Heilbronn, als vermeintlichen Fakt – obwohl die BND-Akten auch diesen Medien vorliegen. Dumm nur, dass das durchsichtige

Manöver der großen Ausschuss-Koalition ausgerechnet auf Opferseite überhaupt nicht greifen will. Der Stuttgarter Anwalt Walter Martinek spricht im Namen des Polizisten Martin Arnold, als er Ende 2017 in seinem Plädoyer im Münchner NSU-Prozess unter anderem Bezug auf die Inhalte der BND-Akten nimmt. Er erinnert daran, dass es demnach »von Seiten der amerikanischen Geheimdienste ein Gesprächs- und Informationsangebot zu eigenen Erkenntnissen in Bezug auf die Tat von Heilbronn gegenüber den Diensten und dem BKA gab, das von diesen aber rundweg abgelehnt wurde«. Von seiner deutlichen Kritik, die sich daran anschließt, darf sich neben der Bundesanwaltschaft getrost auch der Stuttgarter Ausschuss angesprochen fühlen: »Die Tatsache, dass dieser Vorgang als nicht existent bezeichnet wurde – und möglicherweise immer noch wird – macht die Situation für uns noch dubioser.«

Ein finaler Glanzakt

Im Mai 2018, als sich die letzten Ausschusssitzungen abzeichnen, kommt es auf der Stuttgarter Politbühne zu einem geradezu finalen Glanzakt gedrexlerter Aufklärung. Geladen ist Peter Rudolph L., der inzwischen pensionierte Verbindungsbeamte der US-Geheimdienste in Süddeutschland, den schon der erste NSU-Ausschuss vernommen hatte. Drexler startet grandios, mit einer falschen Darstellung: Er, L., habe doch in der damaligen Vernehmung erklärt, er könne sich nicht mehr daran erinnern, ob er sich im Dezember 2011 nach Erscheinen des *stern*-Berichts zur Anwesenheit von US-Agenten auf der Theresienwiese an deutsche Geheimdienstkollegen von MAD und BND gewandt habe. Tatsächlich hatte Mister L. im ersten Ausschuss erklärt, er habe keinen Kontakt aufgenommen. Dann betont Drexler, die Vernehmungen verschiedener BND-Mitarbeiter hätten klar ergeben, dass L. damals definitiv mit den deutschen Geheimdienstlern gesprochen habe.

Demnach ist Peter Rudolph L. in diesem Augenblick der uneidlichen Falschaussage überführt. Und Drexler betont stets, dass der Ausschuss in einem solchen Fall konsequent sei und bei der Staatsanwaltschaft ein entsprechendes Strafverfahren anstrebe. Doch, merkwürdig, jetzt ist keinerlei Rede davon. Stattdessen wird nach und nach deutlich, auf was Drexler in dieser Vernehmung abzielt. Er zitiert aus einem der damaligen BND-internen Protokolle: »Der US-Mitarbeiter ließ dabei erkennen, dass eine eigene Untersuchung der Ereignisse die Beteiligung von zwei Mitarbeitern des FBI ergeben habe.« Peter Rudolph L. beginnt einiges zu berichten, durchaus Interessantes: Damals seien häufig Leute vom FBI in Baden-Württemberg gewesen. Auch in der fraglichen Woche, also in der Zeit, als es zum Heilbronner Polizistenmord kam, seien FBI-Agenten da gewesen, sie hätten, so deutet er an, einen Termin bei einer am Stuttgarter Flughafen ansässigen US-Agententruppe für besondere Operationen gehabt, die den internen Decknamen »SIT« trage. Doch Drexlers Reaktionen zeigen: Das alles will er nicht hören. »Drexler würgt ihn ab«, wird später eine Regionalzeitung berichten. Wiederholt äußert sich der Ausschussvorsitzende, recht suggestiv, dahingehend, mit der »eigenen Untersuchung«, von der im BND-Protokoll die Rede ist, sei doch einzig und allein eine eigene, persönliche Untersuchung von L. gemeint, und dies sei, so gibt er zu verstehen, nur Spekulation, kein faktisches Wissen gewesen – und habe das »Theater« beim BND ausgelöst. Peter L., gar nicht mehr so souverän wie bei seinem Auftritt im ersten NSU-Ausschuss, sagt einmal, da müsse »etwas falsch rübergekommen sein«, dann, er sei für so etwas nicht befugt gewesen. Und einmal beginnt er, bezogen auf den Begriff »eigene Untersuchung«, auszuführen: Wenn er so etwas gesagt habe, dann habe eine solche Untersuchung seine Dienststelle gemacht. Also, so ist dies zu verstehen, nicht er selbst und allein. Doch Drexler fällt ihm auch da ins Wort.

In Drexlers Diktion und Logik wissen wir jetzt also, was im Dezember 2011 passiert ist: Peter Rudolph L., der Verbindungsbeamte der US-Geheimdienste in Süddeutschland – der, wie die berufliche Bezeichnung sagt, für die amerikanischen Agenten die Verbindung zu deren deutschen Kollegen herstellt und pflegt – wendet sich in Eigenregie, ohne Rücksprache mit den vorgesetzten US-Geheimdienstlern gehalten zu haben, telefonisch an Mitarbeiter von MAD und BND in Stuttgart. Im Gespräch sagt er denen, ohne jegliches faktisches Wissen, dass am Tattag in Heilbronn zwei FBI-Agenten präsent gewesen seien. Dabei »regt er«, wie es in dem BND-Protokoll an dieser Stelle weiter heißt, was für den Selektionskünstler Drexler freilich keine Relevanz zu haben scheint, auch noch »ein offizielles Gespräch zu den Hintergründen an«. Dies hieße in der Drexler-eigenen Logik: Peter Rudolph L. weiß gar nichts von einem FBI-Einsatz in Heilbronn, regt aber ein offizielles, also von US-Seite zu BND-Seite geführtes Gespräch zu den Hintergründen einer Operation an, die gar nicht stattgefunden hat. Und dann werden die BND-Protokolle über eine vom US-Verbindungsbeamten bestätigte FBI-Operation in Heilbronn, die gar nie stattgefunden hat, zur absoluten Geheimsache erklärt – und bis 2071 weggesperrt.

Das muss man Wolfgang Drexler schon lassen: Der BND selbst hätte diese ›Lösung‹ nicht besser hinbekommen. Und der verfügt immerhin, wie aus den Geheimakten auch hervorgeht, über vorgefertigte »Textbausteine«, die er bei politischen Untersuchungsausschüssen regelmäßig und erfolgreich einzusetzen weiß. Der Form halber sei's gesagt: Keiner der Obleute von Grünen, CDU, SPD und FDP, allesamt Juristen, sehen an diesem Tag auf Anfrage auch nur das geringste Anzeichen, dass an Drexlers Vernehmung etwas zu beanstanden sein könnte.

Behördliches Bauerntheater

Umso beruhigender, dass manche Medien wie die *Stuttgarter Zeitung* und die Online-Wochenzeitung *Kontext*, selbst ernannter Hort des kritischen Journalismus, Drexler und dem Ausschuss regelmäßig aufrichtige Aufklärungsbereitschaft attestieren. Drexler oder »der Wolfgang«, wie die zuständige *Kontext*-Autorin zu sagen pflegt, dürfte sich darüber freuen. War er doch immer schon der ehrliche Makler, auch als Sprecher des umstrittenen Bahnprojekts »Stuttgart 21«.

Auch die Bundesanwaltschaft, die seit Jahren dieselbe Strategie des Ausblendens oder Abmoderierens brisanter Hinweise fährt, durfte sich schon mehrfach der freundlichen Unterstützung einzelner Medien bzw. Journalisten erfreuen. Das hilft besonders, wenn die Strategie aufzufliegen droht. Wie etwa am 12. Oktober 2012. An diesem Tag, einem Freitag, hatte der Berliner Journalist Andreas Förster die Karlsruher Behörde detailliert mit Inhalten jener BND-Korrespondenz konfrontiert, in der eine US-Operation in Heilbronn von den Amerikanern bestätigt wird. Gefahr drohte, die Anklageschrift sollte bald stehen. Doch zum Glück bogen damals die beiden *Spiegel*-Redakteure Holger Stark und Sven Röbel die ganze Sache schon wenige Stunden nach Försters Anfrage postwendend ab. Am frühen Morgen des darauf folgenden Samstag, um 7.41 Uhr, war auf *Spiegel online*, fast schon im klassischen Stile einer Pressemitteilung, die Schlagzeile zu lesen: »Bundesanwaltschaft beendet Spekulationen um FBI-Aktion«. Die Pointe: Bis dahin war über »Spekulationen« um die in den Geheimakten thematisierte FBI-Aktion in Heilbronn nirgendwo etwas zu lesen gewesen.

Eilig hatte sich die Bundesanwaltschaft also via *Spiegel online* auf eine Version festgelegt und erklärt, sie habe alles »eingehend geprüft« – doch, welch' Mysterium, erst am 12. Oktober 2012, dem Tag der Anfrage des Journalisten Förster, so zeigen die entsprechenden GBA-Unterlagen, ließ die höchste deutsche Ermittlungsbehörde über das Bundeskriminalamt beim FBI anfragen. Die US-Bundespolizei erklärte drei Tage später prompt, sie habe im Frühjahr 2007 keinerlei Operationen in Deutschland und am 25. April auch keine Observation in Heilbronn vorgenommen. Alles klar. Um diese Zeit operierten ja auch nur 100 US-Agenten auf deutschem Boden, wie ein Jahr später aufgrund der Snowden-Unterlagen ruchbar wurde. Ein behördliches Bauerntheater. Dennoch betont Wolfgang Drexler heute im Brustton der Überzeugung, bei dem FBI-Dementi handele es sich um ein »wichtiges Dokument«.

Die Bundesanwaltschaft durfte im Herbst 2012 eine weitere mediale »Aufklärung« in ihrem Sinne zur Kenntnis nehmen. Wenige Tage nach der unbequemen Förster-Anfrage beim Generalbundesanwalt erschien in der *taz* ein langer Artikel, in dem die damaligen *taz*-Reporter Wolf Schmidt und Felix Dachsel das Ende 2011 vom *stern* veröffentlichte Observationsprotokoll zur definitiven »Fälschung« erklärten. So, wie es wenige Tage später in der Anklageschrift des Generalbundesanwalts stand.

Waren Vertreter der Bundesanwaltschaft damals aktiv auf Journalisten zugegangen? Während Wolf Wiedmann-Schmidt, der inzwischen beim *Spiegel* arbeitet, und Felix Dachsel energisch verneinen und schon die bloße Frage als »grotesk falsche Unterstellung« werten, sieht sich Holger Stark, inzwischen in der *Zeit*-Chefredaktion tätig, außerstande, als Mitautor des damaligen *Spiegel online*-Artikels die Frage zu beantworten; man möge bitte »alle mein altes Haus betreffende Fragen direkt an den *Spiegel* adressieren«. Besonders souverän agiert auf Anfrage die *taz*-Chefredaktion: Sie stellt sich tot.

Elf Jahre nach dem Polizistenmord von Heilbronn ist das konkrete Geschehen auf der Theresienwiese immer noch unaufgeklärt. Walter Martinek, der Anwalt von Martin Arnold, hält es heute für ein realistisches Szenario, dass die beiden NSU-Terroristen Uwe Böhnhardt und Uwe Mundlos am 25. April 2007 gezielt in Heilbronn waren. Nicht, weil sie mehrere hundert Kilometer dorthin gefahren wären, um auf Polizisten zu warten, die vielleicht zufälligerweise auf die Theresienwiese kommen, um sie dann zu erschießen. Sondern weil sie sich zu einer Waffenübergabe trafen – mit Mevlüt K., dem türkischen Terrorhelfer und V-Mann mehrerer Geheimdienste. Michèle Kiesewetter und Martin Arnold, die auf den Platz fuhren, um Mittagspause zu machen, bedeuteten eine Bedrohung für die Waffendealer. Vielleicht, so überlegt Martinek, hat einer der beiden NSU-Terroristen in diesem Augenblick die aus Thüringen stammende Polizistin sogar erkannt. Ihr Todesurteil.

Es ist zu befürchten, dass Martin Arnold von der baden-württembergischen Politik keine Antworten auf seine Fragen bekommen wird. Alles andere wäre ein spätes Wunder. Zu viel spricht dafür, dass das schauerliche Schauspiel im Stuttgarter Untersuchungsausschuss bis zum Abschlussbericht so weiter laufen wird. Bliebe eine andere Frage: Gibt es in den Büros der Landtags-Abgeordneten eigentlich Spiegel?

»Die Bundesanwaltschaft wird sich in der Rolle des Bremsers wiederfinden«

Aus dem Plädoyer von Edith Lunnebach, Rechtsanwältin
der Familie Malayeri, die Opfer des Bombenanschlags
vom 19. Januar 2001 in Köln/Probsteigasse wurde

(...) Wir als Nebenklagevertreter, die wir unsere Rolle nicht nur als singuläre Vertretung unserer jeweiligen Mandanten, sondern als allgemeineren Ausdruck der Notwendigkeit, das Entstehen dieser hier verhandelten Verbrechen aufzuklären, verstanden haben, waren immer ein wenig Störenfried oder sogar Menetekel mit dem moralischen Anspruch, für Genugtuung zu sorgen. (...) Nicht nur verbal, sondern auch durch optische Einvernehmensgesten zwischen Verteidigung und den Vertretern der Bundesanwaltschaft fand teilweise eine Verbrüderung statt; wobei mir die Argumente – je martialischer sie ausgeführt wurden – um so weniger glaubwürdig erschienen. (...) In der Rückbetrachtung des NSU-Prozesses werden Sie sich in der Rolle des Bremsers wiederfinden. (...) Es gibt überwältigende Fakten dafür, dass der Anschlag in der Probsteigasse nicht alleine von den angeblich nur drei Mitgliedern der Zelle NSU und dem Gehilfen Eminger begangen worden ist. (...)

Am 19. Januar 2001 befand sich die damals 19jährige Tochter des Inhabers des Lebensmittelgeschäfts in der Probsteigasse im Büroraum des Geschäfts, wo sie für einen kurzen Moment die in dem abgestellten Korb befindliche Geschenkdose öffnete und wieder verschloss. Als sie sich im Anschluss daran bückte, explodierte die Dose und führte zu den erheblichen Verletzungen, deren Narben sowohl in physischer als auch in psychischer Sicht bis heute nicht verheilt sind. (...) Die Probsteigasse ist eine schmale Einbahnstraße, die wegen der übrigen Verkehrsströme nicht als Durchgangsstraße benutzt wird. (...) Dass dieser Tatort von Nicht-Ortskundigen ausspioniert gewesen sein könnte, ist völlig ausgeschlossen. (...)

Die Angeklagte Zschäpe und die beiden Verstorbenen Uwe Böhnhardt und Uwe Mundlos lebten zu diesem Zeitpunkt bereits drei Jahre nach ihrem Untertauchen am 27.01.1998 im Untergrund. (...)

Fest steht, dass kurze Zeit vor Weihnachten des Jahres 2000 zwischen 17.30 Uhr und 19.00 Uhr ein ca. 25- bis Mitte 30-jähriger Mann das Geschäft der Familie Malayeri mit einem Präsentkorb, in dem sich die weihnachtliche Dose mit der Sprengfalle befand, betreten hat. (...) Am Tag nach der Explosion hat der Zeuge und Nebenkläger Malayeri in der polizeilichen Vernehmung diesen Mann als ca. 175 cm groß beschrieben, er habe helle Haare gehabt, mit einem leichten Mittelscheitel, und dieser Mann habe etwa so ausgesehen, wie auf dem von ihm gefertigen Phantombild, welches in der Hauptverhandlung in Augenschein genommen wurde. (...) Nachdem dem Zeugen Bilder der Verstorbenen Uwe Mundlos und Uwe Böhnhardt vorgelegt worden waren, hat er diese als Täter ausgeschlossen. (...) Objektive Erkenntnisse dazu, wer den Geschenkkorb vor Weihnachten im Jahre 2000 abgestellt hat, gibt es meines Erachtens nicht. (...)

Kann man den Erklärungen der Angeklagten Zschäpe Glauben schenken, die die Schuld an dem Sprengstoffanschlag ihren verstorbenen »Kameraden« Uwe Mundlos und Uwe Böhnhardt zuschreibt? (...) Die V-Person H(...) war aufgrund der Hinweise aus dem Bundesamt für Verfassungsschutz in Köln Anfang 2012 als dem vom Vater Malayeri gezeichneten Phantombild ähnlich bezeichnet worden. (...) Aus unserer Sicht gibt es nur eine Erklärung: Ein in den Tatplan eingeweihter und mit Ortskenntnissen in Köln versehener unerkannter Mittäter aus den Reihen des NSU muss den Anschlagsort ausgesucht haben und die Sprengfalle deponiert haben. (...) Selbst nach der eigenen Erklärung der Angeklagten Zschäpe gab es zudem vor dem Ablegen des Geschenkkorbes keine Reise nach Köln; wobei angesichts der geschilderten Lage des Anschlagsortes Probsteigasse und des »deutschen« Erscheinungsbildes des Geschäfts nicht vorstellbar ist, dass die beiden auf dem Weg von Zwickau nach Köln den Anschlagsort quasi als Zufallstreffer ausgemacht haben sollten. (...)

Es ist aus unserer Sicht mehr als naheliegend, dass hier der Verfassungsschutz seine schützende Hand über die frühere V-Person hält und so verhindert, dass im Rahmen eines Ermittlungsverfahrens gegen ihn weitere Informationen zutage treten. (...) Dass sich die Bundesanwaltschaft stattdessen auf ihre Behauptung einer isolierten Dreier-Zelle zurückzieht, ist auch für die Familie Malayeri nicht akzeptabel. Die Familie Malayeri wird, auch noch nach einem Urteil in diesem Verfahren, mit der Vorstellung weiter leben müssen, dass unbekannte Täter, die sie einmal aufgefunden haben, als ständige Gefahr im Hintergrund lauern.

Das Versagen

Der Verfassungsschutz wollte die rechte Szene unterwandern und steuern. Tatsächlich hat er aber daran
mitgewirkt, ein mörderisches Biotop zu schaffen

Andreas Förster

Mit bemerkenswerter Chuzpe beharrt der Verfassungsschutz bis heute darauf, erst mit der Selbstenttarnung des
NSU-Kerntrios im November 2011 von der Existenz der mörderischen Terrortruppe erfahren zu haben. Dabei wird mit jeder
neuen V-Mann-Enthüllung diese Behauptung unglaubwürdi-
ger. Mittlerweile sprechen Nebenklageanwälte von 40 bis 45
Spitzeln deutscher Sicherheitsbehörden, die zwischen 1998
und 2011 im näheren und weiteren Umfeld des untergetauchten NSU-Trios positioniert waren. Sie alle sollen von der Existenz und den Taten der Rechtsterroristen nichts mitbekommen
haben? Kaum zu glauben, denn dieselben Behörden begründen
zum Beispiel das Fehlen von Bekennerschreiben zu den rassistischen Mordanschlägen des NSU damit, dass entsprechende
Taten und ihre Botschaft in der Szene auch ohne schriftliche
Manifeste verstanden werden. Warum soll dies ausgerechnet
beim NSU anders gewesen sein?

Trotz der noch immer lückenhaften, wesentliche Zusammenhänge und Hintergründe aussparenden Aufklärung des
NSU-Komplexes durch die Ermittler hat sich in den vergangenen fünfeinhalb Jahren die Einschätzung verfestigt, dass
der deutsche Verfassungsschutz eine Mitschuld trägt an der
Entstehung des NSU und dessen rassistischer Mordserie. Und

zwar nicht wegen des angeblichen Unvermögens einzelner Mitarbeiter oder vermeintlicher beziehungsweise tatsächlicher Informationsverluste innerhalb der Behörden – sondern weil er Opfer seiner eigenen, über Jahrzehnte hinweg praktizierten Strategie wurde, innerhalb der rechten Szene eine Steuerungsfunktion übernehmen zu wollen. Mit diesem Ziel hatte der Geheimdienst neben einer Vielzahl durchschnittlicher Informationsgeber über lange Zeit hinweg auch mehrere Spitzenquellen aufgebaut, die dank der logistischen und finanziellen Unterstützung durch das Amt Führungs- und Schlüsselpositionen in der Szene erobern konnten. Der NSU-Komplex zeigt aber überdeutlich, wie sehr sich der Verfassungsschutz dabei verschätzte und überschätzte, wodurch ihm letztlich die vermeintliche Kontrolle über ein von ihm mitgezüchtetes mörderisches Biotop entglitt.

»Blood&Honour« (B&H) ist ein Beispiel dafür. Das Netzwerk konzentriert sich auf die klandestine Produktion neonazistischer und rassistischer Rockmusik, den Handel damit und die Organisation entsprechender Konzerte mit Nazi-Bands. Nicht nur mit Songtexten, sondern auch über illegal hergestellte Fanzines verbreitet B&H zudem eine nationalsozialistische Ideologie und fordert zu Gewalt gegen Ausländer und Andersdenkende auf. Daneben existiert mit »Combat 18« eine in unabhängig voneinander agierenden regionalen Zellen strukturierte Terrortruppe, ein bewaffneter Arm von B&H.

V-Leute in der B&H-Führungsebene

Wohl auch wegen der Bedeutung von B&H für die Militanz der rechten Szene wurde die im Jahr 2000 verbotene deutsche B&H-Sektion sowie ihre illegal operierenden Nachfolgestrukturen bis in die Führungsebene hinein vom Verfassungsschutz unterwandert. Erst im Mai 2017 flog mit dem V-Mann »Nias« der frühere Deutschland-Chef der Organisation auf. »Nias« soll demnach spätestens ab 2002 bis mindestens 2010 für das Bundesamt für Verfassungsschutz (BfV) gearbeitet haben. Im Münchner NSU-Prozess hatte der Mann 2015 als Zeuge dies verheimlicht, und auch der Verfassungsschutz hielt die Information gegenüber den Ermittlern geheim. Andernfalls hätten die Prozessbeteiligten sicher noch mehr Fragen an »Nias« gehabt.

Waren es doch insbesondere Mitglieder und Anhänger der »Blood&Honour«-Organisation, die wesentliche Unterstützungsleistungen für das 1998 abgetauchte NSU-Kerntrio erbrachten und entsprechend enge Beziehungen zu Beate Zschäpe, Uwe Mundlos und Uwe Böhnhardt pflegten. Insbesondere die Thüringer und sächsischen B&H-Kameraden kümmerten sich um das flüchtige Trio, besorgten ihnen Wohnungen, Geld und Waffen. Unter ihnen befanden sich mehrere einflussreiche B&H-Aktivisten, etwa in Baden-Württemberg, Sachsen, Dortmund, Thüringen und Chemnitz, die ebenfalls bezahlte Informanten deutscher Sicherheitsbehörden waren.

»Blood&Honour liefert seit zwei Jahrzehnten die Begleitmusik zu Mord- und Totschlag«, sagt dann auch Petra Pau, Vizepräsidentin des Deutschen Bundestags und seinerzeit Obfrau der Linken im Berliner NSU-Untersuchungsausschuss. »Und ohne die Unterstützung vom B&H-Netzwerk wäre es Böhnhardt, Mundlos und Zschäpe nicht möglich gewesen, dreizehn Jahre in der Illegalität zu leben, zehn Menschen zu ermorden und Dutzende zu verletzen. Es ist nahezu undenkbar, dass ausgerechnet der Chef der Division Deutschland, der jahrelang ein V-Mann des BfV war, nicht darüber informiert gewesen sein soll.«

Neben den V-Leuten im B&H-Netzwerk gibt es eine Reihe weiterer einflussreicher Nazi-Kader aus dem Umfeld des NSU, die ebenfalls Spitzel waren und dennoch über Jahre hinweg mit Duldung und Förderung des Geheimdienstes die rechte Szene organisieren und schlagkräftiger machen konnten. Bei der Aufklärung der Nazi-Szene – auch das macht der NSU-Komplex deutlich – setzte der Verfassungsschutz viele Jahre lang allerdings auch auf ein Heer von eher untergeordneten Quellen und Mitläufern, die Informationssplitter zusammentrugen.

So war es auch im Thüringen der 1990er Jahre. Dem Geheimdienst dürfte es damals gedämmert haben, dass ihm die vermeintliche Kontrolle und Steuerungsfähigkeit der Szene im Freistaat entglitt. Die zunehmende Militanz der Thüringer Neonazis war unübersehbar, die Szene war bewaffnet, es fanden Wehrsportübungen statt. Bombenattrappen wurden verschickt, Jugendliche trainierten mit Sprengstoff und scharfen Waffen auf stillgelegten Übungsplätzen der Armee, der »Thüringer Heimatschutz« (THS) koordinierte die Aktionen der versprengten Neonazi-Kameradschaften des Freistaats. In anonymen Schreiben drohten Rechte Ende 1996 ganz offen mit einem bewaffneten Kampf gegen den Staat.

Es fällt jedenfalls auf, dass vor allem das Bundesamt für Verfassungsschutz (BfV) von 1997 an gleich mehrere Operationen im Freistaat startete, um Informanten zu rekrutieren. Da war zunächst die »Operation Rennsteig«, die dem Verfassungsschutz zwischen 1997 und 2003 gleich acht Quellen aus der Thüringer Neonaziszene in die Arme trieb. Zielpersonen von »Rennsteig« waren mehrere Dutzend namentlich aufgelistete Thüringer Neonazis – die Dienste wollten sie aufklären oder als Informanten werben. Darunter befanden sich auch die späteren mutmaßlichen NSU-Terroristen Mundlos und Böhnhardt sowie ihre Helfer Holger G. und Ralf Wohlleben.

Bis zum Jahr 2003 lief »Rennsteig«. Das BfV warb spätestens ab 1999 acht Nazi-Spitzel aus dem THS an. Ihre Decknamen begannen alle mit dem Buchstaben T: »Treppe« wurde als erster rekrutiert, ihm folgten »Tobago« und »Tonfall«, die immerhin bis 2001 Informationen lieferten. Auch zwei Jahre lang, ab 2000, spitzelte »Tonfarbe«; »Tusche« hingegen blieb nur ein Jahr bei der Stange. Länger hielten es »Terrier«, »Tinte« und »Trapid« aus, von denen die beiden letztgenannten spätestens mit Ende der »Rennsteig«-Aktion 2003 vom BfV an den Thüringer Verfassungsschutz übergeben wurden.

»Treibgut«, »Rennsteig« und »Saphira«

Nach Abschluss von »Rennsteig« im Jahr 2003 startete das BfV eine Nachfolgeoperation in Thüringen unter der Bezeichnung »Saphira«. Gemeinsam mit dem Erfurter Landesamt sprachen die Verfassungsschützer zwischen 2003 und 2005 rund 25 Neonazis an. In mindestens zwei Fällen war die Werbung erfolgreich. Einer der beiden V-Leute wurde nach 2005 an das Erfurter LfV übergeben. Details über diese V-Leute oder gar deren Identität sind bislang nicht bekannt. Geheim hält das BfV auch Details zur Operation »Treibgut«, die das Bundesamt im Jahr 2000 vorbereitet hatte. Parallel zu der damals bereits laufenden Operation »Rennsteig« wollte man offenbar mit »Treibgut« weitere Quellen in Thüringen anwerben. Dazu hatte Köln dem Erfurter LfV laut einem dort entstandenen Vermerk vom November 2000 eine »Liste von 123 potentiellen Zielpersonen für Werbungsmaßnahmen« übersandt. Das Landesamt sei gebeten worden, die aufgelisteten Rechtsextremisten »auf operatives Eigeninteresse bzw. bereits durchgeführte Ansprachen zu prüfen«. Weitere »Treibgut«-Akten, etwa mit den Namen der Spitzelkandidaten und der angeworbenen Quellen, sind bis heute nicht aufgetaucht – und werden es wohl auch nicht mehr.

Parallel zum Netz der eher untergeordneten und Gelegenheits-Informanten baute der Verfassungsschutz eine Anzahl von in der Szene einflussreichen und bestens vernetzten Top-Quellen auf. Dabei nahm man in Kauf, dass diese Spitzel Straftaten begingen, um Vertrauen unter ihren Kameraden aufzubauen. Mit finanzieller und materieller Unterstützung des Geheimdienstes vernetzten die Topquellen zudem die rechtsextreme Szene bundesweit und schürten deren Militanz und Gewaltbereitschaft.

Das ist zum Beispiel Tino Brandt aus Rudolstadt. Der vom Thüringer Landesamt zwischen 1994 bis Anfang 2001 als V-Mann »Otto« bzw. »Oskar« geführte Neonazi war der maßgebliche Gründungsvater der »Anti-Antifa« und des daraus hervorgegangenen Netzwerks »Thüringer Heimatschutz« (THS). Seinem »Heimatschutz« hatten sich frühzeitig auch Mundlos, Böhnhardt und Zschäpe mit ihrer »Kameradschaft Jena« angeschlossen. Insgesamt 120 gewaltbereite Neonazis rechnete der Verfassungsschutz damals dem THS zu. Der eng mit bayerischen Rechten verbundene Brandt koordinierte unter den Augen und mit dem Geld des Staates politische Aktionen der Nazi-Kameradschaften und organisierte Wehrsportübungen mit scharfen Waffen für THS-Mitglieder. Fast drei Dutzend Ermittlungsverfahren gegen ihn, unter anderem wegen Bildung einer kriminellen Vereinigung, wurden – nicht zuletzt auf Druck des Verfassungsschutzes – ergebnislos eingestellt. Auch der Fund eines umfangreichen Waffenarsenals 1997 in einer Gaststätte in Heilsberg nahe Saalfeld, die als logistisches Zentrum des THS galt, brachte Brandt nicht in Schwierigkeiten. Und drohte doch einmal eine Durchsuchung seiner Wohnung, dann erhielt der Nazianführer einen Tipp von seinen Verbindungsleuten beim Geheimdienst.

Ein weiterer Topspitzel mit Kontakten zum Trio war Thomas Richter, der als V-Mann »Corelli« von 1993 bis 2012 für das Bundesamt für Verfassungsschutz die rechte Szene unterwanderte. Richter alias »Corelli«, der Anfang April 2014 unter mysteriösen Umständen gestorben ist, gehörte zu den wichtigsten Spitzeln des Dienstes in der Szene, was sich auch in seiner Bezahlung spiegelt: Insgesamt kassierte er über die Jahre hinweg 180 000 Euro. Amtsintern wurde er mit der zweithöchsten Bewertungsstufe »B« geführt – das bedeutet, die Quelle war zuverlässig, ihre Informationen waren zutreffend, sie hatte Kontakte zu führenden Aktivisten und besaß eine absolute Vertrauensstellung in der Szene.

Der aus Halle/Saale stammende Richter war eines der wichtigsten Verbindungsglieder zwischen den militanten Neonazi-Strukturen in Sachsen-Anhalt, Thüringen und Baden-Württemberg. »HJ Tommy«, wie ihn seine rechten Kameraden nannten, hatte engen Kontakt zum B&H-Netzwerk, das Zschäpe, Mundlos und Böhnhardt mit Waffen und Geld unterstützte. »Corelli«, der zumindest Mundlos seit 1995 persönlich kannte, betreute auch die Internetpräsenz des rassistischen Fanzines »Der Weisse Wolf«, das im Jahr 2002 vom NSU eine Geldspende über 2500 Euro erhielt. Außerdem zählte Richter 1998 zu den Mitbegründern eines deutschen Ku-Klux-Klan-Ablegers, dessen ehemalige Mitglieder 2007 im Umfeld des dem NSU zugeschriebenen Heilbronner Polizistenmordes auftauchen. 2005 übergab er dem BfV eine CD mit Fotos und Dokumenten, in deren Begleittext die Begriffe »Nationalsozialistischer Untergrund« und »NSU« auftauchen. Man habe das damals für Ironie gehalten und nicht weiter verfolgt, behauptet das BfV heute.

Partner von »Corelli« bei der Gründung eines Ku-Klux-Klan-Ablegers in Baden-Württemberg war übrigens Achim Schmid aus Schwäbisch Hall – auch er agierte als V-Mann »Radler« im Auftrag des Verfassungsschutzes; von 1994 bis mindestens zum Jahr 2000 war er für das Stuttgarter Landesamt in der Szene unterwegs. Offenbar mit Wissen des Geheimdienstes rekrutierte er mehrere Polizisten für den KKK, darunter zwei Polizistenkollegen der 2007 vom NSU ermordeten Michèle Kiesewetter.

Ein weiterer Spitzen-V-Mann aus dem NSU-Umfeld war Kai D., der in den 1980er und 1990er Jahren Spitzel erst des Berliner und dann – ab 1987 – des bayerischen Landesamtes war. D. war eine der zentralen Figuren in der westdeutschen Naziszene. Während seiner V-Mann-Zeit gehörte er zu den maßgeblichen Aktivisten der von Michael Kühnen 1988 gegründeten »Gesinnungsgemeinschaft der Neuen Front« (GdNF). Die GdNF war Ende der achtziger, Anfang der neunziger Jahre die wichtigste und in der Szene einflussreichste nationalsozialistische Kaderorganisation. Die hierarchisch gegliederte Gruppe sah sich selbst in der Tradition der SA, sie orientierte sich nach Kühnens Worten am NSDAP-Parteiprogramm und strebte eine »nationalsozialistische Revolution in Deutschland« an. Nach dem Mauerfall intensivierte die »Neue Front« den Aufbau von Organisationsstrukturen in der ehemaligen DDR und das paramilitärische Training der Mitglieder.

Immer vorn dabei der V-Mann Kai D., der innerhalb der GdNF nach Kühnens Tod 1991 zur Nummer 2 aufstieg. Auch in Thüringen half D. dabei mit, die »Anti-Antifa« aufzubauen, deren Ziel die gewaltsame Verfolgung politischer Gegner war. Den engsten Kontakt aber hatte er dabei mit seinem V-Mann-Kollegen Tino Brandt, dem Anführer des »Thüringer Heimatschutzes«. Außerdem betrieb der Computerexperte die Mailbox »Kraftwerk.BBS«, die dem bundesweiten Neonazi-Internetdienst Thule-Netz angeschlossen war und die unter anderem Fotos nazikritischer Journalisten veröffentlichte.

Der Verfassungsschutz subventionierte D.s Computeraktivitäten, mit denen Überfälle auf Nazi-Gegner initiiert werden sollten.

Redigiert vom Verfassungsschutz

Zu nennen wäre auch der gebürtige Thüringer Michael See. Unter dem Decknamen »Tarif« hat er von 1995 bis mindestens 2001 mit dem BfV kooperiert und in dieser Zeit rund 66 000 D-Mark Spitzellohn kassiert. Faktisch unter den Augen des Verfassungsschutzes publizierte er jahrelang die rassistische Nazi-Postille »Sonnenbanner«. Ein Exemplar dieses Blattes wurde auch in der 1998 ausgehobenen Bombenwerkstatt des Trios in Jena gefunden. In Artikeln des »Sonnenbanner« wird unter anderem das – vom NSU später umgesetzte – Konzept autonomer Kämpferzellen propagiert, die im Untergrund das demokratische System mit Waffengewalt bekämpfen.

In einem Text mit dem Titel »Das Ende oder Neuanfang« heißt es: »Daher haben wir den Weg gewählt, der am Schwierigsten, am Unbequemsten und am Steinigsten ist: Den Untergrund, die autonomen Zellen-Strukturen (…) Wir wollen die BRD nicht reformieren – wir wollen sie abschaffen.«

In einem Schreiben an das Bundeskriminalamt vom 13. Februar 2013 zitiert das BfV diese Passage und Ausschnitte weiterer Artikel aus dem vom V-Mann »Tarif« verantworteten »Sonnenbanner«. Die Bewertung der Verfassungsschützer: »Bemerkenswert sind die ideologischen nationalsozialistisch motivierten Artikel im ›Sonnenbanner‹ zu den Themen Zellenprinzip, Agieren im Untergrund, konspirativem Verhalten und elitärem Selbstverständnis (…) Die späteren Taten des NSU weisen zumindest keinen Widerspruch zu diesen o. g. Verhaltensmustern auf.«

Was das Bundesamt in seinem Bericht von 2013 verschwieg: See alias VM »Tarif« hat die rassistischen und mit offen nationalsozialistischen Inhalten gespickten Artikel des »Sonnenbanner« nicht nur unter den Augen des Bundesamtes publiziert. Folgt man den Aussagen des Neonazis, dann haben seine Verbindungsführer vom BfV sogar regelmäßig diese Artikel vor Drucklegung redigiert. »Das BfV bekam alle Ausgaben (des ›Sonnenbanner‹) von mir vorab«, behauptet See bis heute. Änderungswünsche vom Bundesamt habe es demnach bis auf eine Ausgabe, wo es um die Gestaltung des Titelblattes ging, nie gegeben. Bezahlt habe er die Produktion der Hefte zum Teil von seinen V-Mann-Honoraren. Die Spitzelakte von See, der 2001 nach Schweden verzog, wurde im BfV geschreddert – unmittelbar nachdem die Bundesanwaltschaft die NSU-Ermittlungen eingeleitet hatte. Aus dem überlieferten Schriftverkehr der Behörde geht hervor, dass der damals verantwortliche Referatsleiter besonders auf die Vernichtung der »Tarif«-Akte drängte.

In die Reihe der vom Verfassungsschutz angeworbenen Nazianführer aus dem NSU-Umfeld gehört auch Ralf M., der seit Anfang der 1990er Jahre bis mindestens 2002 für das BfV unter dem Decknamen »Primus« für monatlich 300 Euro arbeitete. Der Zwickauer war ein sachsenweit bekannter, für seine Gewalttätigkeit berüchtigter Skinhead. In Zwickau betrieb er zwei Szene-Läden, Kneipen, ein Werbe-Studio und zwei Jahre lang eine Baufirma. In seiner Vernehmung durch die Bundesanwaltschaft 2012 beteuerte der damals 40-Jährige, nie persönlich mit einer Person des NSU-Trios Umgang gehabt zu haben. Gleichwohl räumte er Kontakte zur sächsischen »Blood&Honour«-Sektion sowie zu André Eminger und dessen Frau Susann ein, die beide zum engsten Bekanntenkreis von Zschäpe, Mundlos und Böhnhardt zählten. Mit seiner Nazi-Rockband »WestSachsenGesocks – WSG« veranstaltete er in einem einschlägig bekannten Gartenlokal in Zwickau regelmäßig Konzerte. Am Rande dieser Auftritte wurde auch das Skinzine »Der Vollstrecker« verteilt, an dessen Herstellung »Primus« mitgewirkt haben soll. In einer Ausgabe des Skinzines soll auch ein von Mundlos verfasster Artikel veröffentlicht worden sein.

Nach Zeugenaussagen soll »Primus« in den Jahren 2000 und 2001 zeitweise Mundlos in seiner Baufirma beschäftigt haben. Die Firma existierte nur kurze Zeit und war ein Sammelbecken von Neonazis aus Zwickau und Umgebung. Ungeklärt bis heute ist die Frage, ob das BfV Geld für die Gründung der Firma beigesteuert hat, um so mit »Primus« Hilfe die rechte Szene der Region besser unterwandern zu können. Der Ex-V-Mann, der heute in der Schweiz lebt, bestreitet, Kontakt zu Mundlos gehabt oder ihn sogar beschäftigt zu haben. Da das BfV bereits 2010 die »Primus«-Akte vernichtete, lässt sich das jedoch nicht mehr nachprüfen.

Ein besonders entlarvendes Beispiel für die Zusammenarbeit des Verfassungsschutzes mit rechtsextremen V-Leuten ist der Fall von Carsten Szczepanski, der nach dem Mordversuch an einem Afrikaner und einer Verurteilung zu einer achtjährigen Haftstrafe 1994 zum V-Mann »Piatto« des Brandenburger LfV aufstieg. Im Jahr 2000 flog seine Spitzeltätigkeit auf. Der früher extrem gewalttätige, heute unter einer mit Steuergeldern finanzierten neuen Identität lebende Neonazi habe – so fasste es ein Abteilungsleiter des LfV in einem Vermerk zusammen – »als bundesweit einzige Informationsquelle weiterführende Hinweise auf den Verbleib dreier flüchtiger Neonazis aus Thüringen« gegeben.

Der in Berlin-Neukölln geborene und nach der Wiedervereinigung nach Königs Wusterhausen bei Berlin umgesiedelte Szczepanski hatte 1992 eine Nazimeute angeführt, die in einer Diskothek im brandenburgischen Wendisch-Rietz einen nigerianischen Lehrer und Asylbewerber überfiel und fast zu Tode prügelte. Noch in der Untersuchungshaft, spätestens im Juli 1994, ließ sich der Neonazi vom Potsdamer LfV anwerben, das die neue Quelle hegte und pflegte. 1999 bescheinigten die Verfassungsschützer vor Gericht ihrem »Piatto« wider besseren Wissens eine positive Entwicklung und eine glaubhafte Abkehr von der rechten Szene, was ihm eine vorzeitige Haftentlassung einbrachte.

Tatsächlich hatte sich Szczepanski wohl nicht von seiner Gesinnung und seinen Kameraden losgesagt – was auch der Verfassungsschutz wusste. Holten doch die V-Mann-Führer ihn regelmäßig vom Knast ab, als »Piatto« Anfang 1998 Freigänger wurde und nur noch zum Schlafen in den Knast musste. Mit dem Dienstwagen karrten die Beamten ihren Zögling zu seinen Treffs mit Neonazis.

Auch seine Jobsuche verfolgten die Verfassungsschützer mit Wohlwollen. Szczepanski hatte schon als Freigänger ein Praktikum bei der Firma P. im sächsischen Limbach absolviert, von der er schließlich auch einen Arbeitsvertrag erhielt. Die Firma P. gehörte der sächsischen »Blood&Honour«-Aktivistin Antje P. und handelte mit NS-Devotionalien. In Chemnitz betrieb P. zusammen mit ihrem Ehemann Michael zudem den einschlägigen Szeneladen »Sonnentanz«. Szczepanski hatte also mitnichten die Szene verlassen, sondern bestenfalls seine Wirkungsstätte gewechselt.

In Chemnitz tauchte »Piatto« in das Unterstützerumfeld des Trios ein – auftragsgemäß? Seinen Brandenburger Führungsleuten jedenfalls berichtete er, dass Antje P. bereit sei, ihren Pass Beate Zschäpe zur Verfügung zu stellen. Und dass der sächsische »Blood&Honour«-Chef, Jan W., für das untergetauchte NSU-Trio Waffen beschaffen sollte.

BKA warnte vor dem »Brandstifter-Effekt«

Die Aufzählung der Top-Spitzel im Umfeld des Trios ist damit längst nicht vollständig. Niemand weiß das so genau wie das Bundeskriminalamt, das bei seinen jahrelangen Ermittlungen im NSU-Fall immer wieder auf Neonazis aus dem Umfeld des Trios traf, die gleichzeitig dem Verfassungsschutz als Informanten und Einflussagenten in der rechten Szene dienten. Damit dürfte das BKA eine Art dejá vu erlebt haben. Denn schon einmal, im Jahr 1996/97, hatte es einen heftigen Schlagabtausch zwischen BKA und Verfassungsschutz gegeben, und auch damals ging es um Nazis in Diensten des Staates. Der Anlass des Konflikts war, dass das BKA bei seinen Ermittlungen gegen maßgebliche Anführer der deutschen Neonazi-Bewegung seinerzeit immer wieder auf V-Leute stieß, die unter den Augen des Geheimdienstes – und damit des Staates – Straftaten initiierten sowie Organisierungsgrad und Schlagkraft der Szene entscheidend vorantrieben. In einer Vorlage vom 13. November 1996 für den damaligen BKA-Präsidenten Klaus-Ulrich Kersten, die für eine Besprechung mit dem seinerzeitigen BfV-Chef Peter Frisch in der sogenannten Präsidentenrunde am 25. November 1996 dienen sollte, heißt es: »Von etwa dreißig führenden Personen des rechtsextremistischen Spektrums sind acht als besonders aktiv und gleichzeitig als Quellen des Verfassungsschutzes festgestellt worden. Sie beteiligen sich u.a. an der Gründung von rechtsextremistischen Vereinigungen und Organisationen, der Reaktivierung einer verbotenen Vereinigung unter neuer Bezeichnung und den Versuchen der Gründung krimineller Vereinigungen. Weiter organisierten sie Veranstaltungen und Aktionen und stellten Kommunikationstechnik zur Verfügung. Zugleich wurden die Gruppen fachlich beraten und betreut.

Vier andere Personen (ohne herausragende Funktionen) wurden ebenfalls als Quellen erkannt; Reaktionen weiterer Personen legten den Verdacht einer Zusammenarbeit mit dem Verfassungsschutz nahe.«

Das Bild des Rechtsextremismus in der Öffentlichkeit, so heißt es warnend in dem BKA-Papier, werde »nicht zuletzt durch die Quellenaktivitäten geprägt«. Dazu gehörten die zwischen 1994 und 1996 von V-Leuten organisierten Aktionen anlässlich des Hitler-Geburtstages und des Todestages von dessen Stellvertreter Rudolf Heß. Auch hätten zwei Quellen des bayerischen und des nordrhein-westfälischen Verfassungsschutzes die Personalien von mehr als 200 politischen Gegnern gesammelt und veröffentlicht. »Es gibt Anzeichen, dass dies zum Teil mit Wissen und insbesondere auch mit finanzieller Unterstützung der Ämter für Verfassungsschutz geschieht«, heißt es in der BKA-Vorlage weiter, »obwohl hier der Verdacht naheliegt, dass einige Quellen ›aus dem Ruder laufen‹.«

In einem weiteren, als »Positionspapier« bezeichneten Schreiben vom 3. Februar 1997, das acht Tage später an das BfV übersandt wurde, beklagt das BKA die »in den letzten Jahren zunehmende Divergenz zwischen Verfassungsschutzoperationen und exekutiven Maßnahmen«. Mit anderen Worten: Immer häufiger war das BKA bei seinen Ermittlungen gegen Neonazis auf V-Leute des Amtes gestoßen, wodurch – wie es in dem BKA-Papier weiter heißt – »einerseits sowohl die Führung der Quellen und operativen Maßnahmen des Verfassungsschutzes als auch die Beweisführung in Ermittlungs-/Strafverfahren erschwert oder sogar unmöglich geworden sein dürfte«. Ausdrücklich warnte das BKA in seinem Papier vor einem »Brandstifter-Effekt«: »Es besteht die Gefahr, dass Quellen sich gegenseitig zu größeren Aktionen anstacheln.

Somit erscheint es fraglich, ob bestimmte Aktionen ohne die innovativen Aktivitäten dieser Quellen überhaupt in der späteren Form stattgefunden hätten!«

Die damit schon vor 20 Jahren aufgeworfene Frage, ob die staatlichen Einflussagenten die Radikalität der rechten Szene nicht eher noch fördern als dämpfen, ist durch den NSU auf brutale Art beantwortet worden. Sollte es die Strategie des Verfassungsschutzes gewesen sein, mit seinen Spitzenquellen in Schlüsselpositionen eine Steuerungs- und Kontrollfunktion in der rechtsextremen Szene übernehmen zu wollen, ist dieser Plan gescheitert. Die NSU-Affäre zeigt vielmehr, dass der Geheimdienst aus Überschätzung seiner eigenen Möglichkeiten heraus ein mörderisches Biotop mitgeschaffen hat, das längst außer Kontrolle geraten ist.

In seinem Abschlussbericht hatte der erste NSU-Untersuchungsausschuss des Bundestages dann auch klar die Mängel und Defizite des Verfassungsschutzes benannt. Die Liste der Vorwürfe gegen den überforderten Nachrichtendienst ist lang: eine mangelnde Analysefähigkeit, die zu einer falschen und grob verharmlosenden Einschätzung einer rechtsterroristischen Gefahr in Deutschland führte; eine fatale Unterschätzung und Bagatellisierung der Bedrohung, die von militanten Neonazigruppen ausgeht; eine mit Umstrukturierungen im Apparat einhergehende Schwächung der Aufklärungs- und Bewertungskapazitäten; fragwürdige Praktiken bei der Führung und Bezahlung von V-Leuten; fehlende Kontrolle und Effektivitätsüberprüfung der V-Mann-Arbeit; das Zurückhalten von Informationen zwischen den Verfassungsschutzämtern sowie gegenüber Exekutivbehörden wie Polizei und Justiz; unkonkrete Regelungen zur Aktenführung und Datenspeicherung.

Die im Bundesverfassungsschutzgesetz festgeschriebene Aufgabe des Geheimdienstes besteht darin, »Informationen,

Nachrichten und Unterlagen zu sammeln« – über politische Aktivitäten gegen die freiheitlich demokratische Grundordnung, über sicherheitsgefährdende Tätigkeiten extremistischer Personen und Gruppen, über Spionageangriffe aus dem Ausland, über Terrorplanungen. Zu diesem Zweck darf der Verfassungsschutz V-Personen und verdeckte Ermittler einsetzen. Diese sollen aber eben nur Informationen sammeln. In der Realität jedoch üben Spitzel nicht nur eine beobachtende, sondern oft auch eine gestaltende Funktion in ihrem jeweiligen Milieu aus. Tino Brandt etwa, der unter den Augen des Geheimdienstes und mit dessen Geld die Neonaziorganisation »Thüringer Heimatschutz« aufbaute, aus der heraus sich der NSU bildete. Oder Wolfgang Frenz, Mitbegründer der NPD, der einen Teil seiner Spitzelhonorare in den Aufbau der Parteistrukturen steckte. Oder Klaus Steinmetz, der es bis in die Führungsebene der RAF schaffte, aber auch fest in die Struktur der linken Terrorgruppe eingebunden war. Steinmetz besorgte der RAF gefälschte Dokumente und eine Wohnung, in seinem Auto fanden sich auch Spuren des Sprengstoffs, mit dem die RAF am 27. März 1993 den Neubau der Justizvollzugsanstalt Weiterstadt in die Luft jagte. Die sehr lange Liste solcher Beispiele ließe sich fortsetzen.

Schleichende Fraternisierung

Hinzu kommt ein weiteres Problem. V-Leute haben oft mehrere Loyalitäten, sie belügen und betrügen nicht nur die eigenen Leute, sondern oft auch die Behörden. Unter dem Deckmantel der Geheimdienste können sie ungestört agieren, sie schützen dann nicht die Verfassung, sondern bekämpfen sie; sie profitieren vom Staat und schwächen ihn zugleich. Neonazis – das zeigen nicht zuletzt die Akten, die die Ermittlungen und parlamentarischen Untersuchungen der NSU-Affäre zutage gefördert haben – tischen ihren Quellenführern eine Mischung aus Wahrheit und Lügen auf und werden dafür auf Kosten der Allgemeinheit entlohnt. In dieser rechtlichen Grauzone haben sich zudem die Beamten und ihre Zuträger aneinander gewöhnt, ja, zum Teil sympathisieren sie auch miteinander. Für die V-Mann-Führer ist jeder Zugang ein Schatz, der eifersüchtig geschützt wird, vor anderen Landesämtern genauso wie vor der Polizei. Die Weitergabe von Informationen gilt als Risiko. Diese schleichende Fraternisierung trübt einen kühlen, analytischen Blick – und das besonders im rechten Milieu, wo es zwischen V-Mann und V-Mann-Führer keine sprachlichen und mitunter kaum kulturellen Barrieren gibt und die Gefahr einer zu großen Nähe allgegenwärtig ist.

Entlarvend sind vor diesem Hintergrund die Aussagen von sogenannten V-Mann-Führern im NSU-Untersuchungsausschuss des Bundestages. Dort hatten mehrere von ihnen in öffentlichen und nichtöffentlichen Sitzungen darüber Auskunft geben müssen, wie sie ihre Spitzel hegten und pflegten, um von ihnen mehr oder weniger wichtige Informationen für ihre Akten zu bekommen. Es ist ein erschreckender Einblick in eine deutsche Beamtenmentalität, die nur zu gern bereit ist, moralische und juristische Maßstäbe über Bord zu werfen, wenn es der Erledigung eines Auftrages – und damit auch der eigenen Karriereförderung – dient.

Bezeichnend etwa war der Auftritt von Gordian Meyer-Plath, der inzwischen das sächsische Landesamt für Verfassungsschutz leitet. Der studierte Historiker hatte 1995 als 25-Jähriger im Brandenburger Verfassungsschutz angefangen und war zwei Jahre später zum V-Mann-Führer von »Piatto« alias Carsten Szczepanski aufgerückt, seinerzeit einer der gefährlichsten und gewalttätigsten Neonazis in Brandenburg.

Kann man einen Neonazi, der zusammen mit einer ganzen Horde Gleichgesinnter einen Ausländer fast zu Tode prügelt, in den Dienst des Staates stellen? »Das ist nicht die Perspektive, die ich damals beruflich hatte«, sagte »Piattos« V-Mann-Führer Meyer-Plath dazu vor dem Ausschuss. »Ich habe die Früchte geerntet und das nicht hinterfragt.« Schließlich werde die Frage »Mache ich das?« auf höchster Ebene entschieden. »Die Mitarbeiter, die dann in Auswertung oder in Beschaffung eingesetzt sind, weit unterhalb, müssen das mit Leben füllen.« Szczepanski habe in der Szene als Held, als Märtyrer gegolten, viele seiner Freunde hätten ihn für seine Tat bewundert, weil er in ihren Augen nicht nur geredet, sondern gehandelt hatte. »Aus Sicht eines Geheimdienstlers zur damaligen Zeit: Besser geht es nicht«, sagte Meyer-Plath.

Frage vom Ausschuss: Denkt man nicht nach über das, was man tut, und auch über die Leute, mit denen man arbeitet? Meyer-Plath: »Ich musste mich auch zwingen, das auszublenden, weil es natürlich wenig bringt, dem V-Mann oder dem Informanten gegenüber zu sagen: Ich halte dich für ein niederträchtiges Schwein. Das bringt Ihnen professionell in dieser Phase überhaupt nichts.« Aber habe er keine Skrupel gehabt in der Zusammenarbeit mit »Piatto«? Meyer-Plath: »Skrupel sind keine Kategorie, nach der Sie das messen können. Das ist eine Entscheidung, die Entscheidungsträger zu dieser Zeit so getroffen haben. Ob ich nachts deswegen nicht schlafen kann, dass so etwas gemacht wird, steht doch überhaupt nicht zur Debatte.« Dennoch gebe es natürlich immer einen Abwägungsprozess bei der Frage: Sollen wir mit dieser Person sprechen, ja oder nein? »Da heißt es auch, vom Ende her denken: Wäre es denn vermittelbar, wenn es bekannt würde?«, sagte Meyer-Plath. Es ist schon bemerkenswert, dass die »Vermittelbarkeit«, also die Angst vor einem möglichen Skandal, in den Verfassungsschutzbehörden mehr Gewicht besitzt als moralische oder ethische Normen, wenn es um die Anwerbung von V-Leuten geht.

Als Manko in der bisherigen Arbeit des Geheimdienstes hat es sich auch erwiesen, dass die Informationen, die eine Verfassungsschutzbehörde durch V-Leute oder eine Abhörmaßnahme erlangt, erst einmal im Besitz des jeweiligen Amtes bleiben. Denn eine Berichtspflicht gibt es nicht, jedes Amt kann bis zu einem gewissen Grad allein entscheiden, ob und mit welchen anderen Verfassungsschutzbehörden man seine Erkenntnisse teilt. Zwar schreibt das Bundesverfassungsschutzgesetz vor: »Die Landesbehörden für Verfassungsschutz und das Bundesamt für Verfassungsschutz übermitteln sich unverzüglich die für ihre Aufgaben relevanten Informationen, einschließlich der Erkenntnisse ihrer Auswertungen.« Was aber relevant ist oder vielleicht besser unter den Tisch fällt, um der Schwesterbehörde keinen Hinweis auf die eigene Quelle zu geben, liegt weiterhin im Ermessen des Absenders – was fatale Folgen haben kann, wie der NSU-Fall beweist.

Verpflichtet ist der Geheimdienst allerdings zur Weitergabe von Informationen an die Ermittlungsbehörden, sofern man Kenntnis von staatsgefährdenden Straftaten erhält. Allerdings gibt es auch hier Ausnahmen, etwa wenn »überwiegende Sicherheitsinteressen« ein Zurückhalten von Erkenntnissen erfordern – eine Formulierung, die dem Dienst genug Entscheidungsspielraum lässt.

Fehlende Kontrolle

Denn kontrolliert wird die Arbeit des Dienstes von externer Seite überhaupt nicht. Zwar gibt es Kontrollgremien der Parlamente in Bund und Ländern. Deren Befugnisse sind aber beschränkt. Sie müssen weder über Operationen noch über V-Leute-Einsatz und nachrichtendienstlich gewonnene Erkenntnisse informiert werden. Zwar soll der Verfassungsschutz von sich aus die Parlamentarier zeitnah über alle Vorgänge von Bedeutung informieren. Diese »Bedeutung« aber legen die Amtsleiter und ihre Innenminister selbst fest.

Die Effektivität des Einsatzes von V-Leuten, die immerhin mit Steuergeldern finanziert werden, darf ein parlamentarisches Kontrollgremium ebensowenig überprüfen. Ein solches Controlling ist aber auch innerhalb des Verfassungsschutzes eine Ausnahme. Im Bundesamt gibt es zumindest eine »Fachprüfgruppe für operative Sicherheit und Kontrolle« (FPG), ein der Behördenleitung direkt unterstelltes, vierköpfiges Gremium. Die FPG kann sich die Operativakten anschauen und muss über jede Anwerbung eines V-Manns informiert werden. In den meisten Landesämtern jedoch gibt es nicht einmal solche internen Prüfgruppen.

Eifersüchtig gewacht wird bei der Aufklärung demokratiefeindlicher Aktivitäten auch über die Landesgrenzen. So dürfen Landesämter im Bereich eines anderen LfV nur mit dessen Einverständnis tätig werden. Lediglich dem BfV sind hier Ausnahmen gestattet, allerdings nur im Bereich des islamistischen Terrorismus und der Spionageabwehr. Diese »Kleinstaaterei« führte – auch dies ist eine Erkenntnis aus den NSU-Ermittlungen – beispielsweise dazu, dass der bayerische V-Mann Kai D. in den 1990er Jahren zwar im Wochentakt umfangreiche Informationen über die Aktivitäten des »Thüringer Heimatschutzes« nach München meldete; diese Erkenntnisse aber erreichten nur zu einem geringen Teil das Erfurter LfV, weil die Münchner Verfassungsschützer offenbar ihre Thüringer Kollegen nicht um Erlaubnis für ihre Spitzeleien bitten wollten. Welche Folgen dieser Informationsverlust hatte, ob er womöglich indirekt auch das Entstehen des NSU begünstigte, ist bis heute unaufgeklärt.

Erst die öffentliche Beschäftigung mit dem Versagen der deutschen Sicherheitsbehörden im Fall der rechten Terrorgruppe »Nationalsozialistischer Untergrund« nach dem 4. November 2011 hat gezeigt, dass die Arbeit und vor allem die Kontrolle des Verfassungsschutzes einer dringenden und tiefgreifenden Reform bedarf. Nur so können Fehlentwicklungen gestoppt und eine teilweise schon eingetretene Verselbstständigung einzelner Dienstbereiche des Inlandsnachrichtendienstes rückgängig gemacht werden.

»Ich habe in Deutschland zwei Leben gelebt – ein schönes und ein schlechtes«

Aus dem Plädoyer von Elif Kubaşık, Ehefrau von Mehmet Kubaşık, der am 4. April 2006 in Dortmund ermordet wurde

(...) Ich glaube, die Stärke, die ich heute zeigen kann, die kommt einfach von der Beziehung mit ihm. Und ich glaube, das Vertrauen, vor allem auch die Sicherheit, die er mir gegeben hat, hat mich stark gemacht. Weil er zum Beispiel keinen Druck auf mich ausgeübt hat. (...) Mehmet hatte einen Schlaganfall ein paar Jahre vor seiner Ermordung. Und es war klar, dass er schwere Arbeit nicht mehr wie zuvor ausüben durfte. (...) Er kam dann und hat gesagt, dass er einfach so einen Kiosk aufmachen möchte. (...) Freunde und Nachbarn kamen oft zu uns in den Kiosk. Wenn ich zum Beispiel morgens den Laden aufgemacht habe, kamen auch Freunde, wir haben dann zusammen Tee getrunken, Kaffee getrunken. Mehmet hatte mit der Umgebung, mit den Ladenbesitzern dort auch gute Beziehungen. Wir haben den Laden zusammen geführt, Gamze hat auch viel geholfen. Wenn ich im Laden war, dann ging er nach Hause, zu Hause hat er aufgeräumt, Essen vorbereitet, sich um die Kinder gekümmert und sonst war es umgekehrt. (...)

Das Schwierige war, dass wir so unheimlich lange Arbeitszeiten hatten. Das ist sehr zermürbend. (...) Daher hatten wir uns entschlossen, den Kiosk nach zwei Jahren wieder zu verkaufen. Aber dann wurde er ermordet.

Ich habe in Deutschland zwei Leben gelebt, ein schönes bis zum 4. April 2006 und ein schlechtes. Das schöne war einfach ein ganz normales Familienleben. Nach der Ermordung von Mehmet war nichts mehr für mich wie zuvor. Es ist alles geschwärzt worden. Ich kann nie vergessen, wie meine Kinder sich verkrochen haben, das war für mich eine sehr, sehr schwierige Situation, mit den Kindern allein zurück zu bleiben. Ich bin an Neurodermitis erkrankt, habe Ausschlag bekommen. Ich hatte große Angst. Ich konnte nachts nicht mehr schlafen. Bei jedem kleinsten Geräusch wachte ich auf.

Die Polizei hat gesagt: Da waren zwei Leute, die hatten Mützen und Fahrräder. Meine Angst wurde größer. Wenn ich zum Beispiel Mert zum Kindergarten gebracht oder abgeholt habe und ich dabei Menschen auf dem Fahrrad oder mit Sonnencap sah, dann war es so, als würde mich jemand mit einem Messer von hinten angreifen und mir ein Messer in den Rücken stoßen, so dass ich nicht mehr atmen konnte. Ich konnte mich dann nicht mehr bewegen.

Nachdem rauskam, dass es wirklich Nazis waren, steigerten sich meine Ängste noch einmal. Ich habe dann vor allem große Angst um meine Kinder gehabt, dass die Nazis auch ihnen etwas antun können. (...) Ich wurde dann im Jahr 2012 zu einer Reha geschickt, ich sollte in einen Kurort nahe an der Grenze zu Holland fahren. Auf dem Weg habe ich in der Straßenbahn zwei Nazis gesehen. Danach hatte ich solche Angst, dass ich, als ich am Kurort ankam, gesagt habe: Ich will nach Hause zurück. (...)

Zwischen »Staatswohl« und Aufklärung

Der zweite Parlamentarische Untersuchungsausschuss
des Bundestages zum NSU

VINCENT GENGNAGEL UND ANDREAS KALLERT

»Noch nie in der Geschichte des Deutschen Bundestages
wurde ein Sachverhalt so gründlich, so aufwendig parlamenta-
risch untersucht wie dieser Komplex, wie diese Verbrechensse-
rie.« Zu dieser Einschätzung kam der Vorsitzende des zweiten
NSU-Untersuchungsausschusses des Bundestages, der Abgeordnete Clemens Binninger (CDU), in der Plenardebatte des
Parlaments am 29. Juni 2017. Noch in der gleichen Debatte
jedoch widersprach die Obfrau der Linken im Ausschuss,
Petra Pau, diesem Urteil. Sie sagte: »Das Bundesamt für Verfassungsschutz versuchte, den Untersuchungsausschuss (…) zu
täuschen. Das war symptomatisch.«

Clemens Binninger und Petra Pau mögen beide mit ihren
Einschätzungen durchaus Recht haben: Auf der einen Seite
stehen bemerkenswerte Ergebnisse durch teils akribische parlamentarische Ermittlungsarbeit; auf der anderen Seite aber
gab es erhebliche Widerstände vor allem der Geheimdienste,
die es den Abgeordneten weitgehend unmöglich machten, die
Exekutive zu kontrollieren und deren Rolle im NSU-Komplex
aufzuklären. Der zweite NSU-Untersuchungsausschuss im
Bundestag war zudem nicht in der Lage, sowohl an das öffentliche Interesse als auch an die Erkenntnisgewinne des ersten
Untersuchungsausschusses unter dem Vorsitzenden Sebastian
Edathy (SPD) anzuknüpfen. Allerdings darf dies nicht darüber

hinwegtäuschen, dass aus 51 Sitzungen, dem Sichten von Akten und Daten im Umfang von über 700 Gigabyte und dem Vernehmen von 84 Zeugen durchaus einige neue Erkenntnisse hervorgegangen sind.

Petra Pau benennt vor allem drei wichtige Aufklärungsergebnisse des Ausschusses:

1. Es sei nun erwiesen, dass das NSU-Kerntrio aus Uwe Mundlos, Uwe Böhnhardt und Beate Zschäpe von mindestens 40 V-Personen der Verfassungsschutzämter nahezu umzingelt war. Entgegen den bisherigen Beteuerungen hatte auch das Bundesamt für Verfassungsschutz (BfV) Nazispitzel in direkter Nähe des NSU; die V-Männer Thomas Richter (»Corelli«) und Ralf M. (»Primus«) hatten gar direkten Kontakt.

2. Die Ämter für Verfassungsschutz hätten ihre Informationen über das Trio nach dessen Untertauchen nicht an Strafverfolgungsbehörden weitergegeben und damit dem Quellenschutz Vorrang vor polizeilichen Ermittlungen eingeräumt.

3. Es sei nun offenkundig, so Petra Pau, dass mindestens in der sogenannten »Aktion Konfetti« zahlreiche Akten mit potentiellem NSU-Bezug mit Vorsatz und eben nicht, wie bislang von den Behörden behauptet, aus Versehen geschreddert worden sind: »Diese Aktenvernichtungen waren Straftaten. Geahndet wurden sie nicht.«

Das sorgt bei all denjenigen, die an einer umfassenden Aufklärung des NSU-Komplexes interessiert sind, für Frustration. Angesichts der Vielzahl unbeantworteter Fragen und blockierter Ermittlungen halten wir es dabei für notwendig, die strukturellen Rahmenbedingungen nicht aus den Augen zu verlieren, unter denen diese Aufklärung unmöglich scheint. Das von Pau angeprangerte Ausbleiben von Konsequenzen aus der

Aktenvernichtung ist insbesondere darin begründet, dass die strafrechtliche und disziplinarische Ahndung des Schredderns im BfV nicht im Zuständigkeitsbereich des Parlaments liegt, sondern bei der Regierung, die in den Aktenskandal selbst verwickelt ist, sowie bei der Judikative. Der Ausschuss ist zudem in seinen Ermittlungen elementar auf die Zuarbeit der Exekutive – etwa in Form von Auskünften, Aussagegenehmigungen, Akten etc. – angewiesen und stößt dabei in kritischen Punkten immer wieder auf Widerstände, Hinhaltetaktiken und offene Lügen seitens der Sicherheitsbehörden. Besonders deutlich zeigt sich dies in der »Aktion Konfetti«, aber auch im Skandal um den Nazispitzel »Corelli«, der Kontakt zum NSU-Mitglied Uwe Mundlos hatte und 2014 mutmaßlich an einem unerkannten Diabetes starb.

Es stellen sich darüber hinaus nicht nur Fragen zu den Restriktionen des parlamentarischen Kontrollgremiums, sondern generell zu den Grenzen von Aufklärung im NSU-Komplex im Kontext einer Staatsraison, die ein abstraktes Staatswohl über die Verhinderung und die Aufklärung einer rechtsterroristischen Mordserie stellt. Allen Versprechen von Bundeskanzlerin Merkel zum Trotz (»Wir tun alles, um die Morde aufzuklären und die Helfershelfer und Hintermänner aufzudecken und alle Täter ihrer gerechten Strafe zuzuführen. Daran arbeiten alle zuständigen Behörden in Bund und Ländern mit Hochdruck.«): Es sind bei weitem nicht nur »Pannen« und Fehler der Behörden, als vielmehr die Aufrechterhaltung der Funktionsfähigkeit des Staates sowie das sogenannte Staatswohl, die die Aufklärung des NSU-Komplexes behindern.

In einer deshalb notwendigerweise staatskritischen Perspektive auf den NSU-Komplex verstehen wir Staatsraison als eine systemimmanente Grenze und Beschränkung von umfassender Aufklärung in je historisch-spezifischen sozialen

Kräfteverhältnissen (für eine ausführlichere Darstellung mate-
rialistisch-strukturalistischer Perspektiven auf den NSU-Komplex siehe unsere Studie »Staatsraison statt Aufklärung. Zur
Notwendigkeit einer staatskritischen Perspektive auf den
NSU-Komplex«). Diese Staatsraison manifestiert sich auch in
der Auseinandersetzung mit der Rolle des Verfassungsschutzes beim Terror des NSU und ist den staatlichen Apparaten
strukturell eingeschrieben – aber eben auch der Zivilgesellschaft: Das hegemoniale Desinteresse weiter Teile unserer
Gesellschaft an einer Aufklärung ermöglicht überhaupt erst die
Nicht-Aufklärung und trägt zur Festigung einer bestimmten
Interpretation von Staatsraison grundlegend bei. Dies alles
steht der Aufklärung des NSU-Komplexes entgegen – auch im
Parlamentarischen Untersuchungsausschuss (PUA) des Bundestags, der überfraktionell, engagiert und teilweise erfrischend
offensiv die herrschenden Narrative zum NSU in Frage stellte.

Sternstunde der Demokratie oder stumpfes Schwert?

Laut Selbstverständnis des PUA im Abschlussbericht »ist
es Aufgabe der parlamentarischen Untersuchungsausschüsse,
die Fragen von Behördenverantwortung, -versäumnissen und
-fehlern im Zusammenhang mit dem Nationalsozialistischen
Untergrund zu untersuchen und zu bewerten. Ihre Aufgabe
ist es, Wissen bzw. Nichtwissen staatlicher Stellen (…) und
eventuell individuelle, insbesondere aber strukturelle Fehler
in der Arbeit von Sicherheits- und Ermittlungsbehörden«
aufzuklären. Diesem Anspruch nach soll das Gremium als
Instrument der Legislative ein parlamentarisches Korrektiv
gegenüber den Exekutivorganen darstellen. Entsprechend untersucht der Ausschuss mögliche Verfehlungen auf diversen
Ebenen der Bundes- und Landespolizei sowie der beteiligten

Bundes- und Landesverfassungsschutzämter im Hinblick auf die Bedingungen, unter denen die terroristische Karriere des NSU möglich war. Was hätten die ermittelnden Behörden über rechtsterroristische Entwicklungen wissen müssen – und wovon wussten die Geheimdienste?

Ein weiterer Fokus liegt auf dem institutionell rassistischen Charakter der polizeilichen Ermittlungen vor Bekanntwerden des NSU – sowohl was die dominante Ermittlungshypothese angeht, die von Organisierter Kriminalität im Milieu der migrantisch geprägten Opfer ausging, als auch die Ermittlungen zum Mord an der Polizistin Michèle Kiesewetter in Heilbronn am 25. April 2007, die u.a. von antiziganistischen Annahmen innerhalb der Kriminalpolizei geprägt waren. Diesem Beitrag geht es allerdings um die vom Ausschuss angestellten Untersuchungen, deren Ergebnisse der im Münchner Strafprozess formulierten Annahme eines isolierten Trios widersprechen und die es notwendig machen, nach einem möglichen Täterwissen innerhalb der Exekutive zu fragen – sowohl der Polizei als auch des Verfassungsschutzes.

Der Anspruch des PUA, die staatliche Mitverantwortung im NSU-Komplex aufzuklären, stößt immer wieder auf strukturelle Schwierigkeiten. Diese gilt es zu diskutieren. Der Ausschuss verfolgt eine Vielzahl an komplexen und hochbrisanten Themen, deren Umfang sich schon allein anhand des knapp 1800 Seiten starken Abschlussberichts ablesen lässt. Im Folgenden greifen wir zwei Themen des PUA des Bundestages heraus, an denen das Spannungsfeld demokratischer Kontrolle und Staatsraison eindrücklich diskutiert werden kann: zum einen der Mord an der Polizistin Kiesewetter in Heilbronn, deren Einheit unmittelbar mit der baden-württembergischen Neonazi-Szene verbunden war und über den V-Mann »Corelli« mittelbar auch mit dem NSU, zum anderen das Schreddern von potentiell aufklärungsrelevanten V-Mann-Akten im BfV direkt nach dem öffentlichen Bekanntwerden des NSU am 11. November 2011 (von der *Süddeutschen Zeitung* »Aktion Konfetti« getauft).

Mord in Heilbronn: Zufallsopfer Kiesewetter?

Nachdem der erste PUA zum NSU zu dem Eindruck gelangt war, »dass bezüglich der Tat in Heilbronn die Ermittlungen im persönlichen und beruflichen Umfeld der beiden Opfer – jedenfalls bis zur Selbstenttarnung der Terrorgruppe NSU am 4. November 2011 – weniger intensiv geführt worden waren als in anderen Fällen, die dem NSU zuzurechnen sind«, wurden für den zweiten Untersuchungsausschuss folgende Punkte zentral: Fraglich erschien v.a. die Annahme, Mundlos und Böhnhardt hätten den Angriff auf Kiesewetter und ihren Kollegen Martin Arnold zu zweit verübt. An dieser These hält die Bundesanwaltschaft (BAW) im Münchner Strafprozess von der Anklage bis zum Abschlussplädoyer fest. Damit geht die Überzeugung einher, die Tat wäre spontan erfolgt und die beiden seien als Repräsentanten des vom NSU verhassten Staates reine Zufallsopfer gewesen. Die Tat in Heilbronn unterscheidet sich grundsätzlich von den vorherigen Morden an migrantisch geprägten Kleinunternehmern (z.B. andere Waffen, gesellschaftliche Stellung der Opfer, körperlicher Kontakt mit den Opfern bei Entwendung von Ausrüstungsgegenständen) – gleichzeitig markiert sie das mutmaßliche Ende der Mordserie und taucht im Bekennervideo des NSU mit einer Bildcollage auf. Angesichts dieser Sonderstellung handelt es sich bei der Heilbronner Tat gewissermaßen um »einen Schlüssel« zur Aufklärung des NSU-Komplexes, wie der PUA-Vorsitzende Binninger in einem *WDR*-Radiobeitrag im April 2017 herausstellte.

Zunächst spricht laut PUA vieles gegen die Annahme, zwei Täter hätten alleine und spontan gehandelt: »Denn auch wenn man mit dem heutigen Wissen den Mord an Michèle Kiesewetter und den Mordversuch an Martin A. der Terrorgruppe NSU zurechnet (Anm. d. Verf.: Vor Bekanntwerden des NSU wurde von der bis zu 50-köpfigen »SoKo Parkplatz« in Richtung Sechs-Täter-These, deutsch-russische Mafia u.v.m. ermittelt), so stellt sich gleichwohl die Frage nach möglichen Unterstützern, unter Umständen sogar weiteren unmittelbar tatbeteiligten Personen und deren Hintergründen. Diese zentrale Frage stellt sich nicht nur für die Tat in Heilbronn, sie drängt sich dort aufgrund der Tatumstände aber in besonderer Weise auf.«

Diverse Zeugen berichteten übereinstimmend von Flüchtenden, deren Phantombilder nicht mit dem NSU-»Trio« übereinstimmen, die u.a. russisch gesprochen haben sollen, von zwei verschiedenen Fahrzeugen aufgenommen wurden und so der Fahndung unter kreisendem Helikopter entkommen seien. Der Abschlussbericht des PUA hält fest: »Sollten sämtliche beobachteten Personen an der Tat beteiligt gewesen sein, wären insgesamt sechs Personen an der Tat beteiligt gewesen.« Der PUA kritisiert insbesondere, dass nicht angemessen nach möglichen Fluchtvorkehrungen und Tatkomplizen gesucht wurde: »Die Hypothese einer gänzlich ungeplanten Zufallstat wird (...) dadurch in Zweifel gezogen, dass das durch den NSU im Zeitraum der Tat in Heilbronn angemietete Wohnmobil zunächst nur bis zum 19. April 2007 angemietet war und die Anmietung dann erst an diesem Tag telefonisch bis zum 26. oder 27. April 2007 verlängert wurde. Der Untersuchungsausschuss hielte es jedenfalls für ein plausibles Vorgehen, wenn der Hypothese einer geplanten Tat mit der gleichen Intensität ermittlerisch nachgegangen worden wäre.«

Diverse Ermittlungslinien deuten darüber hinaus auf einen persönlichen Bezug Kiesewetters zur rechtsradikalen Szene hin: Kiesewetter stammt aus einem Thüringer Dorf, in dem der Schwager des Mitangeklagten Ralf Wohlleben eine von Neonazis frequentierte Kneipe betrieb. Zudem war dieser Schwager zeitweise mit Zschäpe liiert gewesen. Kiesewetter hatte sich am Wochenende vor ihrer Ermordung in Thüringen aufgehalten. Während der erste PUA v.a. der Frage nach einer Beziehungstat nachgegangen war – und dafür keine Indizien gefunden hatte –, richtete sich die Frage nach einem Kontakt Kiesewetters in die rechte Szene im zweiten Ausschuss darauf aus, dass ihre baden-württembergische Einheit von Rechtsradikalen dominiert war. Aus Sicht der Bundesanwaltschaft spricht für die Zufallshypothese, dass Kiesewetter ihre Schicht kurzfristig am Wochenende zuvor getauscht hatte. Um sie geplant und mit entsprechender Vorbereitung auf der Heilbronner Theresienwiese zu überfallen, hätte dies den TäterInnen bekannt sein müssen. Inzwischen ist jedoch nicht mehr sicher, ob die Schichtpläne für rechtsradikale Milieus völlig intransparent waren – denn dieses potentielle Täterwissen hatte schließlich auch Timo H., der am Tattag Kiesewetters Gruppenführer war. Seine Bezüge in die rechtsradikale Szene sind auch aufgrund des PUA inzwischen gut dokumentiert: Er und ein weiterer Kollege waren 2001/2002 Mitglieder des rassistischen Ordens »European White Knights of the Ku Klux Klan« (EWK KKK). Er stand in unmittelbarem Kontakt mit Achim Schmid, dem Führungsmann (»Grand Dragon«) des EWK KKK – der wiederum selbst vom baden-württembergischen Verfassungsschutz als Spitzel geführt wurde und mit einer der zentralen Figuren der bundesdeutschen Naziszene, Thomas Richter alias V-Mann »Corelli« des BfV, bekannt war.

Vor dem Hintergrund dieser Überschneidungen erscheint es umso erstaunlicher, wie wenig im polizeilichen Umfeld von

Kiesewetter und Arnold ermittelt wurde und wie unterbelichtet die rechtsradikale Prägung ihrer Einheit dabei blieb. Ergänzend untersuchte der Ausschuss die weiteren Bezüge des NSU in die baden-württembergische Neonazi-Szene: In den 1990ern gab es circa 30 Besuche in Ludwigsburg bei Neonazis, die auch in der »Garagenliste« des NSU auftauchen. Diese Liste mit Szene-kontakten zu mutmaßlichen Unterstützern und Fluchthelfern wurde 1998 in einer NSU-Bombenwerkstatt mit Sprengstoff und Propagandamaterial gefunden, jedoch erst 2013 vollständig ausgewertet. Mundlos schrieb 1996 einen Brief an den Neonazi und späteren V-Mann Thomas St. und berichtete u.a. über die Bewaffnung der Ludwigsburger Szene, was dieser an die ihn führende Behörde weitergab – ohne Folgen.

Zunächst ist es zu begrüßen, dass diese Erkenntnisse durch die Arbeit des PUA zusammengetragen und der strategischen Version der BAW entgegengestellt werden konnten. Nicht zuletzt beauftragte der PUA acht Sachverständigengutachten, die immens wichtige Informationen und Zusammenhänge zum rechten Umfeld von NSU-Tat- und Wohnorten zusam-mentrugen. Es muss aber gleichzeitig festgestellt werden, dass die daraus nötigen Schlüsse in Richtung einer Ermittlung der rechtsradikalen Verstrickung der Polizei und des Verfas-sungsschutzes nicht konsequent gezogen werden. Großen Anteil an dieser Folgenlosigkeit hat die aktive Vertuschung und Blockadehaltung von Seiten des Verfassungsschutzes, an der der Untersuchungsausschuss wiederholt scheiterte.

Typisch für solche Behinderungen durch den Geheim-dienst ist etwa der Skandal um ein Handy des verstorbenen Nazi-Spitzels Richter (»Corelli«). Dieses Handy tauchte im Juni 2015 im Panzerschrank seines damaligen V-Mann-Führers auf, blieb allerdings monatelang unausgewertet – und erst im Mai 2016 wurde der PUA von diesem Fund unterrichtet, ohne jedoch die Daten einsehen zu können. In der Folge kamen noch mehr »Corelli«-Handys bzw. SIM-Karten zum Vorschein. Brisant daran: Richter war 18 Jahre V-Mann des BfV, hat hierfür knapp 300 000 Euro erhalten und stand auf der »Garagenliste« des NSU. Er stellte 2002 dem Fanzine »Der Weisse Wolf«, in dem sich die erste bekannte Nennung des NSU findet (»Vielen Dank an den NSU, es hat Früchte getragen ;-) Der Kampf geht weiter…«), Speicherplatz zur Verfügung und lieferte bereits 2005 (!) dem Geheimdienst eine CD namens »NSU/NSDAP«. Er wurde schließlich 2012 enttarnt und im Zeugenschutzprogramm mit einer neuen Identität ausgestattet. Richter war zudem am Aufbau des oben erwähnten Ku Klux Klan im Heilbronner Umfeld beteiligt.

Was also wussten die Verfassungsschutzbehörden durch ihre Nazi-Spitzel über den NSU? Neben vielen anderen Ungereimtheiten wäre die Auswertung der Handys von Richter vermutlich zentral für die Erörterung dieser Frage im PUA. Statt diese selbst auszuwerten, musste sich der Ausschuss jedoch auf die Angaben des BKA sowie eines Sonderermittlers verlassen – der die »Irrelevanz« der Daten bescheinigte.

»Aktion Konfetti«: Schreddern als Staatsschutz

Die Aufdeckung des umfassenden Schredderns im Kölner Bundesamt für Verfassungsschutz (BfV) als beabsichtigte Vertuschung gilt als einer der Erfolge des zweiten PUA des Bundestages – wenn auch ebenfalls weitgehend folgenlos für die Sicherheitsorgane. Während der »Aktion Konfetti« wurden am 11. November 2011 unmittelbar in den Tagen nach Enttarnung des NSU zahlreiche verfahrensrelevante Akten im BfV geschreddert. Darunter waren die Beschaffungsakten von V-Personen der Operation »Rennsteig«, die den »Thüringer

Heimatschutz« und damit das unmittelbare politische Sozialisationsumfeld des NSU-Kerntrios zum Ziel hatten. Einer dieser Nazispitzel, Michael See (»Tarif«), bekräftigte in einer PUA-Sitzung unter Ausschluss der Öffentlichkeit erneut seine Aussage über eine mögliche frühzeitige Festnahme von Mundlos, Böhnhardt und Zschäpe lange vor Beginn der Mordserie: Kurz nach deren Untertauchen 1998 sei er von einem befreundeten Kameraden, André Ka., nach einer Bleibe für das Trio gefragt worden, die er aber nach Rücksprache mit seinem V-Mann-Führer im BfV nicht bereitgestellt habe. Träfe dies zu, hätte der Verfassungsschutz zur Festnahme des Trios beitragen können und die NSU-Mordserie wäre möglicherweise verhindert worden. Der Geheimdienst dagegen bestreitet diese ihn stark belastende Darstellung, es steht Aussage gegen Aussage – und die Akten hierzu sind direkt nach Aufdeckung des NSU im Schredder gelandet.

Grundsätzlich wurde seitens der Verantwortlichen dabei wiederholt betont, dass es sich bei der Vernichtung genau solcher Akten um eine »Panne« gehandelt habe oder dass die Löschung aufgrund von Fristen notwendig gewesen sei. In der Folge befasste sich der erste PUA des Bundestages zum NSU dennoch mit dem Verdacht einer bewussten Vertuschung innerhalb des Verfassungsschutzes und lud sowohl den verantwortlichen Referatsleiter, Lothar Lingen (Dienstname), als auch den im Laufe des Schredder-Skandals zurückgetretenen Präsidenten des BfV, Heinz Fromm, als Zeugen vor. Letzterer war jedoch weit davon entfernt, eine absichtliche Aktenvernichtung einzugestehen. Fromm konnte zum damaligen Zeitpunkt im Juli 2012 vor dem Parlament noch glaubhaft verneinen, dass es für das Schreddern »irgendwann eine nachvollziehbare Erklärung geben wird«. Nachdem Lingen sein Handeln 2012 in geheimer PUA-Sitzung zu seiner Entlastung noch mit einer Mischung aus Datenschutz und Dienst nach Vorschrift begründet hatte – eine laut SPD widersprüchliche Konstruktion –, tauchte vier Jahre später folgender Sachverhalt auf, der eine solche Erklärung lieferte. Am 29. September 2016 wurde im zweiten PUA des Bundestages das Protokoll einer Vernehmung Lingens vom 24. Oktober 2014 durch das Bundeskriminalamt (BKA) bekannt, das Lingen vernommen hatte.

»Mir war bereits am 10./11. November 2011 völlig klar, dass sich die Öffentlichkeit sehr für die Quellenlage des BfV in Thüringen interessieren wird«, sagte Lingen in der Vernehmung. »Die bloße Bezifferung der seinerzeit in Thüringen vom BfV geführten Quellen mit acht, neun oder zehn Fällen hätte zu der – ja nun auch heute noch intensiv gestellten – Frage geführt, aus welchem Grunde die Verfassungsschutzbehörden über die terroristischen Aktivitäten der drei eigentlich nicht informiert worden sind. Die nackten Zahlen sprachen ja dafür, dass wir wussten, was da läuft, was aber nicht der Fall war. Und da habe ich mir gedacht, wenn der quantitative Aspekt, also die Anzahl unserer Quellen im Bereich des THS (Thüringer Heimatschutz) und in Thüringen, nicht bekannt wird, dass dann die Frage, warum das BfV von nichts gewusst hat, vielleicht gar nicht auftaucht.«

Noch 2012 konnte Fromm im ersten PUA explizit bestreiten, »dass noch andere Dinge mir zur Kenntnis gekommen wären aus der Vergangenheit, die dann irgendwann auch bekannt werden und die dann ohnehin später (…) zu einer Ruhestandsversetzung geführt hätten«. Inzwischen sind solche Dinge jedoch bekannt: Entgegen der jahrelangen offiziellen Verlautbarungen war das Schreddern der Akten kein Versehen, sondern ein bewusster Akt im BfV, um die Rolle des Geheimdienstes im NSU-Komplex zu verschleiern. Lästige justiziable und/oder parlamentarische Nachforschungen in den V-Mann-Akten aus dem Umfeld des NSU konnten damit verhindert werden: »Vernichtete Akten können (…) nicht mehr geprüft werden«, so begründete Lingen in der BKA-Vernehmung seine Anordnung zur Aktenvernichtung.

Durch Lingens Aussage gegenüber dem BKA, die er im zweiten PUA lediglich mit »ich dachte, das Gespräch sei vertraulich gewesen« kommentierte, wird zudem die Deutungsmacht der Bundesanwaltschaft (BAW) als höchste staatliche Anklagebehörde deutlicher. Die BAW beharrte im Münchner NSU-Prozess auch 2015 noch auf Aussagen, die den Geheimdienst entlasten – obwohl ihr seit 2014 das Protokoll mit Lingens Erläuterungen zur Verschleierungsabsicht vorlag. Als 2015 Vertreter der Nebenklage beantragten, den mutmaßlich für das Schreddern verantwortlichen Referatsleiter Lingen als Zeugen im NSU-Prozess zu laden, wurde dies vom Gericht – der BAW folgend – abgelehnt. Formal müsste das Aufnehmen von Strafverfolgung eigentlich die Kernaufgabe der BAW sein – stattdessen sieht sie ihre wichtigste Aufgabe in diesem Verfahren vor dem Staatsschutzsenat offensichtlich darin zu verhindern, dass die Verantwortung staatlicher Behörden bekannt wird. Entsprechend forderte sie die Ablehnung des Nebenklageantrages zur Zeugenvernehmung Lingens, obwohl sie um dessen Motivlage aufgrund der BKA-Aussage von 2014 wissen musste – und behauptete, der Nebenklageantrag sei »aufs Blaue hinein und entgegen aller bislang vorliegenden Erkenntnisse spekulativ«.

Diese Linie der Nicht-Kooperation der BAW lässt sich auch im Untersuchungsausschuss des Bundestages beobachten. Dort war im Juni 2016 mit Jochen Weingarten ein Bundesstaatsanwalt als Zeuge geladen, der seit November 2011 mit den Ermittlungen zum NSU betraut ist und als Prozessvertreter für seine Behörde im Münchner NSU-Strafprozess sitzt. Weingarten selbst hatte im Oktober 2014 die besagte BKA-Vernehmung von Lingen geleitet. Seine brisanten Erkenntnisse aus dieser Vernehmung teilte er den Abgeordneten nicht mit. Stattdessen vermittelte er während der fünfstündigen Befragung durchgehend den Eindruck, dass die BAW lediglich ermittelt, sofern es ihrer offiziellen Zwei-Täter-Theorie nicht widerspricht, der zufolge allein Böhnhardt und Mundlos die zehn Morde, 15 Banküberfälle und drei Sprengstoffanschläge begangen haben sollen. Ob Zeugen, die von einem Kenn- und Arbeitsverhältnis des V-Mannes Ralf M. (»Primus«) mit dem NSU-Trio berichten, ob ungeklärte DNA-Spuren an Tatorten oder umgekehrt fehlende DNA der mutmaßlich alleinigen Täter Böhnhardt und Mundlos an sämtlichen 28 NSU-Tatorten – Weingarten bezweifelte die Glaubwürdigkeit der Zeugen, berief sich auf Geheimhaltungspflichten oder spielte Ungereimtheiten herunter. Sein Auftreten im Ausschuss war an Dreistigkeit und Arroganz – gedeckt und unterstützt von den ständig anwesenden Vertretern der Bundesregierung und der Sicherheitsdienste im Gremium – kaum zu überbieten, doch zu mehr als gelegentlichen verbalen Unmutsäußerungen waren die Ausschussmitglieder nicht in der Lage und/oder willens. Wohlgemerkt: Weingarten stellt dabei nur die Spitze dar, weitere Vertreter der BAW (Anette Greger, Herbert Diemer) bemühten sich ebenso, das staatsseitige Narrativ des »isolierten NSU-Trios« zu bekräftigen.

Diese Hilf- bzw. Harmlosigkeit des Parlamentes gegenüber Vertretern der Exekutive verdeutlicht nochmals die Grenzen der Aufklärung im NSU-Komplex: Trotz aller berechtigten Zweifel setzt sich die BAW mit ihrer Version des NSU durch, nach der die staatlichen Sicherheitsapparate keinerlei Verantwortung für den rechten Terror tragen. In den letzten beiden öffentlichen Sitzungen des PUA waren mit

Fromm (BfV-Präsident 2000-2012) und Maaßen (BfV-Präsident seit 2012) sowie Diemer (BAW) ranghohe Vertreter der bundesdeutschen Sicherheitsbehörden geladen. Auch wenn die Abgeordneten diese Zeugen mit vielen Ungereimtheiten konfrontierten und ihnen fehlenden bzw. einseitigen Aufklärungswillen vorwarfen, zeigte sich das parlamentarische Gremium zum Abschluss besonders harmlos: Mehr als eine lästige Vorladung mitsamt stundenlanger Befragung durch die Parlamentarier haben die Behördenspitzen in aller Regel nicht zu befürchten.

Staatswohl statt Aufklärung?

Die BAW hat in ihrem Agieren als oberste Anklagebehörde den inneren Zusammenhalt der Sicherheitsbehörden im NSU-Komplex insgesamt veranschaulicht. Der Kitt, der diesen Zusammenhalt oftmals konkurrierender und widerstreitender Apparate ermöglicht, lässt sich am besten mit »Staatsraison« umschreiben, der sich die einzelnen Akteure verbunden und verpflichtet fühlen. Diese den Apparaten und ihrem Personal strukturell eingeschriebene Staatsraison steht einer fundamentalen, behördenkritischen und damit offenbar schon »staatswohlgefährdenden« Aufklärung des NSU-Komplexes entgegen – ob im Münchner Strafprozess oder in den parlamentarischen Untersuchungsausschüssen. Konkreter Ausdruck dieser Staatsraison im NSU-Komplex ist die Bezugnahme auf das »Staatswohl«, wie sie etwa exemplarisch von Klaus-Dieter Fritsche (CSU) vorgenommen wurde. Fritsche war im ersten PUA des Bundestages als Zeuge geladen, da er als Vizepräsident des BfV (1996-2005) und Geheimdienstkoordinator im Bundeskanzleramt (2005-2009) zentrale Stellen im Sicherheitsapparat während der NSU-Taten innehatte.

Vor dem PUA sagte Fritsche: »Die Funktionsfähigkeit und das Wohl des Staates und seiner Behörden ist in einem Kernbereich besonders geschützt. Es dürfen keine Staatsgeheimnisse bekannt werden, die ein Regierungshandeln unterminieren. Es darf auch nicht so weit kommen, dass jeder Verfassungsfeind und Straftäter am Ende genau weiß, wie Sicherheitsbehörden operativ arbeiten und welche V-Leute und verdeckten Ermittler im Auftrag des Staates eingesetzt sind. Es gilt der Grundsatz ›Kenntnis nur wenn nötig‹. Das gilt sogar innerhalb der Exekutive.«

Fritsches Aussage vor dem Untersuchungsausschuss zum NSU schränkt die von Merkel und anderen Politikern versprochene Aufklärung im NSU-Komplex wesentlich ein: Die »Funktionsfähigkeit und das Wohl des Staates und seiner Behörden« stünden in einem nicht näher definierten Kernbereich unter besonderem Schutz – auch innerhalb der Exekutive und damit erst recht gegenüber parlamentarischen Kontrollgremien und der Öffentlichkeit. Entscheidend ist, dass die Definition von »Staatswohl« und »funktionierendem Regierungshandeln« dabei geheim ist bzw. den Geheimdiensten vorbehalten bleibt, die im Verborgenen als »Dienstleister für die Demokratie« (BfV-Präsident Maaßen) die freiheitliche demokratische Grundordnung schützen. In seltener Offenheit hat Fritsche damit gegenüber dem Bundestag ein undemokratisch definiertes Staatswohl zum obersten Staatsziel erklärt. Die konsequente Aufklärung des NSU-Komplexes und der Verstrickungen der Behörden erscheint demgegenüber als nachrangig und sogar als kontraproduktiv, wenn durch eine Aufklärung das Staatswohl gefährdet und das Regierungshandeln unterminiert werden könnte. Ob und inwiefern etwa das Schreddern von aufklärungsrelevanten V-Mann-Akten im BfV dem Staatswohl geschuldet ist, muss definitionsgemäß im Unklaren bleiben. Jedenfalls scheint auch Merkel mit einem solchen Verständnis von Staatsschutz über das eingangs zitierte Lippenbekenntnis hinaus zufrieden zu sein. Das geht nicht nur aus ihren Äußerungen – »Geheimes (…) muss geheim bleiben können« – hervor, sondern auch aus ihrer Personalpolitik: Seit 2014 ist ebenjener Fritsche Merkels Staatssekretär im Bundeskanzleramt und Beauftragter für die Nachrichtendienste des Bundes und damit ranghöchster Beamter der Inneren Sicherheit.

Die beschriebenen Umstände hätten laut dem Berliner Politikwissenschaftler Hajo Funke eigentlich das Zeug zu einer handfesten »Staatsaffäre« – wenn sich denn mehr Menschen dafür interessieren würden. Für diejenigen, die sich mit dem anti-demokratischen und autoritären Selbstverständnis von Fritsche und Co. auseinandersetzen, liegt es zunächst nahe, sich über die gesellschaftliche Ohnmacht zu beschweren, die angesichts des selbstbewusst zu Schau gestellten staatlichen Unwillens zur Aufklärung allzu erdrückend wirkt. Ein Blick in sozialwissenschaftliche Theorien kann darüber hinaus helfen, die vollkommen berechtigte Empörung über den NSU-Komplex in einen breiteren Kontext zu stellen. Bislang mangelt es allerdings noch an Zugängen zum Thema Staatsraison im Spannungsfeld von NSU-Aufklärung und Staatsschutz, die ein grundsätzlich materialistisches Verständnis für staatliche Machtverhältnisse anlegen (Ausnahmen sind etwa der von Juliane Karakayali und anderen herausgegebene Sammelband »Den NSU-Komplex analysieren« oder Maximilian Pichls Arbeit über den »NSU-Mord in Kassel – eine Geschichte deutscher Staatsapparate und ihrer Skandale«). Erfreulicherweise zeichnen etliche Beiträge von Andrea Röpke, Andreas Förster, Stefan Aust, Dirk Laabs oder Patrick Gensing die Geschichte und Gegenwart rechter Gewalt in Deutschland bis zum NSU anhand zahlreicher Beispiele nach und machen dabei allesamt die Grenzen einer umfassenden Aufklärung deutlich. Was jedoch oftmals fehlt, ist eine Erklärung, die sich ganz grundsätzlich mit der rechten Schlagseite der Staatsraison befasst: Der Staat ist eben nicht »auf dem rechten Auge blind« im Sinne eines zufälligen Handicaps, sondern hat an dieser einseitigen Perspektive ein strukturelles Interesse.

Um den NSU-Komplex und seine Bearbeitung staatstheoretisch zu verstehen, ist es daher notwendig, über die staatsseitige Konstruktion von »Funktionsfähigkeit« und »Wohl des Staates und seiner Behörden« nachzudenken. Damit lässt sich der von Fritsche angesprochene, besonders zu schützende »Kernbereich« konkretisieren und nachvollziehen, worin die Beschränkungen der Möglichkeiten rechtsstaatlicher Aufklärung etwa in parlamentarischen Untersuchungsausschüssen liegen bzw. inwiefern Aufklärung dem »Staatswohl« gegenübersteht.

Grundsätzlich besteht aus einer kritischen Perspektive auf den bürgerlich-kapitalistischen Staat seine zentrale Aufgabe darin, mittels allgemeiner Gesetze sowohl die rechtliche Gleichheit aller Bürger als auch das Privateigentum zu sichern. Der Münchner Soziologe Stephan Lessenich beschreibt den Staat entsprechend als eine »Ermöglichungsagentur kapitalistischer Bewegung« – als Steuerstaat ist er auf wirtschaftliche Prosperität angewiesen. Infolgedessen ist er auch politisch nicht neutral gegenüber verschiedenen gesellschaftspolitischen Kräften, sondern parteiisch und mit eigenen Interessen ausgestattet. Kurz gesagt hat ein kapitalistischer Staat ein strukturelles Eigeninteresse an den für Wirtschaftswachstum nötigen Rahmenbedingungen. Das gilt relativ unabhängig davon, welche Parteien und Politiker gerade die politischen Positionen im Staat besetzen: Auf Dauer kann nicht gegen diesen Kern der Staatsraison agiert werden.

Daraus folgend lassen sich Staatsbehörden ideologisch tendenziell eher rechts und gegen linke Ideen, die sich oftmals gegen den Staat und die kapitalistische Verwertungslogik richten, beschreiben. Im Unterschied dazu haben Rechtskonservative und Nazis mit einem mächtigen Staat, Geheimdiensten und staatlichen Institutionen, die der parlamentarischen Kontrolle weitgehend entzogen sind, grundsätzlich weniger Probleme, da ihr vigilantistisches Selbstverständnis eher auf die Erhaltung oder Verstärkung des rassistischen Normalzustands abzielt. Gerade die sogenannten »repressiven Apparate« (damit bezeichnete der französische Philosoph Louis Althusser alle in erster Linie mit Gewalt funktionierenden Institutionen – Justiz, Polizei, Militär, Geheimdienste) stehen strukturell einem rechten Normensystem nahe.

Die ideologische Rechtslastigkeit und der entsprechende Korpsgeist – wie sie auch in Michèle Kiesewetters Polizeieinheit deutlich wurden – hängen wiederum eng mit der Personalrekrutierung vor allem in genau diesen repressiven Staatsapparaten zusammen. Besonders dort reproduzieren sich eher rechtskonservative und autoritäre Milieus. Eine Studie des Rechtswissenschaftlers Franz Streng zur Kriminalitätswahrnehmung und Punitivität (Straflust) junger Juristen, die überwiegend das zukünftige (höhere) Personal in diesen repressiven Apparaten stellen, hatte 2014 zum Ergebnis, dass ein Drittel der Jurastudenten die Todesstrafe befürwortet und die Hälfte Folter in bestimmten Fällen für zulässig betrachtet. Wie gut ein rechtes Weltbild auch in der Praxis mit einer Karriere in den Sicherheitsapparaten vereinbar ist, zeigt beispielhaft, dass mit Maaßen ein Rechtsaußen und Kirchenasylfeind auf Fromm als Präsident des BfV folgte. In Sachsen ist mit Gordian Meyer-Plath ein »Alter Herr« der rechten Burschenschaft Marchia Bonn Präsident des Landesamts für

Verfassungsschutz. Bereits vor über 25 Jahren – als die späteren Mitglieder des NSU ihre grundlegende politische Sozialisation erfuhren – warf die Diskussion über den hohen Anteil von Anhängern der rechtskonservativen bis -radikalen Partei Die Republikaner unter Polizisten ein Schlaglicht auf die Verbreitung gruppenbezogener menschenfeindlicher Einstellungen in den Sicherheitsapparaten.

Entscheidend ist im vorliegenden Zusammenhang jedoch weniger die rechte und rassistische Einstellung einzelner Personen, sondern vielmehr die Struktur, die dahinter steht und dafür verantwortlich ist, dass der Staat selbst grundsätzlich wenig Interesse an einer Problematisierung rechter Positionen hat (lesenswert dazu die Studie »Staatsanwaltschaftlicher Umgang mit rechter und rassistischer Gewalt« von Isabella Greif und Fiona Schmidt, die sowohl den NSU-Komplex als auch das Oktoberfestattentat betrachten). Dieses Interesse ist umso geringer, je mehr die Gefahr besteht, dass aus einer Problematisierung eine »Staatsaffäre« erwachsen könnte – so auch im Fall des NSU-Komplexes, in dem deutsche Behörden über Jahre hinweg mindestens im Umfeld des neonazistischen Terrornetzwerks tätig waren.

Eine hilfreiche Kategorie zur Erklärung dieser Rechtslastigkeit ist der vom griechischen Staatstheoretiker Nicos Poulantzas geprägte Begriff der strukturellen Selektivität, der zufolge die unterschiedlichen Staatsapparate manchen gesellschaftlichen Kräften gegenüber offener sind als anderen. Die staatlichen Apparate filtern sozusagen bestimmte Politiken und politische Kräfte: Strukturell sind im bürgerlichen Staat die Kapitalakkumulation und damit die Interessen des Kapitals wichtig und besonders schützenswert (und damit für »Staatsschutz« konstitutiv). Die einzelnen Behörden weisen dabei widersprüchliche Selektivitäten auf, weshalb nur sehr verkürzt von »dem Staat« gesprochen werden kann. Poulantzas spricht von einer »Prioritätendetermination« in den verschiedenen Staatsapparaten. Auf den NSU-Komplex bezogen sind dementsprechend eine funktionierende Wirtschaft und das Vertrauen des Kapitals in die (rechtsstaatlichen) Institutionen wichtiger für das Staatswohl als das Aufklären von Morden an Menschen, die als Migranten identifiziert werden: Deren Verunsicherung angesichts einer (nicht aufgeklärten) rassistischen Mordserie erscheint demgegenüber als *relativ* irrelevant. Nicht zuletzt diese Prioritätensetzung bringt den kapitalismusimmanenten Rassismus zum Ausdruck. Damit meinen wir, dass Rassismus strukturell in unserem Gesellschaftssystem angelegt ist und weit über die politische Einstellung Einzelner hinausreicht. Deshalb greift es auch zu kurz, auf einen »Mentalitätswandel« in den Diensten zu setzen – die Empörung über rechte Ermittler und Spitzel ist zwar völlig berechtigt, sollte aber nicht darüber hinwegtäuschen, dass es sich um ein grundsätzliches Problem des gegenwärtigen Staatswesens handelt.

Um die Dominanz rechter Interessen in bestimmten Staatsapparaten besser zu verstehen, ist zudem eine Erweiterung des Staatsbegriffes hilfreich: Hierzu lässt sich in Anlehnung an den italienischen Philosophen Antonio Gramsci zwischen einem erweiterten, integralen und einem engen, politischen Staat unterscheiden. Der erweiterte Staat umfasst dabei die sogenannte Zivilgesellschaft, die sich in Vereinen, Schulen, Gewerkschaften, Initiativen, Öffentlichkeit oder Kirchen als Gesamtheit der gesellschaftlichen Formen direkt und indirekt auf den Staat und dessen Ordnung bezieht. Der enge Staat hingegen meint die Staatsapparate, also die politischen und rechtlichen Institutionen und Prozesse, die üblicherweise dem Staatsgebilde zugerechnet werden. In den politischen Apparaten ist mittels des Gewaltmonopols mehr Gewalt und

Zwang möglich (aber eben auch manchmal notwendig), um zu garantieren, dass sich eine bestimmte Konstruktion von Staatswohl allgemein durchsetzt. Es gibt also eine hegemoniale Deutung, was mit Staatswohl gemeint ist und was nicht. Im NSU-Komplex gilt offiziell, dass es sich bei aller staatsseitigen Verantwortung um Pannen handele. Im erweiterten Staat der Zivilgesellschaft geht es dagegen potenziell liberaler zu, womit dort auch mehr Spielraum besteht als im engeren Staat – etwa für das Anzweifeln des »Pannen«-Narrativs und für moralische Empörung. Allerdings ist der aktive Konsens oder die mindestens passive Zustimmung der zivilen Gesellschaft wesentlicher Bestandteil der Hegemonie.

Und genau diese Verortung der Hegemonie nicht nur im politischen Staat, sondern auch in der Zivilgesellschaft kann zu einer Erklärung beitragen, warum die Sicherheitsbehörden ihre intransparente und anti-demokratische Form des Staatsschutzes derart offensiv betreiben können: Es fehlt die Skandalisierung und der politische, öffentliche und mediale Druck in Reaktion auf die immer wiederkehrenden Aufklärungsbehinderungen der Apparate – das ist der Beitrag des weiteren Staates zum Vorrang des (Mit-)Täterschutzes vor Aufklärung in einer rechtsterroristischen Mordserie. So ernüchternd es ist: Es muss demnach ein hegemoniales Desinteresse an einer Aufklärung der NSU-Morde und des gesamten NSU-Komplexes konstatiert werden – eine Hegemonie, die sich nicht nur auf das staatliche Feld beschränkt, sondern auch die »Staatsgläubigkeit« der Zivilgesellschaft einschließt: Es gibt keine Großdemonstrationen, keine (General-)Streiks, keine Blockaden von Autobahnen (wie etwa noch 2007 in Hessen anlässlich der vergleichsweise banalen Studiengebühren) oder andere Formen zivilen Ungehorsams, die das Ausbleiben von Aufklärung skandalisieren. Nichts verleiht der Forderung vehement Ausdruck, es müsse auszuschließen sein, dass die deutschen Sicherheitsbehörden rassistischen Terror decken oder gar unterstützen – entsprechend harmlos bleibt auch der zweite NSU-Abschlussbericht des Bundestages.

Ein Grund dafür scheint zu sein, dass der rechtsradikale Terror vor allem Migranten, Schwule, Obdachlose, Antifaschisten, People of Color oder Geflüchtete trifft und sich die weiße Mehrheitsgesellschaft, die bislang nicht unmittelbar betroffen ist, passiv dazu verhält. Im Ergebnis drückt sich diese passive Zustimmung zur rassistischen Praxis jedenfalls als jenes hegemoniale Desinteresse aus, in dessen Rahmen die Sicherheitsbehörden weitgehend ungehindert und vor allem folgenlos ihren selbstdefinierten Staatsschutz, der einer Aufklärung des NSU-Komplexes entgegensteht, betreiben können. Hätte der NSU seinen Terror dagegen auf sogenannte Funktionsträger in der deutschen Gesellschaft gerichtet, deren Bedeutung anscheinend über der der hingerichteten migrantischen Kleinunternehmer liegt, etwa Unternehmer, Verbandsfunktionäre oder Politiker, hätte dies sehr wahrscheinlich zu einer deutlich intensiveren und kritischeren Berichterstattung geführt. Die staatlichen Aufklärungsbemühungen wären immens, um den Glauben an Rechtsstaatlichkeit und das Vertrauen in die Institutionen genau dieser gesellschaftsrelevanten Akteure sicherzustellen.

In den 1970ern schrieb der Soziologe Claus Offe von der »strukturellen Privilegierung derjenigen Interessengruppen und Funktionsbereiche, die zwar nicht aufgrund deklarierter gemeinsamer Interessen, so doch ihrer funktionalen Unentbehrlichkeit wegen bevorzugt in den Genuss politischer Subventionen kommen«. Genau diese in der Struktur des Staates angelegte Bevorteilung bestimmter Gesellschaftsgruppen würde den Einsatz der oft zitierten ganzen Härte des Rechtsstaats bewirken, wie es etwa im Kontext des linksradikalen Terrors in den 1970er Jahren der Fall war. Demgegenüber sind die Morde an migrantischen Mitbürgern – die Hinrichtung der Polizistin Kiesewetter davon ausgenommen – offenbar nicht ausreichend relevant und ihre Aufklärung deshalb nicht zwingend nötig. Sie provozieren über einen vorübergehenden Medienhype (Stichwort »Dönermorde«) und die langfristige Verunsicherung der migrantischen Community hinaus »keine systemrelevanten Risiken« für das Staatswohl, wie Offe ausführt, da die betroffenen sozialen Gruppen im kapitalistischen Staat strukturell vernachlässigt werden.

Der PUA des Bundestages geriet immer dort an seine Grenzen, wo es um die Rolle staatlicher Behörden im NSU-Komplex ging. Solange sich die Abgeordneten mit Verweisen auf eine drohende »Gefährdung des Staatswohls« und mit geheimen Sitzungen abfanden, setzte sich der Ausschuss selbst eine fundamentale Grenze der Aufklärung. Konsensprinzip und Überparteilichkeit waren wesentliche Kennzeichen des Untersuchungsausschusses zum NSU, sie sind jedoch zugleich auch Gründe für seine Limitationen: Eine notwendige Politisierung der immer wiederkehrenden Skandale und Vertuschungen ist so kaum möglich; die Ausschussarbeit verbleibt stattdessen auf einer allzu vorsichtigen Sachebene, die die Regierungspraxis von Sicherheitsbehörden, die das Staatswohl definieren, nicht per se in Frage stellt. Der PUA des Bundestages (und die der Länder) tragen dadurch zur Festigung einer Staatsraison bei, die Staatsschutz vor Schutz seiner Bürger und Quellenschutz vor Aufklärung mörderischen Rechtsterrors stellt. Diese Ausschüsse unterliegen somit parteipolitischen und strukturellen Zwängen, die aus vergangenen, gegenwärtigen und/oder zukünftigen Regierungsverantwortungen, aber auch allgemein aus ihrer Verbundenheit mit dem Staatswohl in einer bürgerlich-kapitalistischen Gesellschaft resultieren.

Dennoch ist es ein Verdienst der Arbeit der Untersuchungsausschüsse, zu verdeutlichen, wo diese Grenzen verlaufen,
wenn sich Staatsschutz konkret als Aufklärungsbehinderung
zeigt: Letztlich wird dadurch sichtbar, wie weit entfernt die
Exekutive von demokratischer Kontrolle agieren kann. So
wurde etwa erst durch den Untersuchungsausschuss des hessischen Parlaments die Existenz eines internen 250-seitigen
Berichts über den NSU-Mord in Kassel 2006 und mögliches
Täterwissen im LfV-Hessen bekannt. Der Inhalt bleibt jedoch
aus Gründen des »Staatswohls« als streng geheim klassifiziert
– und dies für 120 (!) Jahre. Parlamentarische Aufklärung ist
damit für die nächsten 30 Legislaturperioden »aufgeschoben«.
Eine kritische Öffentlichkeit, die Interesse an fundamentaler
Aufklärung hat und damit notfalls auch das geheimdienstlich
definierte »Staatswohl« schädigt, muss die Möglichkeiten der
NSU-Untersuchungsausschüsse – etwa partielle Akteneinsicht,
Zeugenvernehmungen etc. – für eigene Analysen, Informationen und Kritik nutzen. Sie darf sich aber nicht allein auf die
parlamentarischen Akteure verlassen. Nicht zu vergessen: Das-
selbe Parlament, das den Abschlussbericht des PUA einstimmig
angenommen hat, hat allen Erkenntnissen des Ausschusses
zum Trotz die Ausweitung des Spielraums des BfV im Hinblick
auf das Führen straffälliger V-Personen beschlossen.

Um dem NSU-Komplex gesellschaftliche Relevanz zu
verleihen, bräuchte es darüber hinaus entschiedene Formen
politischer Auseinandersetzungen und zivilgesellschaftlichen
Ungehorsams, um den Druck auf die staatlichen Apparate
und die Kosten der Nichtaufklärung – nicht zuletzt auch in
parlamentarischen Untersuchungsausschüssen – in die Höhe
zu treiben. Erst wenn zum Beispiel das deutsche Bruttoinlands-
produkt oder das Investitionsklima beeinträchtigt wären, käme
man dem harten Kern des bürgerlichen Staatswesens etwas

näher, und die Definition von Staatsschutz könnte und müsste sich dahingehend verändern, dass die Offenlegung der Hintermänner und der Rolle staatlicher Strukturen im NSU-Komplex Staatsraison wird. Solange allerdings das hegemoniale Desinteresse – zum Beispiel die allgemeine Ignoranz gegenüber dem Kölner NSU-Tribunal und der vielfach hervorragenden Arbeit investigativer Journalisten, die sich am NSU abarbeiten und die skandalöse Rolle der Behörden kritisieren – nicht durchbrochen wird und die Forderung nach Aufklärung lediglich eine untergeordnete Rolle in den öffentlichen Diskursen spielt, steht die Staatsraison einer fundamentalen Aufklärung des NSU entgegen. Es wäre die zivilgesellschaftliche Verantwortung, diese strukturelle Schieflage im kapitalistischen Staat zu erkennen und daraus die richtigen Lehren zu ziehen. Wer den NSU-Komplex mitsamt der staatlichen Mitverantwortung tatsächlich aufklären möchte, muss eine staatskritische Perspektive einnehmen und somit konsequenterweise auch eine Gefährdung des »Staatswohls« in Kauf nehmen – statt staatlichen Akteuren wie dem PUA die alleinige Rolle des Aufklärers zuzuschreiben und den NSU-Komplex mit dem Ende des Prozesses im Münchner Staatsschutzsenat und der Verurteilung einiger weniger Mitglieder und Unterstützer des NSU abzuhaken.

Unter den gegebenen Bedingungen wird die Forderung nach Aufklärung allerdings nur von wenigen zivilgesellschaftlichen Gruppen und an den kritischen Rändern der Öffentlichkeit erhoben. Dem Versagen und der Vertuschung der staatlichen Apparate – denen des engeren Staates – folgte und folgt ein Versagen des zivilgesellschaftlichen weiteren Staates, der den jahrelangen rassistischen Terror auch nach dessen Enttarnung weiterhin mit Desinteresse belohnt und damit an der Festigung einer menschenverachtenden Staatsraison entscheidend mitwirkt. Rechtsterroristische Verstrickungen deutscher Behörden sind damit jedenfalls nicht zu verhindern. Vor diesem Hintergrund steht zu befürchten, dass auch in Zukunft über verdienstvolle, dabei jedoch weitgehend vergebliche Aufklärungsversuche geschrieben werden muss.

»Das Aufklärungsversprechen als oberste deutsche Anklagebehörde gebrochen«

Aus dem Plädoyer von Sebastian Scharmer, Anwalt
von Gamze Kubaşık, der Tochter von Mehmet Kubaşık

Gamze Kubaşık und ihre Familie wurden systematisch selbst verdächtigt. Selbst wenn dies nicht ausdrücklich von der Polizei gewollt war, hat es doch auch im Umfeld der Familie zu erheblichen Folgen geführt. (...) Die Familie wurde nach und nach ausgegrenzt. Legenden bildeten sich von angeblich organisierter Kriminalität, Drogenhandel oder Geldschulden. Nichts davon hat gestimmt. Für Gamze Kubaşık ist ihr Vater dadurch ein zweites Mal ermordet worden. Sein Andenken wurde geschändet. (...) Diese Folgen sind zwar maßgeblich, aber nicht allein den strukturell rassistisch geführten Ermittlungen zuzuordnen. Sie waren auch – spätestens ab dem zweiten begangenen Mord – dem NSU selbst zuzurechnen. (...) Der NSU hat die strukturell rassistische Vorgehensweise der Ermittlungsbehörden für seine Zwecke genutzt.

(...) »Wir tun alles, um die Morde aufzuklären und die Helfershelfer und Hintermänner aufzudecken und alle Täter ihrer gerechten Strafe zuzuführen.« Dieses Versprechen gab keine Anwältin und kein Anwalt, sondern am 23. Februar 2012 die Bundeskanzlerin der Bundesrepublik Deutschland. Und wenn schon nicht Sie als oberste deutsche Anklagebehörde, meine Damen und Herren, Vertreter des Generalbundesanwaltes, dann haben zumindest wir Vertreter der Verletzten, die diese, dem Versprechen der Bundeskanzlerin entsprechende Forderung unserer

Mandantinnen und Mandaten ernst nehmen, hier knapp 400 Tage nicht locker gelassen, um Licht ins Dunkel zu bringen.

Wer dagegen konsequent gegen dieses Anliegen gearbeitet hat, waren Sie, Herr Dr. Diemer, Frau Oberstaatsanwältin Greger und Herr Oberstaatsanwalt Weingarten. Es waren Sie, die immer dann, wenn unsere dezidiert ausgearbeiteten Beweisanträge darauf abzielten, weitere Mittäter, Beihelfer oder Unterstützer des Terrornetzwerkes NSU zu ermitteln und hier als Zeugen zu verhören, abblockten. Es waren Sie, die stets erklärt haben, dass diese Aufklärung in diesem Verfahren vor diesem Gericht keine Rolle spielen soll, weil es hier allein um die Schuld und Rechtsfolgenfrage für eben diese fünf Angeklagten gehen würde. Wenn das Ihre Auffassung von der Aufklärungspflicht des Senats in diesem Verfahren ist, okay. Aber dann sagen Sie das bitte auch! Dann können Sie am Ende dieses Verfahrens nicht etwa behaupten, dass in diesem Verfahren jeder Stein auch zu dieser Frage umgedreht wurde, aber eben nichts gefunden worden sei. Das ist schlichtweg falsch, und das wissen Sie!

(...) Es soll ein Schlussstrich gezogen werden. Der Generalbundesanwalt setzt eine Käseglocke über diese fünf Angeklagten. Rechter Terror: das Werk von isolierten Einzeltätern, von einer elitären Kleingruppe, die selbst von der rechten Szene abgegrenzt agierte. Das hätten Sie vielleicht gern, meine Damen und Herren von der Bundesanwaltschaft, denn das würde im Nachhinein – wie Sie es hier auch propagieren – einen Persilschein für die über 13 Jahre konsequent in die falsche Richtung ermittelnden Behörden, die tief in die rechte Szene involvierten Verfassungsschutzämter und letztlich auch für Ihr eigenes Versagen nach dem 4. November 2011 ausstellen. Sie können sich gewiss sein, von meiner Mandantin Gamze Kubaşık erhalten Sie diesen Persilschein nicht. Aus ihrer Sicht haben Sie das Aufklärungsversprechen als oberste deutsche Anklagebehörde gebrochen.

(...) Wenn Sie aber, Herr Bundesanwalt Dr. Diemer, hier sich gleichzeitig mit der nachvollziehbaren Argumentation des Schuldspruchs der fünf Angeklagten in einen Versuch der Heiligsprechung von Ermittlungsbehörden und Verfassungsschutzämtern und nicht zuletzt der eigenen Behörde avancieren, wünschte sich meine Mandantin, dass sie das als »Fliegengesurre« – wie Sie es selbst formuliert haben – abtun könnte. Das ist leider mitnichten so, denn für Gamze Kubaşık steht der Generalbundesanwalt insofern leider den Verfassungsschutzämtern in punkto Intransparenz, mangelnder Aufklärung und intoleranter Versuche der Deutungshoheit über den NSU-Komplex in nichts nach.

Was man aus dem RAF-Prozess hätte lernen können

Der Fall Verena Becker und Parallelen zum Komplex des Nationalsozialistischen Untergrunds

Michael Buback

Mit dem Urteil gegen Verena Becker vom 6. Juli 2012 und der Einstellung des Ermittlungsverfahrens gegen Stefan Wisniewski im Jahre 2016 ist das Attentatsgeschehen am Gründonnerstag 1977, dem Generalbundesanwalt Siegfried Buback und seine Begleiter Wolfgang Göbel und Georg Wurster in Karlsruhe zum Opfer fielen, juristisch abgeschlossen. Eine Feststellung der Täter gelang der Justiz dabei jedoch nicht. Im Urteil steht, drei männliche Täter hätten das Verbrechen begangen, der Senat kann aber deren Namen nicht nennen, sodass unklar bleibt, woher der Senat weiß, dass es ausschließlich Männer waren. Es müsste für die Justiz wie eine offene Wunde sein, dass sie in mehreren Jahrzehnten nicht in der Lage war, das Karlsruher Verbrechen aufzuklären. Dabei erscheint dessen Klärung nicht sonderlich schwierig. Gravierende Fehler und Unterlassungen bei den Ermittlungen haben die Aufklärung behindert.

Die Zusammenarbeitsrichtlinien

Eine Erklärung für die Fehlleistungen der Ermittler können die Richtlinien für die Zusammenarbeit der Verfassungsschutzbehörden, des Bundesnachrichtendienstes (BND) und des Militärischen Abschirmdienstes (MAD), der Polizei und der Strafverfolgungsbehörden in Staatsschutzangelegenheiten (= »Zusammenarbeitsrichtlinien«) bieten, die im Juli 1973 in Kraft getreten sind und noch lange nach dem Karlsruher Attentat Gültigkeit besaßen. Darin heißt es in § 11(2): »Halten Verfassungsschutzbehörde, Bundesnachrichtendienst oder Militärischer Abschirmdienst aus operativen oder sonst gewichtigen Gründen einen Aufschub der polizeilichen Ermittlungstätigkeit für geboten, so setzen sie sich unmittelbar mit der zuständigen Staatsanwaltschaft in Verbindung und verständigen hiervon unverzüglich die Polizei. Diese hält auf Weisung der Staatsanwaltschaft mit den weiteren Ermittlungen inne.« Paragraf 14 dieser Richtlinien lautet: »Die Strafverfolgungsbehörden beachten unter Berücksichtigung der Belange des Verfahrens das Sicherheitsinteresse der Verfassungsschutzbehörden, des Bundesnachrichtendienstes und des Militärischen Abschirmdienstes. Dies gilt insbesondere dann, wenn sich Anhaltspunkte dafür ergeben, dass ein Beschuldigter, Zeuge oder sonst am Verfahren Beteiligter geheimer Mitarbeiter der genannten Behörden ist oder war.« Die vollständige Richtlinie kann im »Handbuch des Verfassungsschutzrechts« von Bernadette Droste (Boorberg Verlag, Stuttgart, 2007) nachgelesen werden.

Geheimdienst-Kooperation von Terroristen

Die inzwischen bekannt gewordene Kooperation der in Stuttgart angeklagten Verena Becker mit dem Verfassungsschutz als dessen geheime Informantin kann erklären, dass noch immer, mehr als 40 Jahre nach dem Karlsruher Verbrechen, Dokumente und Aktenteile mit Bezug auf das Attentat gesperrt sind. Aufgrund dieses Zusammenwirkens ist davon auszugehen, dass Verena Becker mit Zusagen von staatlicher

Seite ausgestattet war. Wenn eine derartig geschützte Person von einer staatlichen Behörde wie der Bundesanwaltschaft als Mörderin angeklagt wird, bedarf es keiner großen Phantasie, um zu ahnen, dass ein solcher Prozess keine günstigen Perspektiven für die Klärung des Verbrechens bietet.

Die Aufklärungsquote der RAF-Verbrechen ist gering: Von den insgesamt 34 Morden, die der RAF zugerechnet werden, ist lediglich das Verbrechen an Jürgen Ponto vollständig geklärt. Hierbei war allerdings kein hoher Ermittlungsaufwand nötig, denn die Ehefrau des Opfers hatte die Täter durch einen Türspalt bei der Tat beobachtet. Es ist somit nicht auszuschließen, dass bei weiteren terroristischen Verbrechen die »Zusammenarbeitsrichtlinien« wirksam wurden. In Verbindung mit dem NSU-Verfahren wäre es interessant zu erfahren, ob derartige Richtlinien noch heute gelten. Für den NSU-Prozess bin ich kein Experte, denn ich war nur einen Vormittag bei der Münchner Verhandlung. Mein Eindruck war allerdings, dass diese Zeitspanne ausreichte, um zu erkennen, dass ich in diesem Verfahren nicht sehr viel Neues lernen kann, nachdem ich fast zwei Jahre als Nebenkläger an dem Stuttgarter RAF-Prozess teilgenommen habe.

Ein wesentliches, den Stuttgarter RAF-Prozess und den Münchner NSU-Prozess verbindendes Element sind in meinen Augen Kooperationen staatlicher Stellen mit Terroristen oder mit diesen nahe stehenden Personen. Solche Kooperationen sind ein Grundübel und für beide Seiten sehr unangenehm: für die Terroristen, die den Staat ja bekämpfen, und für staatliche Stellen, die vor Terror schützen sollen. Es ist somit nachvollziehbar, dass die Modalitäten solcher Zusammenarbeit möglichst nicht öffentlich bekannt werden sollen, vor allem nicht, wenn gravierende Verbrechen geschehen sind.

Bei dem Zusammenwirken von Geheimdiensten mit Terroristen können in der Strafverfolgung durchaus Verfahrensweisen gewählt werden, die unabhängig davon sind, ob eine Kooperation mit Terroristen von links, von rechts oder mit anderen Extremisten erfolgte. So zeigten sich bei den Ermittlungen gegen Verena Becker deutliche Parallelen zu dem, was als totales Versagen der Ermittler beim Vorgehen gegen den NSU beanstandet wurde. Terroristen wurden nicht verfolgt und Akten verschwanden oder wurden vernichtet. Diejenigen, die die Morde ausführten, wurden dafür nicht verurteilt. Dies gilt auch im Falle des NSU, da die »beiden Uwes« nicht mehr wegen der zehn Morde angeklagt werden können. Und nach eventuellen anderen Tätern wird wohl gar nicht mehr gesucht, da diese beiden als Mörder gleichsam feststehen. Im Prozess gegen Verena Becker fiel eine frühe Festlegung der Strafverfolger auf ausschließlich tatbeteiligte Männer auf, die dann auch Eingang in das Urteil gefunden hat, obwohl zunächst eine Frau als Mörderin angeklagt war und auch bekannt ist, dass bei den anderen großen RAF-Verbrechen im Jahre 1977 jeweils eine Frau unmittelbar beteiligt war. Durch die Festlegung auf nur männliche Täter wird die Mittäterschaft einer Frau wirkungsvoll ausgeschlossen. Eine entsprechende Festlegung im NSU-Prozess könnte sein, dass nicht mehr als zwei Personen die vielen Morde ausführten.

Um mich nicht dem Vorwurf auszusetzen, dass ich über einen Prozess schreibe, den ich – mit Ausnahme eines Vormittags – nicht vor Ort verfolgt habe, sondern nur gelegentlich in den Medien, will ich im Folgenden über das Karlsruher Attentat berichten, das ich als Nebenkläger in der Hauptverhandlung gegen Verena Becker von 2010 bis 2012 sehr genau verfolgt habe. Diejenigen, die sich für das Münchner NSU-Verfahren interessieren, können dann selbst beurteilen, ob sie verwandte Aspekte entdecken und in wieweit Erkenntnisse aus dem Stuttgarter Verfahren auf den NSU-Prozess in München übertragbar sind.

Das Karlsruher Attentat

Als Mittäter beim Karlsruher Attentat wurden drei Personen zu Lebenslänglich verurteilt: Knut Folkerts im Jahre 1980 und in einem zweiten Prozess im Jahre 1985 Christian Klar und Brigitte Mohnhaupt. Diese drei waren aber nicht an der Durchführung des Attentats beteiligt, also nicht am Tatort. Brigitte Mohnhaupt war am Tattag in Amsterdam. Dort war auch Folkerts, nachdem er morgens eine Bank in Nordrhein-Westfalen ausgespäht hatte. In einem *Spiegel*-Interview erklärte und begründete Folkerts vor einigen Jahren, dass er nicht in Karlsruhe dabei war. Dies wird durch das Urteil gegen Verena Becker vom Juli 2012 bestätigt. Darin steht, die drei späteren Täter seien bei einem RAF-Treffen im November 1976 im Harz gewesen, an dem aber Folkerts, wie sich aus demselben Urteil ergibt, nicht teilnahm. Klar wartete vermutlich im Fluchtwagen auf die Attentäter, war demnach also lediglich am Nachtatgeschehen beteiligt. Da keine weitere Person als Mittäter verurteilt wurde, steht fest, dass die unmittelbaren Täter für dieses schwere Verbrechen keinen Tag in Haft waren.

Wir Opferangehörige haben uns bis 30 Jahre nach dem Attentat nicht mit dessen Klärung befasst. Die Crème der Strafverfolger war ja mit dieser Aufgabe befasst. Die Bundesanwaltschaft hat uns stets drei männliche Täter genannt: Folkerts, Klar und Sonnenberg, allerdings nicht deren Tatbeiträge. Als es 2007 um die Begnadigung von Christian Klar ging, schrieb ich in einer »Außenansicht« für die *Süddeutsche Zeitung*, Klar könne doch jetzt sagen, wer der Schütze war. Die drei uns genannten Täter hatten keine weitere Bestrafung zu befürchten. Daraufhin wandte sich der ehemalige Terrorist Peter-Jürgen Boock an mich und behauptete, die Ermittlungen zum Karlsruher Attentat seien schwer mängelbehaftet.

Wir konnten dies zunächst nicht glauben, aber es bewahrheitete sich bald.

Das bekannte Bild vom Tatort, das auch Titelbild meines Buches »Der zweite Tod meines Vaters« ist, zeigt im Vordergrund die mit einem Tuch abgedeckte Leiche meines Vaters, in der Kreuzungsmitte die des Fahrers Wolfgang Göbel. Mir war nicht gleich aufgefallen, dass sich dessen Leiche mitten auf der Kreuzung befand, während mein Vater aus dem Dienstwagen geborgen wurde, der an einem Pfosten am Straßenrand zum Halten gekommen war. Die dritte Person im Auto, Georg Wurster, überlebte das Attentat einige Tage. Um ihn zu bergen, hat die Feuerwehr die hintere Wagentür herausgeschnitten. Der Dienstwagen hatte vor der Kreuzung an der Ampel gehalten. Bei Grün wurde er auf der Beifahrerseite von einer Suzuki aus beschossen. Das Tatmotorrad wurde außerhalb von Karlsruhe zurückgelassen. Dort wartete ein weiterer Terrorist im Fluchtauto.

Schwächen bei den Ermittlungen zum Karlsruher Attentat

Das Bundeskriminalamt (BKA) wusste bald nach der Tat, dass Sonnenberg das Tatmotorrad ausgeliehen hatte. Er war zuvor mit Verena Becker und Klar unterwegs, sodass diese drei, wie der taktische Einsatzleiter des BKA in einem *SWR*-Feature im Jahre 2008 berichtete, am Tattag abends beim BKA als Tatverdächtige galten. Als Zeuge im Prozess gegen Frau Becker behauptete dieser Einsatzleiter allerdings später, er hätte das nicht sagen dürfen, es sei falsch und ihm nur so heraus gerutscht. Am Tag nach dem Attentat wurde eine weibliche Tatverdächtige im Fernsehen, wie man bei *Youtube* sehen kann, vom Leiter der Abteilung Terrorismus des BKA gleichsam gegen Folkerts ausgetauscht, sodass sich die noch heute für die Bundesanwaltschaft als nur aus Männern bestehende Karlsruher Tätergruppe Folkerts, Sonnenberg und Klar ergab.

Einige Wochen nach dem Attentat wurden Verena Becker und Günter Sonnenberg am 3. Mai 1977 in Singen verhaftet. Sie waren im Besitz der Karlsruher Tatwaffe. Warum sind sie nicht dringend tatverdächtig, an der Ausführung des Karlsruher Attentats unmittelbar beteiligt gewesen zu sein, wenn sie nicht erklären können, wie sie in Besitz der Tatwaffe gelangt sind? Vor einigen Jahren versuchten zwei Bundesanwälte, meiner Frau und mir einzureden, der Fund der Tatwaffe sei kein Zeichen für Sonnenbergs und Beckers Karlsruher Tatbeteiligung, da die Täter eine solch brisante Waffe an Dritte weitergegeben haben würden. Beim NSU argumentiert die Bundesanwaltschaft allerdings genau umgekehrt und sieht in den Besitzern der Mordwaffe die unmittelbaren NSU-Täter.

Der Ermittlungsrichter des BGH stellte im Haftbeschluss vom 10. Mai 1977 fest, dass Verena Becker [neben Sonnenberg] in die Ausführung des Karlsruher Attentats als Mittäterin einbezogen war. Aber es wurde Knut Folkerts, der in den Niederlanden einen Polizisten erschossen hatte, im Jahre 1980 nach seiner Auslieferung im ersten Prozess zum Karlsruher Attentat als Mittäter zu Lebenslänglich verurteilt.

Die Verfassungsschutzakte

Im März 1982 erfuhr Generalbundesanwalt Rebmann vom Verfassungsschutz, dass nach Aussage einer Quelle aus dem Kernbereich der RAF Sonnenberg das Tatmotorrad in Karlsruhe gefahren, Stefan Wisniewski geschossen und Klar im Fluchtauto gewartet habe. Diese Auskunft unterscheidet sich im zentralen Punkt von der Einschätzung der Bundesanwaltschaft: Nicht

Knut Folkerts, den die Behörde als Schützen angeklagt hatte, sondern Stefan Wisniewski sei der Karlsruher Schütze gewesen. Gegen Wisniewski wurde daraufhin aber kein Ermittlungsverfahren aufgenommen. Knut Folkerts, der bereits zwei Jahre zuvor als Karlsruher Mittäter verurteilt worden war, taucht in der mehr als 300 Seiten starken Verfassungsschutzakte über die Aussage der RAF-Quelle gar nicht als Mittäter auf. Bemerkenswert ist auch, dass die Verfassungsschutzakte in der Bundesanwaltschaft nicht mehr auffindbar war, als der Hinweis auf die Aussage der Quelle durch eine Indiskretion im Jahre 2007 bekannt wurde. Die darin enthaltene Information über Wisniewskis angebliche Mittäterschaft wurde vom Generalbundesanwalt nicht in das Verfahren gegen Klar und Mohnhaupt (1984-1985) eingeführt, die 1985 als Karlsruher Mittäter zu Lebenslänglich verurteilt wurden, Brigitte Mohnhaupt dabei als Rädelsführerin, die nach Ansicht des Gerichts nicht am Tatort war.

Weitgehende Übereinstimmung herrscht bei den Experten darin, dass Sonnenberg Lenker des Tatmotorrads war, und dass Klar nach dem Attentat im Fluchtauto auf die Attentäter gewartet hat. In Bezug auf den Schützen ist das offizielle Bild dagegen widersprüchlich: Die Bundesanwaltschaft hatte Folkerts angeklagt, aber die Verfassungsschutzakte nennt Stefan Wisniewski als Schützen. Die Annahme von ausschließlich männlichen Tätern widerspricht zudem der Einschätzung des Ermittlungsrichters des Bundesgerichtshofs, der im Mai 1977 Verena Becker als eine Tatbeteiligte ansah.

Die »Haag-Mayer-Papiere«

Eine wichtige Hilfe bei der Klärung der Tatbeteiligung sind die bei der Verhaftung des Rechtsanwalts Haag Ende November 1976 sichergestellten »Haag-Mayer-Papiere«. Sie weisen darauf hin, dass Sonnenberg, Becker und Wisniewski als Karlsruher Tatkommando eingeplant waren. Und es gibt keinen belastbaren Hinweis, dass bei dem durch die Festnahme von Haag und Mayer um wenige Monate hinausgeschobenen Attentat das Tatkommando verändert wurde, zumal diese drei Personen zum Tatzeitpunkt in Freiheit waren, also für die Durchführung des Verbrechens zur Verfügung standen, für die sie aufgrund ihrer speziellen Fähigkeiten beim Treffen im Harz einstimmig ausgewählt worden waren. Dafür spricht auch die Aussage des früheren Abteilungsleiters Terrorismus der Bundesanwaltschaft, Bundesanwalt Rainer Griesbaum, in einem Interview kürzlich in einer *ZDF History*-Sendung: »Die RAF ist planungstreu. Einmal gefasste Pläne werden umgesetzt.«

Die einzigen »wegen Karlsruhe« als Mittäter zu Lebenslänglich verurteilten Personen – Folkerts, Klar und Mohnhaupt – mussten wegen anderer Morde, derer sie überführt waren, ohnehin verurteilt werden: Klar und Mohnhaupt wegen der Ermordung von Jürgen Ponto, und Folkerts war wegen des Mordes an einem Polizisten in den Niederlanden dort bereits zu 20 Jahren Haft verurteilt worden. Alle drei waren aber nicht am Ort des Karlsruher Attentats. Es verwundert somit kaum, dass die damaligen Prozesse gegen diese drei zwar Urteile zum Karlsruher Attentat, aber keine Klärung brachten, da nur nicht am Attentat beteiligte Personen angeklagt waren.

Als unmittelbare Täter kommen – auch aufgrund der »Haag-Mayer-Papiere« – Sonnenberg, Becker und Wisniewski in Betracht, von denen aber keiner als Mittäter verurteilt worden ist. Das Verfahren gegen Sonnenberg wurde 1982 mit dem Hinweis eingestellt, er sei wohl tatbeteiligt gewesen, aber wegen versuchten Mordes bei seiner Verhaftung in Singen bereits zu Lebenslänglich verurteilt. Von Sonnenberg und

Verena Becker ist bekannt, dass beide schwere Motorräder fahren konnten, was für Lenker und Beifahrer des Tatmotorrads erforderlich ist. Neben der Karlsruher Tatwaffe führten Becker und Sonnenberg bei ihrer Verhaftung vier Wochen nach dem Attentat einen Suzuki-Schraubenzieher mit sich, wie er als einziges Werkzeug im Werkzeugkasten des Tatmotorrads fehlte. Der Besitz dieses Schraubenziehers, den man nur im Bordset bei Suzuki-Vertragshändlern beschaffen konnte, ist für mich wie ein Kainsmal, das die Personen, die dieses Werkzeug mit sich führen, höchst verdächtig macht, auf dem Tatmotorrad gesessen zu haben.

So hat das auch der Ermittlungsrichter Horst Kuhn gesehen. Dieser Bundesrichter habe sich, so sein Sohn, sehr darüber erregt, dass die sich auf Verena Becker beziehenden Ermittlungsergebnisse verdreht wurden oder gar verschwanden. Der Ärger hierüber habe wohl dazu beigetragen, dass er im Jahre 1991 Selbstmord beging. Auf die geringe Neigung, gegen Verena Becker zu ermitteln, weist auch die Aussage des damaligen BKA-Präsidenten Dr. Herold im Stuttgarter Prozess hin, die Ermittlungen gegen Verena Becker hätten nach dem Haftbefehl des Bundesrichters Kuhn längere Zeit »geruht«.

Die Karlsruher Augenzeugen des Attentats

Inzwischen sagten über zwanzig Zeugen aus, dass eine Frau auf dem Soziussitz des Motorrads gesessen habe, darunter sind die bekannt gewordenen vier unmittelbaren Augenzeugen des Attentats. Wie befremdlich der Umgang mit Aussagen von Zeugen war, die eine Frau hinten auf dem Tatmotorrad gesehen haben, merkte ich, als mir eine Karlsruherin im Dezember 2008 mitteilte, sie habe das Attentat, nachdem der erste Schuss gefallen war, von ihrem Dienstzimmer aus verfolgt. Die Zeugin wurde am Tattag kurz vernommen, aber zu keinem der damaligen zwei Prozesse geladen. Als sie jetzt den amtlichen Vermerk über ihre Aussage vom Tattag sehen konnte, sagte sie mir, sie habe beinahe lachen müssen, so falsch, verquer und wirr sei diese angebliche Aussage gewesen. Erst jetzt wurde eine weitere Beobachtung dieser Zeugin bekannt: Der Fahrer des Dienstwagens, Wolfgang Göbel, sei, nachdem die Täter weg waren, mit großer Mühe aus dem Auto gestiegen. Als er stand, habe er nach seiner Mutter gerufen. Dann sei er zusammengebrochen. Der Wagen sei danach zum Bordsteinrand in die Endposition gerollt. Nur mit dieser Aussage wird für mich verständlich, wo und wie Wolfgang Göbel nach der Tat auf der Kreuzung lag. Mir ist nur eine Erklärung eingefallen, weshalb diese Beobachtung nicht publik wurde. Sie ist nicht zu trennen von dem, was die Zeugin über die Täter sagte: Auf dem Soziussitz habe sehr wahrscheinlich eine Frau gesessen. Diese Augenzeugin, die jetzt erstmals in einem Prozess zum Karlsruher Attentat über ihre Beobachtungen berichtete, hatte in Stuttgart einen sehr schweren Stand. Ihre fehlerhafte Erinnerung an einen Grünstreifen, den sie von ihrem Dienstzimmer nicht einmal sehen konnte und dessen Bedeutung für das angeklagte Verbrechen für mich nicht erkennbar ist, wurde mehrfach thematisiert und führte dazu, dass sie als Lügnerin abqualifiziert wurde, sodass ihre das Kerngeschehen betreffenden Angaben nicht berücksichtigt wurden.

Ein zweiter Augenzeuge wurde jetzt im Prozess erstmals gehört. Er saß in einem an der Kreuzung wartenden Auto und meinte, eine Mafia-Hinrichtung miterlebt zu haben. Er ist überzeugt, dass eine Frau vom Soziussitz des Motorrads aus schoss. Das Motorrad habe den Dienstwagen noch umkreist. Der Fahrer habe sich aus dem in der Mitte der Kreuzung stehenden Dienstwagen »heraus gestemmt« und sei zusammengebrochen.

Der Dienstwagen sei danach langsam zum Bordstein gerollt. Es sei bald Polizei gekommen, die die Kreuzung absperrte. Kurz danach sei ein Polizeihubschrauber Bölkow Bo-105 gelandet. Der Zeuge ist in Fluggeräten sachkundig. Er wurde Fluglehrer. Es seien fünf Männer aus dem Hubschrauber ausgestiegen, mindestens zwei davon ohne Uniform. Sie hätten den Dienstwagen begutachtet und mit den Polizisten gesprochen. Der Hubschrauber sei kurz danach wieder mit den fünf Personen gestartet. Die Kreuzung sei freigegeben und die vielen Fahrzeuge seien ohne Registrierung von Namen der Insassen oder der PKW-Kennzeichen über die Kreuzung gewinkt worden. Der Zeuge hat kurz danach eine Stelle in England angenommen und hielt, als er zwei Jahre später zurückkehrte, das Verbrechen für geklärt.

Man möchte diese Aussage nicht glauben, aber die Beobachtungen zum Tatgeschehen, auch das Umfahren des Dienstwagens, stimmen mit denen der Augenzeugin überein. Ein früh am Tatort eingetroffener Polizist und weitere Zeugen haben ebenfalls von einem Polizei-Hubschrauber berichtet. Vor allem: es existiert kein Vernehmungsprotokoll vom Tatort. Dabei sollen wenigstens 30 Autos an der Kreuzung gestanden haben. Ein dritter Augenzeuge beobachtete, als er auf die Kreuzung zufuhr, mit 99%iger Sicherheit, dass ein Mädchen hinten auf dem Tatmotorrad saß. Auch diese Aussage vom Tattag ist verschwunden. Als die Ermittler 1982 erneut auf diesen Zeugen hingewiesen wurden, bestätigte dieser seine Aussage. Er traue es sich zu, die Person auf dem Soziussitz wiederzuerkennen, die ein typisches Frauengesicht und eine weibliche Hand gehabt habe. Darauf wurden dem Hinweisgeber Videoaufnahmen der Gegenüberstellungen von ausschließlich Männern, 18 Männern, gezeigt. Zeuge im Prozess gegen Klar und Mohnhaupt (1984–1985) wurde er nicht.

Auch der Journalist Ulf Stuberger sagt am Tattag in einem Radiobeitrag: »Auf dem Motorrad soll eine Frau gesessen haben«, und er spricht von »zahlreichen Hubschraubern« am Tatort. Bedeutsam ist auch die *dpa*-Pressemitteilung vom Mittag des 8. April 1977. Darin wird geschildert, dass die Karlsruher Polizei nach der Vernehmung des jugoslawischen Augenzeugen mitteilte, eine der Personen auf dem Motorrad sei möglicherweise eine Frau gewesen und das Tatmotorrad sei um den stehenden Dienstwagen herum gefahren.

Weiterhin fehlt die Aussage des unmittelbarsten Augenzeugen, also von Georg Wurster. Er hat sich nach der Tat durch das zerborstene Fenster aus dem Dienstwagen heraus mit Passanten unterhalten. Der ihn ins Krankenhaus begleitende Notarzt sagte, Georg Wurster sei voll ansprechbar gewesen. Er wurde am Karfreitag von Justizminister Vogel besucht. Deshalb ist es unbegreiflich, dass ihn kein Ermittler, auch kein ihm vertrauter Beamter der Bundesanwaltschaft wenigstens kurz zu den Tätern befragt hat, zumindest existiert hierzu kein Vermerk.

Erkenntnisse zur Karlsruher Täterschaft

Im April 2007 wurde durch die Angaben eines ehemaligen Verfassungsschützers gegenüber dem *Spiegel* bekannt: Verena Becker war geheime Informantin des Verfassungsschutzes. Sie habe dem Geheimdienst Ende 1981 mitgeteilt, Wisniewski sei der Karlsruher Schütze gewesen. Früh im Jahre 1982 war diese Aussage dem Generalbundesanwalt in einer umfangreichen Akte übergeben worden. Dieser nahm aber kein Ermittlungsverfahren auf. Im Jahre 2008 wurde die »Verfassungsschutzakte« vom Bundesinnenminister gesperrt. Die Vermerke sind demnach in 26 Jahren geheimer geworden. Es gibt weitere Fragen zu dieser Akte:

a) Wie kann es sein, dass der Generalbundesanwalt den Namen eines Tatverdächtigen vom Verfassungsschutz erfährt, er aber kein Ermittlungsverfahren gegen Wisniewski einleitet? Er kann doch nicht einerseits RAF-Terroristen verfolgen und sie andererseits vor Bestrafung schützen.

b) Schockierend ist auch, dass die Information, Wisniewski habe in Karlsruhe geschossen, nicht in die spätere Verhandlung gegen Mohnhaupt und Klar (1984-1985) eingeführt wurde. Generalbundesanwalt Rebmann hat die bedeutende Information somit den fünf Richtern am Oberlandesgericht Stuttgart, den Verteidigern von Mohnhaupt und Klar und wohl auch den Vertretern der Anklage, also den Beamten seiner eigenen Behörde vorenthalten. Eine Erklärung hierfür könnten die bereits erwähnten »Zusammenarbeitsrichtlinien« bieten.

In einer Stasi-Akte heißt es über Verena Becker: »Es liegen zuverlässige Informationen vor, wonach die B. seit 1972 von westdeutschen Abwehrorganen wegen ihrer Zugehörigkeit zu terroristischen Gruppierungen bearbeitet bzw. unter Kontrolle gehalten wird.« Auch der Stuttgarter Senat geht im Urteil davon aus, dass Verena Becker mit dem Verfassungsschutz kooperiert hat, und sie selbst hat den Kontakt zum Verfassungsschutz eingeräumt. In seinem Buch »Verena Becker und der Verfassungsschutz« kommt Wolfgang Kraushaar zu dem Resultat, es sei eine begründete Vermutung, dass Verena Becker schon vor 1977 für den Verfassungsschutz gearbeitet habe. So hat es auch der verstorbene leitende Hamburger Verfassungsschützer Lochte seinem Freund, dem Journalisten Nils von der Heyde, vertraulich mitgeteilt, der dies im Prozess aussagte. Diese frühe Kooperation wurde durch Angaben von Monika Hohlmeier, der Tochter von Franz Josef Strauß, erhärtet. Durch Hinweise der Strauß-»Kinder« war seit 2008 bekannt, dass Verena Becker 1977 eine konspirative Wohnung in einem Münchner Hochhaus angemietet hatte, von der aus die Wohnung von Franz Josef Strauß im Nachbarhaus teilweise ausgespäht werden konnte. Monika Hohlmeier ergänzte am 15. Oktober 2015 in der Talkshow *Markus Lanz* zur Entdeckung der konspirativen Wohnung: »Das wurde im Nachhinein nie bestätigt, weil irgendein Kontakt zu Verena Becker sich dabei herausgestellt hat.« Tatsächlich ist mir kein Pressebericht aus dem Jahre 1977 über diese Ausspähung von Franz Josef Strauß durch eine im Austausch gegen Peter Lorenz freigepresste Top-Terroristin bekannt. Auch im Bayerischen Innenministerium weiß man davon nichts. Monika Hohlmeiers Information deutet auf eine Geheimdienst-Kooperation und einen damit verbundenen Schutz von Verena Becker bereits im Jahre 1977 hin. Dass diese Ausspähung nicht publik gemacht wurde, bedeutet auch: Die Persönlichkeiten, die im Laufe des Jahres 1977 ermordet wurden, erfuhren nichts hiervon.

Ich werde von kompetenter Seite gefragt, was denn beim Karlsruher Attentat überhaupt noch aufzuklären sei. Sonnenberg und Verena Becker hatten bei ihrer Verhaftung die Karlsruher Tatwaffe, Verena Becker dazugehörige Munition in ihrer Umhängetasche. Sonnenberg hatte die Suzuki ausgeliehen. Verena Becker hatte einen Suzuki-Schraubenzieher bei sich, wie er im Bordset des Karlsruher Tatmotorrads fehlte. Die Haarspur in einem der Täterhelme stimmt – nach Auskunft eines BKA-Dokuments – mit Haaren in Verena Beckers Haarbürste überein. Diese Eintragung verknüpft eine tatrelevante Haarspur unmittelbar mit Verena Beckers Kopfhaaren, die sich laut eines BKA-Gutachtens in der Haarbürste befanden. Das vollständige BKA-Dokument findet sich in Wolfgang Kraushaars Buch »Verena Becker und der Verfassungsschutz«.

Gehe es noch klarer, werde ich gefragt. Bei jedem »normalen Verfahren« würden diese Sachbeweise zur Verurteilung von Sonnenberg und Verena Becker wegen Mittäterschaft führen. Es kommt hinzu, dass sechs konkrete Hinweise auf die Karlsruher Tatbeteiligung von Verena Becker bekannt wurden. Drei Zeugen teilten mit, Christian Klar habe ihnen anvertraut, dass Verena Becker in Karlsruhe geschossen habe. Ein inzwischen verstorbener Wissenschaftler, der wegen Unterstützung der RAF verurteilt worden war, berichtete einem befreundeten Professor, er habe von Verena Becker selbst erfahren, dass sie Buback erschossen habe. »Bommi« Baumann, der Verena Becker für terroristische Aktivitäten rekrutiert hatte, erklärte anlässlich einer Vernehmung in anderer Sache, Verena Becker habe definitiv die tödlichen Schüsse abgegeben. Und ein Verwandter von Verena Becker hat einem Stasi-IM berichtet, er wisse ganz sicher, dass sie an der Aktion Buback »aktiv beteiligt« war.

Unglaublich, aber wahr ist auch: Verena Beckers Aussage beim Verfassungsschutz wurde auf Tonband aufgenommen, das Band aber überspielt. Die umfangreichen, beim BKA gelagerten Spurenakten zum Karlsruher Mord wurden 1994 vollständig vernichtet. Der Dienstwagen meines Vaters und vor allem der Fluchtwagen der Attentäter sind seit langem spurlos verschwunden. Wieviele DNA-Spuren hätte man im Fluchtauto identifizieren können, zumal die Täter keine Vorkehrungen gegen diese Analytik treffen konnten, die ihnen 1977 nicht bekannt war?

Es sei noch angefügt, was in der *FAZ* vom 7. Dezember 2017 über die Eltern des Kasseler NSU-Mordopfers Halit Yogzat berichtet wird: Seine Mutter habe sich in ihrem Plädoyer an die Richter gewandt und gesagt, das Gericht sei ihre letzte Hoffnung gewesen, sie sehe aber, dass bei ihnen auch kein Ergebnis herauskommt. Der Vater forderte die Münchner Richter auf, nach Kassel zu reisen und das Internetcafé in Augenschein zu nehmen, in dem sein Sohn 2006 erschossen worden sei. Sie würden dann feststellen, dass der Verfassungsschutzbeamte, der sich zur Tatzeit dort aufhielt, gelogen habe. Es sei hier angefügt, dass im Stuttgarter Prozess gegen Verena Becker kein Ortstermin am Karlsruher Tatort stattfand, obwohl die Nebenklage dies beantragt hatte.

Beim Karlsruher Attentat wurden Hinweise auf eine Frau auf dem Motorrad in systematisch erscheinender Weise nicht beachtet. Die Augenzeugen in den Autos an der Tatort-Kreuzung wurden durchgewinkt. Gerhard Boeden, der Leiter der Antiterrorabteilung des BKA, legte sich früh auf drei männliche Täter fest. Er wurde 1983 Vizepräsident des BKA und 1987 Präsident des Bundesamtes für Verfassungsschutz. Horst Herold hingegen, der in der *Süddeutschen Zeitung* als der wohl beste Polizist bezeichnet wurde, den Deutschland je hatte, wurde mit 57 Jahren im März 1981 »Knall auf Fall« entlassen. Er und mein Vater galten als die siamesischen Zwillinge der Anti-RAF. Herold soll am Grabe meines Vaters gesagt haben: »Ich bringe sie dir alle«.

Verena Becker wurde 2010 zwar wegen Mittäterschaft angeklagt, aber im Juli 2012 nur wegen Beihilfe zum dreifachen Mord verurteilt, zu vier Jahren Haft. Sie habe die unmittelbaren Täter wissentlich und willentlich in deren Tatentschluss bestärkt. Verblüffend ist allerdings: Der Senat weiß nach eigener Angabe gar nicht, wer diese Täter waren. Die verbleibende Strafe wurde zur Bewährung ausgesetzt. Nach dem Grundsatz: »Ne bis in idem« ist Verena Becker nun für immer vor Strafverfolgung wegen Mittäterschaft beim Karlsruher Attentat geschützt, was sie zuvor nicht war.

Thomas de Maizière über Zusagen des Staates

Das vielfache Nichtverfolgen von Hinweisen auf eine weibliche Tatbeteiligte kann nicht zufällig sein, sondern muss wohl der Tatsache zugeschrieben werden, dass Verena Becker geheime Informantin des Verfassungsschutzes war. Bedeutsam sind in diesem Zusammenhang Ausführungen von Bundesinnenminister Thomas de Maizière in dem 2013 erschienenen Interviewbuch »Damit der Staat den Menschen dient – Über Macht und Regieren«. Darin findet sich ein Unterkapitel »Michael Buback«, in dem Thomas de Maizière erklärt, er sei als Bundesinnenminister mit meiner Geschichte vertraut gewesen und habe mir und anderen geholfen, Zugang zu mehr Akten zu bekommen. Dies habe er allerdings nicht vollständig getan, und zwar mit Rücksicht auf gegebene Zusagen früherer Regierungen. Auf die erstaunte Nachfrage des Journalisten Stefan Braun, mit dem der Minister das Interviewbuch verfasst hat, führt Thomas de Maizière aus: »Es gab Zusagen früherer Regierungen an bestimmte Personen, etwas nicht offenzulegen. Und daran haben sich alle Nachfolgeregierungen – auch ich mich – gebunden gefühlt. Aber wir haben dann Aktenauszüge oder Sachverhalte so zusammengestellt, dass sie Rückschlüsse auf bestimmte Personen nicht zugelassen und zugleich eine vollständige Aufklärung der strafrechtlichen Beteiligung ermöglicht haben. Das haben wir genau so mit der damaligen Generalbundesanwältin besprochen […]«

Die vollständige Aufklärung wurde in der Hauptverhandlung nicht erreicht, aber die Aussage des Ministers belegt: Es gab schützende Zusagen und sogar eine Ressorts übergreifende Absprache bei der Zusammenstellung von Aktenauszügen und Sachverhalten. Wie hat der Minister überhaupt von der Existenz der Zusagen früherer Regierungen an »bestimmte

Personen« erfahren? Wer hütet solch ein Geheimnis? Zu fragen ist auch: Warum werden über 40 Jahre nach der Tat noch Akten geheim gehalten? Was ist so viel bedeutsamer und schützenswerter als die Klärung der Ermordung des Generalbundesanwalts und seiner beiden Begleiter? Meine Frage an den Minister, ob Verena Becker zum Kreis der mit Zusagen ausgestatteten Personen gehörte, wurde nicht beantwortet. Dies wäre aber leicht möglich gewesen, wenn sie nicht zu diesen Personen gehört hätte, da dann keine Zusage verletzt würde.

Karlsruher Täterschaft aufgrund von Feststellungen der Justiz

Ich will noch kurz erläutern, weshalb ich die Klärung des Attentats nicht für besonders schwierig halte. Wisniewskis Mittäterschaft ergibt sich zwingend aus dem Urteil des OLG Stuttgart gegen Verena Becker im Jahre 2012. Danach waren die drei männlichen, am Karlsruher Attentat unmittelbar beteiligten RAF-Mitglieder im November 1976 beim Treffen der Gruppe im Harz anwesend. Sie gehörten somit zu den acht namentlich bekannten Männern, die – mit ihren Tarnnamen – in den »Haag-Mayer-Papieren« als Teilnehmer beim RAF-Treffen im Harz aufgeführt sind: Roland Mayer, Peter-Jürgen Boock, Günter Sonnenberg, Rolf Heißler, Christian Klar, Rolf Clemens Wagner, Stefan Wisniewski und Siegfried Haag.

Von diesen acht können Haag und Mayer keine Mittäter gewesen sein, da sie am Tattag bereits seit Monaten in Haft waren. Von den verbleibenden sechs Männern – Peter-Jürgen Boock, Günter Sonnenberg, Rolf Heißler, Christian Klar, Rolf Clemens Wagner und Stefan Wisniewski – wurden Boock, Heißler und Wagner, die nach Zeugenaussagen am Tattag in Amsterdam waren, von keinem Experten je als Karlsruher Mittäter bezeichnet.

Somit verbleiben nur drei Männer: Günter Sonnenberg, Christian Klar und Stefan Wisniewski. Sie müssen somit aufgrund der Feststellungen der Justiz die drei männlichen, im Harz anwesenden Karlsruher Täter gewesen sein. Dies folgt mit geradezu mathematischer Strenge.

Täterschaft nach dem Arbeitsplan in den »Haag-Mayer-Papieren«

Es gibt einen noch eindeutigeren Hinweis auf die Karlsruher Täter, ebenfalls aus den »Haag-Mayer-Papiere«. Darin sind in einer Tabelle für jeden der elf Teilnehmer am RAF-Treffen im Harz die einstimmig beschlossenen Aufgaben für das als »Aktion Margarine« codierte Karlsruher Attentat enthalten. Neben den bereits erwähnten acht Männern waren noch die drei Frauen Waltraud Liewald, Sieglinde Hofmann und Verena Becker im Harz anwesend.

Da auch von Experten nicht bezweifelt wird, dass für das Attentat der im Harz beschlossene Plan maßgeblich war, ergibt sich für die Ermittler der große Vorteil, dass ihnen mit den »Haag-Mayer-Papieren« Angaben zum Drehbuch für das Karlsruher Verbrechen und mit dem tabellarischen Arbeitsplan die einstimmig von den Anwesenden festgelegte Rollenverteilung, der »Besetzungszettel«, geliefert wurden. Dies bestätigte auch die Vernehmung des früheren BKA-Präsidenten Herold. Er sagte, der Mord an Buback sei so ausgeführt worden, wie in Haags Plan beschrieben.

Im Urteil des OLG Stuttgart gegen Haag und andere vom Juli 1979 steht, dass am 2. Dezember 1976 mehrere Personen in den für die Aktion [»Margarine«, also das Karlsruher Attentat]

vorgesehenen Bereitstellungsraum »abfahren« sollten. Dementsprechend findet man den Begriff »Abfahrt« im Arbeitsplan der
»Haag-Mayer-Papiere« und zwar bei Sonnenberg, Wisniewski
und Verena Becker. Die mit Zustimmung dieser drei getroffene
Entscheidung, ins Tatortgebiet »abzufahren« und somit zum
Tatkommando zu gehören, bedeutet, dass sie eine aktive Rolle
beim Verbrechen übernehmen wollten.

Diese unmittelbare Täterschaft von zwei Männern und
einer Frau steht nicht im Widerspruch zu der Feststellung des
Stuttgarter Senats, es habe drei männliche Täter gegeben, denn
Peter-Jürgen Boock sagte im Prozess aus, es müsse eine vierte
Person am Attentat beteiligt gewesen sein. Man habe jeweils
neben den unmittelbar die Tat Ausführenden einen »Abdecker«
beim Tatort eingesetzt, einen guten Scharfschützen. Neben den
beiden Motorradfahrern wären demnach ein Abdecker am Tatort und die im Fluchtwagen wartende Person am Verbrechen
beteiligt gewesen. Hierzu passt, dass einem Zeugen am Tattag
vormittags auf dem Bahnhof Bietigheim, über den die Täter
höchst wahrscheinlich mit dem Zug geflüchtet sind, vier junge
Leute aufgefallen waren, drei Männer und eine zierliche Frau.

In Einklang mit den Feststellungen des OLG Stuttgart
im Urteil gegen Verena Becker, mit dem Arbeitsplan in den
»Haag-Mayer-Papieren« und mit den Angaben des von der
Bundesanwaltschaft und dem OLG-Senat als glaubwürdig
angesehenen Zeugen Boock würde somit folgende Tatbeteiligung stehen: Günter Sonnenberg und Verena Becker auf
dem Tatmotorrad, Stefan Wisniewski nahe beim Tatort als
»Abdecker« und Christian Klar als die mit dem Fluchtwagen
wartende Person.

Peter-Jürgen Boock erklärte, nach seinem Wissen hätten
Sonnenberg und Wisniewski und wegen der Fähigkeit, mit
schweren Motorrädern umzugehen, auch Verena Becker zum

Tatkommando gehört, wie es auch die »Haag-Mayer-Papiere« besagen. Hans-Joachim Dellwo berichtete dem BKA, dass ihm Wisniewski, den er bereits aus seiner Jugendzeit kannte, gesagt habe: »Wir haben Buback nicht umgelegt, damit die Szene darauf abfährt.« Kann ein Selbstbekenntnis der Mittäterschaft noch klarer sein?

Ausblick

Nachdem Sonnenberg und auch Verena Becker nicht mehr belangt werden können, hatte die Bundesanwaltschaft bei Wisniewski die letzte Chance, darauf hinzuwirken, dass wenigstens einer der für das Karlsruher Tatkommando eingeplanten Terroristen als Mittäter verurteilt wird. Nach neunjährigem Ermittlungsverfahren wurde jedoch im März 2016 von der Erhebung einer Anklage wegen mittäterschaftlicher Beteiligung am Anschlag abgesehen, aber der begründete Verdacht der Beihilfe zum Karlsruher Attentat bejaht. Da die im Falle einer Verurteilung hierfür zu erwartende Freiheitsstrafe im Vergleich zu den von Wisniewski bereits verbüßten Freiheitsstrafen aus vorangehenden Verurteilungen gering wäre, stellte die Bundesanwaltschaft das Ermittlungsverfahren gegen Wisniewski nach § 154 Abs. 1 Nr. 1 StPO ein.

Es ist bedrückend, dass es der Justiz gelang, drei Personen als Karlsruher Mittäter zu verurteilen, die nicht unmittelbar tatbeteiligt waren, was ja eigentlich sehr schwierig sein sollte, während sie die wahren Täter nicht wegen Mord verurteilte, was viel leichter sein müsste.

Oft werde ich gefragt, wie es zu den vielen schweren Mängeln bei den Ermittlungen kommen konnte. Eine Erklärung dürften die bereits erwähnten, seit 1973 und viele Jahre nach dem Attentat noch gültigen Zusammenarbeitsrichtlinien in

Staatsschutzangelegenheiten bieten. Eine besondere Rolle spielt hierbei die Regelung, dass Geheimdienste die Staatsanwaltschaft zum Innehalten bei ihren Ermittlungen bewegen können, vor allem wenn ein Beschuldigter oder Zeuge Mitarbeiter der Geheimdienste ist oder war. Und was nicht ermittelt wird, kann nicht angeklagt und somit in der Regel auch nicht verurteilt werden. Verena Becker hat mit dem Verfassungsschutz kooperiert, sodass zumindest sie durch die Regelung in den Richtlinien begünstigt werden konnte. Ich habe bereits mehrere Bundespräsidenten gebeten, mir Einsicht in eine etwa zwölfzeilige geschwärzte Passage in der 31-seitigen, befürwortenden Stellungnahme von Generalbundesanwalt Rebmann zum Gnadengesuch Beckers zu gewähren. Wie ich kürzlich bei einer Veranstaltung im Schloss Bellevue erfuhr, wird mein Anliegen erneut abgelehnt werden. Bei dieser Veranstaltung appellierte der Bundespräsident an die Terroristen, sie sollten Rückgrat zeigen und ihre Taten offenlegen. Warum erwartet man dieses Rückgrat nicht auch von sehr hohen Beamten und Politikern, also Vorbildern in unserer Republik, und drängt sie, relevante Dokumente über 40 Jahre nach dem RAF-Verbrechen zu entsperren? Es wäre wichtig, die etwa zwölfzeilige Passage schwarz auf weiß zu besitzen. Sie wird vermutlich belegen, dass wir Angehörige zwei Jahre lang in einem absurden Prozess gehalten wurden, in dem eine von staatlicher Seite geschützte Person von staatlicher Stelle angeklagt wurde. Solche Prozesse sind nicht nur sehr quälend, sie bieten auch kaum die Chance, zu Klärung und Wahrheit zu führen.

Wir Angehörige verfügen über keinen Einfluss, um unseren Erkenntnissen die nötige Aufmerksamkeit zu verschaffen. Und Wissen, das nicht von Macht begleitet ist, trägt in der Regel nicht weit. Unser größtes Problem ist, dass Unfassbares geschehen ist, das auch wir Angehörige zunächst nicht glauben wollten. Unfassbare Fehler lassen sich leichter verbergen als Unkorrektheiten, die jeder kennt und für möglich hält.

Ich hätte es mir sehr gewünscht, dass die Bundesanwaltschaft den dreifachen Mord aufklärt und durch ihre Anklagen die Verurteilung der unmittelbaren Täter erreicht. Dies wird nun nicht mehr geschehen. Auch die Möglichkeit, das Attentat in einer Hauptverhandlung gegen Wisniewski noch aufzuklären, ist vertan. Alle unmittelbaren Karlsruher Täter werden dauerhaft ohne Strafe für ihre Mittäterschaft bei diesem Attentat bleiben. Die Terroristen können das Ergebnis als großen Triumph betrachten. Dennoch bereue ich den enormen Einsatz nicht, den meine Frau und ich aufgebracht haben. Wir haben ein sehr klares Bild von Tat und Tätern, das unseren Ansprüchen voll genügt und das wir sogar öffentlich schildern dürfen.

Für den NSU-Prozess erscheint es wichtig zu klären, ob und in welcher Form die »Zusammenarbeitsrichtlinien« noch gelten. Falls sie noch wirksam sind und Kontakte des Verfassungsschutzes in den Bereich des NSU vorliegen, besteht die Gefahr, dass wesentliche Erkenntnisse nicht in NSU-Verfahren gelangen und keine gerichtliche Klärung der vielen Morde erreicht wird.

Viktoria

Eine Anwältin der Zschäpe-Verteidigung, die im Saal A101
des Münchner OLG Spuren legt – falsche und richtige

STEFAN FREES

Wenn man so oft auf der Besuchertribüne im Münchner
Oberlandesgericht sitzt wie ich, ist es nichts Ungewöhnliches,
dass mich Leute im NSU-Prozess ansprechen. Interessierte
Zuschauer, die Fragen haben. Einmal etwa wollte ein Mann im
Anzug wissen, was ich hier genau mache. Meine Antwort darauf
war immer, ich sei ein Zuschauer, der sich für dieses Verfahren
interessiert. Daraufhin hat sich der Mann umgedreht und ist
wieder gegangen. Ob er von einer Behörde oder einer Dienststelle war, kann ich nicht sagen. Auch die Bundesanwaltschaft
bemerkte, dass ich mehr als nur einmal da oben gesessen habe.
Als ich mich einmal mit einem Sitzungsvertreter der Behörde,
einem Oberstaatsanwalt am Bundesgerichtshof, unterhielt,
meinte der, es sei schon auffällig, wie oft ich da bin. Ein anderes
Mal unterhielt ich mich mit einem Ehepaar, das erstmals beim
Prozess war. Die zwei wollten wissen, wie sie mit dem Anwalt
des Angeklagten Holger G. ins Gespräch kommen könnten. Es
stellte sich heraus, die Frau war die alte Lehrerin des Anwalts.

Kurz nach der Sommerpause 2015 saß hinter mir auf der
Zuhörerempore eine Frau, die ich bis dahin dort nie gesehen
hatte, die aber erstaunlich viel wusste über den Prozess. Das
Datum ist nicht unwichtig, weil damals die Hauptangeklagte
Beate Zschäpe einen vierten Pflichtverteidiger zugesprochen
bekam: Mathias Grasel aus der Kanzlei von Hermann Borchert.

Ein Jahr zuvor hatte Zschäpe ihren drei Alt-Verteidigern: Heer, Stahl und Sturm das Misstrauen erklärt.

Eine Zuhörerin, die sich auskannte

Immer wieder gibt es Leute, die bei der Hauptverhandlung vor dem Oberlandesgericht auftauchen, um zu schauen, was sich dort tut und was man eben nicht in den Zeitungen liest. Doch bei dieser Frau war das anders. Sie sagte Dinge, die sie nur durch Ermittlungsakten oder durch Recherchen wissen konnte.

Wir kamen immer öfter ins Gespräch. Ich erklärte ihr, wie ich den Prozess finde und welche Schwachstellen ich sehe. Irgendwann fragte ich einen mir bekannten Rechtsanwalt, ob er die Person kennt. Er meinte, es müsse jemand aus der neuen Verteidigung von Zschäpe sein. Treffer.

Ich musste tief durchatmen, weil ich so etwas nicht erwartet hätte. Eine Anwältin der Angeklagten, die sich auf der Tribüne mit Zuschauern unterhält? Was wollte sie?

Nun wollte ich sie meinerseits Dinge fragen, die mir auf den Nägeln brannten. Zum Beispiel, ob es stimmt, was eine Reporterin geschrieben hatte. Sie hatte sich in der JVA einsperren lassen, um Zschäpe zu beobachten. Ihre Darstellung war so klischeehaft, dass man es kaum glauben konnte. Es ging darum, wie sich Zschäpe anziehe und im Knast inszeniere. Die Sache stimme nicht, meinte die Anwältin der Zschäpe-Verteidigung, und man werde auch dagegen vorgehen. So war es dann auch.

Ende September 2015 stellte sich mir meine Gesprächspartnerin als Viktoria vor und erklärte, sie gehöre zu den neuen Anwälten von Zschäpe. Da nun die Fronten geklärt waren, wurden unsere Gespräche intensiver. Wenn sie auf der Zuschauertribüne saß, tauschte sie mit Rechtsanwalt Grasel regelmäßig Kurznachrichten per Handy aus. Die Altanwälte

Zschäpes bezeichnete sie als »Blitzbirnen«. Aber auch Journalisten bekamen ab und zu eine SMS.

Viktoria ihrerseits wollte von mir wissen, ob ich bei der Vernehmung von Tino Brandt dabei gewesen sei, oder bei den Aussagen der Frauen aus der Polenzstraße, wo das Trio jahrelang eine Wohnung hatte. Eine Zeugin hatte ausgesagt, dass Zschäpe mutmaßlich von Böhnhardt vergewaltigt worden sei. Dann sollte ich ihr meine Einschätzungen zu Jan W. und Thomas St. geben, zwei Neonazi-Kader aus Chemnitz. St. war außerdem ein früherer V-Mann, der andere stand zumindest im Verdacht, ebenfalls einer gewesen zu sein. Als ich einmal bemerkte, das Trio Böhnhardt, Mundlos, Zschäpe hätte ja nicht nur von den Bankrauben allein leben können, kam von Viktoria ein bejahender Blick. Sie sagte nie direkt »ja«, sondern sandte bestenfalls bejahende Blicke.

Ich solle der Spur Ralf M. nachgehen

Irgendwann kamen wir auf Ralf M. zu sprechen, den Neonazi und V-Mann aus Zwickau, der heute in der Schweiz lebt. Zu meiner Überraschung sagte sie, ich solle der Spur dieses Mannes nachgehen und dabei etwas tiefer graben. Als ich bemerkte, ich hätte mal gehört, M. habe Mundlos Arbeit gegeben, kam von ihr wieder so ein bejahender Blick. Das war im Herbst 2015. Ich nahm die Spur dann zusammen mit ein paar Journalisten auf. Ein halbes Jahr später schien festzustehen: Mundlos hatte tatsächlich zeitweise in einer Baufirma des Ex-V-Manns gearbeitet.

Eine Anwältin der Zschäpe-Verteidigung legte also Fährten, die sich als richtig herausstellten. Andere dieser Fährten erwiesen sich allerdings als äußerst fragwürdig.

Mit der Zeit wusste ich mehr über die Person namens

Viktoria. Dass sie aus den USA kam, aber aus Deutschland stammt und extra von Borchert für den Prozess geholt worden sei. Es gab auch Bezüge in die Schweiz. Sie logierte in Starnberg, von wo sie jeden Tag zum Gericht fuhr. Sie war verheiratet und hatte Kinder. Nur ihren Nachnamen hat sie nie genannt, selbst auf Nachfrage nicht.

Im Herbst 2015 begannen immer mehr Zeitungen zu schreiben, der Prozess werde wahrscheinlich im Sommer 2016 zu Ende gehen. Anfang Oktober 2015 fragte mich Viktoria nach Journalisten, denen ich vertrauen würde. Ich nannte den ein oder anderen. Welches Interesse sie hatte, wurde mir wenig später klar: Noch ehe es öffentlich bekannt wurde, offenbarte sie mir, Zschäpe würde eine Aussage vor Gericht machen. Ein Knüller!

Kurz darauf folgte die Verteidigung von Ralf Wohlleben, auch er wolle eine Aussage machen. Mir wurde dann gesteckt, als Tag der Aussage werde der 28. Oktober 2015 vorbereitet. Am 27. Oktober hieß es, die Aussage werde doch nicht am nächsten Tag stattfinden, sondern erst am 10. und 11. November. Also an zwei ganzen Tagen. Am 29. Oktober informierte mich Viktoria, alles sei mit dem Senat besprochen, die Termine blieben. Doch als der Tag X kam, wurde die Aussage wieder abgesagt.

Das Hin und Her war möglicherweise ein Ausdruck davon, welches Gezerre um die Aussage von Zschäpe hinter den Kulissen stattgefunden haben muss.

Mitte November wurde mir vertraulich das endgültige Datum der Aussage mitgeteilt: am 9. und 10. Dezember 2015, zwei Tage lang. Es könne länger dauern, weil die neuen Anwälte etwas nachlegen würden, was für Aufregung sorgen könnte. Sie hoffe, dass das klappt, so Viktoria, es gebe halt eine neue Ära in der Verteidigung Zschäpes.

In jener Zeit gab es nicht nur viele Befangenheitsanträge der Verteidigung gegen das Gericht, ich bin auch auf eine Zeitungsanzeige von Oktober 2011 gestoßen, nach der in der Frühlingsstraße 26 in Zwickau eine Wohnung zu vermieten war. In dem Haus mit dieser Hausnummer hatte das Trio bis zum 4. November 2011 seine letzte Wohnung. Viktoria gab mir zu verstehen, das könne ich ruhig auf meinem Blog schreiben.

Drei Aussage-Versionen Zschäpes vorbereitet?

Es wurde Dezember und der Tag X rückte näher. Ich erfuhr, dass innerhalb der Verteidigung über drei unterschiedliche Versionen von Zschäpes Aussage diskutiert werde. Eine der Versionen war höchst brisant. Danach wollte Zschäpe den Verfassungsschutz belasten, wollte aussagen, dass der Verfassungsschutzbeamte T. am Mord in Kassel beteiligt gewesen sei und dass Böhnhardt und Mundlos V-Leute gewesen seien. Diese Version erreichte auch ausgewählte Journalisten, die sie kurz vor dem erwarteten Prozessauftritt verbreiteten. In der Kanzlei sei der Teufel los gewesen, wurde mir erklärt, auch weil die Presse ahnte, was bald passieren könnte.

Am 8. Dezember 2015, dem Vortag der Aussage, berichteten Medien, Zschäpe habe einen Nervenzusammenbruch erlitten. Ich meldete mich bei Viktoria und fragte, ob das stimme. Sie bestätigte es. Es habe eine Zellendurchsuchung gegeben, nachdem Zschäpe ihren Freigang beendet hatte. Das muss sie aus der Fassung gebracht haben. Ob das mit der bevorstehenden Aussage und den Aussagevarianten zusammenhing, entzog sich meiner Kenntnis. Es müssen in der JVA wohl besondere Zustände an den Tagen vor der Aussage geherrscht haben.

Die Verteidigung musste den Zusammenbruch dem Senat

melden. Zschäpe gehe es wirklich sehr schlecht, berichtete Viktoria. Sie wüssten nicht, was sich im Moment alles abspiele, machten sich aber große Sorgen. Sie erzählte auch, dass Zschäpe, bevor sie zum Gericht gefahren werde, sich nackt durchsuchen lassen müsse und zwar fast nur von Männern. Für sie ein unhaltbarer Vorgang. Auch Götzl, der Vorsitzende Richter des NSU-Prozesses, soll verwundert gewesen sein. Er hätte dies sofort untersagt. Ob das aber stimmte, was Viktoria da erzählte? Kaum zu glauben.

Am Tag X saßen Viktoria und ich auf der Zuschauertribüne im Gerichtssaal nebeneinander. Sie erklärte mir, Zschäpe werde sich heute nicht wie bisher umdrehen und den Kameras den Rücken zuwenden, sondern sich zugewandt mit ihrem Gesicht präsentieren. Das solle eine Abkehr vom bisherigen Verhalten sein und jetzt immer so gemacht werden.

Tatsächlich ließ sich Zschäpe zum ersten Mal von der Presse filmen und fotografieren. Der Richter stellte fest, dass alle Beteiligten erschienen waren und erteilte Rechtsanwalt Grasel das Wort.

Was er für seine Mandantin vortrug, wissen wir. Nichts von der durchgesickerten angeblichen ersten Version. Im Zusammenhang mit dem Verfassungsschutz wurde lediglich Tino Brandt genannt. Das war aber alles andere als neu.

Für mich war es, als ob ich in einem anderen Film sei. Einem befreundeten Journalisten ging es genauso. Schließlich hatte man uns vorher über Viktoria zu verstehen geben, dass von Zschäpe nicht das kommt, was schon bekannt sei. Ihre Aussage sollte eben gerade nicht dem entsprechen, was die Bundesanwaltschaft in ihrer Anklage vorgetragen hatte. Tatsächlich handelte es sich dann aber um eine nahezu wortgleiche Bestätigung der Anklageschrift. Warum diese Version vorgetragen wurde und nicht die, die mir und ein paar Journalisten gegenüber angekündigt worden war, und welchen Inhalt gar die dritte Aussageversion gehabt hätte, habe ich nie erfahren.

Ich habe Viktoria zwar damit konfrontiert. Sie antwortete aber nur, das Vorgehen sei »besser« für Zschäpe. Einem Journalisten erklärte sie dagegen, wenn es nach ihr gegangen wäre, hätte Zschäpe eine andere Aussage gemacht, in der mehr zum Verfassungsschutz vorgekommen wäre.

Später schrieb sie mir, sie könne sich denken, dass ich jetzt tausend Fragen habe. Sie habe mich nicht erreicht. Wir sollten uns beim nächsten Mal zusammensetzen und reden. Doch es folgte das Gegenteil. Es wurden von nun an nur noch ganz wenige Nachrichten ausgetauscht. Im Prozess erschien sie kaum noch, sagte mir lediglich noch, wann Zschäpe den Fragenkatalog des Gerichtes beantworten werde. Eine ihrer letzten Informationen an mich war, dass Zschäpe nach Neujahr Besuch von ihrer später verstorbenen Oma erhalten werde.

Wer war Viktoria? Ohne Zweifel gehörte sie zu den Neu-Verteidigern Zschäpes. Man sah sie oft mit Borchert aus der JVA kommen. Die letzte Nachricht waren Grüße, die sie im Februar 2016 schickte. Ein halbes Jahr später fragte ich Rechtsanwalt Grasel nach ihr. Er antwortete knapp, es gehe ihr gut, sie habe eine neue Aufgabe.

Kürzlich habe ich erfahren, dass sie eigentlich Desiree K. heißt.

»Frau Zschäpe, haben Sie den Mut und sagen Sie umfassend aus!«

Aus dem Plädoyer von Hardy Langer, Anwalt der Schwestern von Mehmet Turgut, der am 25. Februar 2004 in Rostock ermordet wurde

Gleich zu Beginn ersuche ich den Senat, im Urteil klarzustellen, dass der Vorname des ermordeten Bruders meiner Mandantinnen Mehmet ist. Den Namen Yunus trägt ein Bruder, der im vorliegenden Verfahren auch Nebenkläger ist. Die Anklage vermerkte als fünftes Mordopfer der Ceska-Serie den Namen Yunus Turgut, und auch in ihrem Plädoyer hat die Generalbundesanwaltschaft (GBA) diesen durchgehend beibehalten. (...)

Während die acht anderen Tatorte im ehemaligen Westen Deutschlands liegen, ist mit Rostock der einzige Tatort eines Mordes im ehemaligen Ostteil Deutschlands zu verzeichnen. Ich gehe davon aus, dass dies kein Zufall ist. (...) Der Tatort Rostock-Toitenwinkel, Neudierkower Weg 2, ist selbst für in Rostock Wohnende weit abgelegen. (...) Hier gibt es offensichtlich einen anderen Bezug, das persönliche Wissen um den Tatort aus früherer Zeit von mindestens einer der drei untergetauchten Personen, die das NSU-Trio bildeten. (...) Zum einen hatte Uwe Böhnhardt dorthin einen verwandtschaftlichen Bezug. In Rostock-Toitenwinkel wohnte seit 1991 seine Cousine, die er dort auch besucht hat. (...) Zum anderen wohnte eine Person im unmittelbarem Umfeld des späteren Tatortes, die auf der sichergestellten sogenannten Garagenliste von Uwe Mundlos notiert worden war. (...)

Offensichtlich wurde Mehmet Turgut (sehr wahrscheinlich unter Vorhalt einer Schusswaffe) zunächst gezwungen, sich vollständig auf den Boden zu legen. Dort wurde er dann kaltblütig mit drei Schüssen hingerichtet, wobei ein weiterer Schuss das Opfer verfehlte. (...) Eine konkrete Erklärung für diese Abweichungen im Modus Operandi könnte allein Beate Zschäpe mitteilen. (...) Denkbar wäre aber auch, dass eine dritte Person, diese zierlicher und kleiner als die anderen beiden, mit zugegen war und die anderen beiden Mehmet Turgut mit Waffengewalt aufforderten, sich hinzulegen, damit diese dritte Person, sichtlich ungeübt im Umgang mit dem Gegenstand in der Plastetüte, Schüsse abgeben konnte. Der erste Schuss verfehlte das Opfer, der zweite traf in den Nacken. (...) So oder ganz ähnlich müssen die letzten Minuten von Mehmet Turgut verlaufen sein. Auch dazu könnte Beate Zschäpe mit Sicherheit genaue Details benennen, aber sie war bislang nicht bereit, dazu mehr zu sagen, weder von sich aus, noch auf Fragen hierzu. Möglicherweise aus gutem Grund! (...)

Zum Schluss wende ich mich kurz persönlich an Sie, Frau Zschäpe. Nur Sie könnten bislang unbekannte Details zum Leben im Untergrund und zu den in dieser Zeit verübten Verbrechen offenbaren. Dazu würde gehören, dass Sie den Weg der genau abgesteckten, wochenlang vorbereiteten, schriftlichen, von Ihren Anwälten verlesenen Erklärungen verlassen. Sie müssten persönlich und direkt Rede und Antwort stehen und zwar allen Verfahrensbeteiligten gegenüber. (...) Reden, ohne etwas zu sagen, ohne etwas aufzuklären. Das Abschieben der alleinigen Verantwortung auf die, die nicht mehr widersprechen können. Objektiv haben Sie dem Gericht und der Bundesanwaltschaft die Beweisführung in einem erheblichen Umfang erleichtert, indem Sie die Taten als solche – von Uwe Böhnhardt/Uwe Mundlos begangen – einräumten. Wohin also hat Sie nun ihre bisherige Gesamtstrategie in diesem Verfahren gebracht? Dahin, dass der GBA das maximale Programm gegen Sie beantragt hat: Lebenslang, besondere Schwere der Schuld, Sicherheitsverwahrung. Es ist naheliegend, dass das Gericht dem folgen wird. Sie sind nun an dem Punkt, an dem Ihnen kein Anwalt mehr helfen kann! Sie können sich nur noch selbst helfen. Frau Zschäpe, haben Sie den Mut, den Ihre Situation jetzt gebietet: Brechen Sie alle strategischen und taktischen Brücken hinter sich ab. Begeben Sie sich auf den Weg der Einsicht und erkennen Sie: Ihr Leben ist nicht am 4.11.2011 zum Alptraum geworden, sondern an diesem Tag endete der Alptraum für Sie. Nutzen Sie das einzige Ihnen noch verbleibende wirksame prozessuale Gestaltungsmittel: Sagen Sie umfassend und wahrheitsgemäß aus.

Die Böhnhardt-Peggy-Spur

Wie kam die DNA des mutmaßlichen Terroristen
an den Fundort des ermordeten Kindes?

THOMAS MOSER

Es ist eines der bizarrsten und abenteuerlichsten Kapitel in
der an Bizarrheiten reichen Geschichte des NSU: der Zusammenhang zwischen Uwe Böhnhardt und einem ermordeten
Kind – zunächst offiziell hergestellt, doch wenige Monate
später wieder bestritten. Das Besondere: Die Regie lag, auch
in der ganzen Widersprüchlichkeit, fast ausschließlich in den
Händen der Strafverfolgungsbehörden. Waren sie nur überfor-
dert, oder spielten im Hintergrund unbekannte Faktoren eine
Rolle? Aufgeklärt ist der Fall nicht.

Im Mai 2001 war das neunjährige Mädchen Peggy K. in
seinem Wohnort Lichtenberg in Nordbayern auf dem Heim-
weg von der Schule spurlos verschwunden. Die Polizei ging von
einem Verbrechen aus. Ein geistig behinderter Deutsch-Türke
wurde 2004 wegen Mordes verurteilt und jahrelang in der
Psychiatrie eingesperrt. Doch zehn Jahre später wurde Ulvi K.
in einem spektakulären Wiederaufnahmeverfahren freigesprochen.

Am 2. Juli 2016 stieß ein Pilzsucher, wie es offiziell heißt, im
Wald bei Rodacherbrunn in Südthüringen auf Knochen, die einen Tag später als die sterblichen Überreste des Mädchens Peggy
identifiziert wurden. Der Fundort lag nur wenige Kilometer von
ihrem Wohnort entfernt. Vermutlich wurde sie bereits damals
ermordet. Der oder die Mörder sind bis heute nicht gefunden.

Am 13. Oktober 2016 sorgte dann die Nachricht bundesweit für Aufsehen, bei dem toten Mädchen sei DNA-Material von Uwe Böhnhardt gesichert worden. Veröffentlicht wurde die Nachricht via Pressemitteilung des Polizeipräsidiums Oberfranken und der Staatsanwaltschaft Bayreuth, die die Todesermittlungen im Falle Peggy führen.

Im heiklen, von Ungereimtheiten und Widersprüchen angereicherten NSU-Komplex musste man davon ausgehen, dass eine solche Information amtlicherseits nicht ungeprüft und fahrlässig verbreitet wird. Obendrein sicherten sich die beiden bayrischen Behörden mit Hinweis auf den Generalbundesanwalt ab, der über die »neuen Erkenntnisse unterrichtet« und in die Ermittlungen »eingebunden« sei. Das konnte man nicht anders werten, als dass jene Instanz, die federführend das NSU-Verfahren betreibt, die Herausgabe der Information mitträgt.

Niemand anderes als Sicherheitsbehörden stellten damit den Zusammenhang zwischen dem ermordeten Mädchen und dem toten mutmaßlichen Terroristen her. Doch wenig später begannen dieselben Behörden, aufgeregt zurück zu rudern. Zurück ließen sie eine Vielzahl unbeantworteter Fragen – bis heute.

Kinderhandel?

Die Nachricht, es könnte eine Verbindung zwischen dem NSU und dem Peggy-Mord bestehen, schockierte die Öffentlichkeit. Sollten die Rechtsterroristen etwa auch mit Kinderhandel und Kindesmissbrauch zu tun gehabt haben? Arbeitshypothetisch öffnete sich ein ganz neuer Raum des NSU-Komplexes: Wenn Kinderhandel vorläge, müsste es auch Kunden geben, ein gesellschaftliches Klientel, viele Mittäter und Mitwisser. Die NSU-Täter hätten sich womöglich im Bereich der Organisierten Kriminalität (OK) bewegt.

Und ungeklärte Details hätten eine Logik bekommen: War der Rechtsextremist und V-Mann Tino Brandt – er war Gründer und Anführer des »Thüringer Heimatschutzes«, in dem sich Mundlos, Böhnhardt und Zschäpe radikalisierten – nicht wegen vielfachen sexuellen Missbrauchs von Kindern und Jugendlichen zu einer langjährigen Haftstrafe verurteilt worden? Unter anderem hatte Brandt gegen Provision Jungen an andere Männer zum Sex vermittelt. Wurden auf einem Computer des Trios in der Zwickauer Wohnung nicht kinderpornographische Bilder entdeckt? Von den Bildern habe sie nichts gewusst, ließ Zschäpe vor Gericht durch ihren Verteidiger erklären. Den Rechner habe Mundlos zusammengebaut. Er habe im Handel immer wieder gebrauchte Festplatten gekauft. Was war mit dem Spielzeug und der rosa Kindersandale, die im Wohnmobil des NSU in Eisenach gefunden wurden? Welchem Kind sie gehörten, ist bis heute nicht bekannt. War nicht 1993 in Jena, wo das Trio bis 1998 lebte, ein neunjähriger Junge ermordet worden? Tatsächlich war damals Uwe Böhnhardt unter Tatverdacht geraten, der sich aber nicht bestätigte.

Auffällig war, dass im Fall Peggy sofort Abwehrreflexe einsetzten, obwohl Böhnhardt zusammen mit Mundlos bereits zehn Morde zugeschrieben werden. So, als dürfe das nicht sein. Sogar das böse Wort »Verschwörungstheorie« musste herhalten. So viel Rücksichtnahme überrascht: Zehn Morde sind keine Verschwörungstheorie, doch ein elfter soll eine sein?

Verschiedene Medien sorgten sich um den NSU-Prozess in München und schrieben, der Fall Peggy werde die Hauptverhandlung nicht tangieren. Doch es kam anders. Nebenkläger formulierten Beweisanträge und forderten die Beiziehung der

Peggy-Akten. Und auch den Vorsitzenden Richter Manfred Götzl interessierte die Sache. Am 26. Oktober 2016 fragte er die Angeklagte Beate Zschäpe explizit, ob sie über Informationen zu dem Fall verfüge. Daraufhin kündigte Zschäpes Anwalt Hermann Borchert eine schriftliche Stellungnahme seiner Mandantin an.

Verbindung NSU - Peggy darf nicht sein

Sind daraufhin irgendwo Alarmglocken angegangen? Einen Tag, nachdem klar war, Zschäpe, die einstige Geliebte Böhnhardts, wolle sich zum Fall Peggy äußern, wurde die mögliche Verbindung des NSU zum toten Mädchen massiv angegangen – und zwar mit nichts mehr als einer reinen Spekulation: Vielleicht sei an der Spur doch nichts dran, vielleicht habe eine Verunreinigung zu einer falschen Spur geführt, so mehrere Medien. Doch während das erst noch umfassend überprüft werden musste, also überhaupt nicht feststand, gaben sich manche Beteiligte bereits sicher. Zum Beispiel ein für den *Südwestrundfunk* (*SWR*) tätiger Reporter, der als »Terrorismusexperte der ARD« gilt und über exklusive Beziehungen zur Bundesanwaltschaft und zum Bundeskriminalamt verfügt. Wiederholt verkündete er via Fernsehen, aus höchsten Ermittlerkreisen wisse er, dass die Spur nicht echt sei. Er schien besser informiert zu sein, als der Oberstaatsanwalt von Bayreuth.

Der *SWR*-Mann nannte sogar den Übertragungsweg: ein Zollstock der Kriminalpolizei aus Thüringen. An ihm soll die DNA Böhnhardts geklebt haben und so vom Tatort Eisenach, wo Böhnhardt im November 2011 ums Leben kam, Jahre danach an den Fundort des Mädchens verschleppt worden sein.

Monate später entpuppte sich die Spekulation tatsächlich als Spekulation – ein Zollstock spielte nie eine Rolle. Verdächtig erschien vor allem, warum eine bloße Vermutung (nämlich: es handle sich um eine Trugspur) derart schnell und propagandistisch wie eine Tatsache behandelt wurde. Ging es darum, den dramatischen Zusammenhang zwischen dem NSU und dem Fall Peggy wieder rückgängig zu machen? Das wäre zugleich seinerseits ein Zusammenhang, wenn auch in der Negation.

Wie aus einer falschen Fährte eine vermeintlich richtige wird, zeigte das Beispiel der »heute show«. Die *ZDF*-Satiresendung machte einen Sketch über die angebliche »Zollstock-Panne«, in dem ein Polizist das Gerät überall offen mit sich herumträgt und so mit vielfacher Fremd-DNA behaftet. Doch damit verfestigte sich die Vorstellung von der »Zollstock-Panne« zum Fakt. Was als Kritik an fahrlässigem Ermittlerverhalten gedacht war, taugte tatsächlich dazu, eine Desinformation zu barer Münze werden zu lassen.

Im Bewusstsein der Öffentlichkeit blieb es eine weitere dieser unzähligen sogenannten »Polizeipannen« im NSU-Komplex – doch an die Verbindung Böhnhardt-Peggy glaubte niemand mehr.

Einen tatsächlichen Beleg für eine Spurenverschleppung präsentierte die Staatsanwaltschaft Bayreuth erst Monate später am 8. März 2017. Auf einer Pressekonferenz teilte sie mit, die DNA Böhnhardts sei auf einem Stoffteilchen festgestellt worden, das zu einem Kopfhörer gehörte, der im ausgebrannten Wohnmobil in Eisenach lag.

Kein Zollstock also, sondern ein Kopfhörer. Aber ein Beweisstück, das erst nach November 2011 und nach dem Tod Böhnhardts zum Fundort Peggys gekommen sein muss, so die Ermittler. Zugleich schlossen sie ein »vorsätzliches Setzen« der

Spur, also eine Manipulation, aus. Wie sie darauf kommen, teilten sie bei der Pressekonferenz nicht mit. Es ist nicht die einzige Frage, die offen blieb.

Akte geschlossen

Dennoch schloss die Behörde ein halbes Jahr später, am 8. September 2017, die Akte. Im Schatten von Sommerferien und Bundestagswahlkampf ist fast untergegangen, was ein Jahr zuvor noch bundesweit Wellen geschlagen hatte.

Die Staatsanwaltschaft Bayreuth erklärt nun offiziell, zwischen dem mutmaßlichen Terroristen Uwe Böhnhardt und dem Tod der neunjährigen Peggy K. gebe es keinen Zusammenhang. Nicht erklären kann die Behörde aber, wie die DNA des NSU-Mitgliedes Böhnhardt auf einem Stofffetzen an den Fundort der sterblichen Überreste des Mädchens gelangte. Denn dass das Asservat inklusive der Genspur dort gesichert wurde, bleibt unstrittig.

Tatsächlich gelingt es nicht, die Affäre zu beenden, denn fundamentale Widersprüche bleiben. Was dazu amtlicherseits verlautbart wird, ist atemberaubend.

Zunächst bestätigt die Behörde noch einmal, dass am Fundort von Peggy tatsächlich eine »DNA-Spur Böhnhardts festgestellt« wurde, an einem Textilteilchen zwölf mal vier Millimeter groß. Das habe einem Kopfhörer Böhnhardts zugeordnet werden können und »muss bei der Spurensicherung am Fundort übertragen« worden sein. Der »konkrete Übertragungsweg der DNA« habe allerdings »nicht mehr geklärt« werden können. An den untersuchten Gerätschaften der Tatortgruppe des Landeskriminalamtes (LKA) Thüringen, »darunter ein Winkelmaßstab«, haben keine DNA-Spuren von Uwe Böhnhardt oder von Peggy K. festgestellt werden können.

Das Stoffteilchen mit der DNA sei am 3. Juli 2016, dem ersten Tag der Spurensicherung, sichergestellt worden. Die Staatsanwaltschaft schließt aber aus, dass das Asservat vor oder nach dem 3. Juli an die Stelle kam, sowie dass es »vorsätzlich«, also mit Manipulationsinteresse, gelegt worden sei.

Worauf sie ihre Erkenntnisse stützt, erklärt sie nicht.

Die zeitliche Eingrenzung auf den 3. Juli 2016 wurzelt in der Hergangsversion der Ermittler und ist die Voraussetzung, um behaupten zu können, das Stoffteilchen sei mutmaßlich von der Tatortgruppe des LKA Thüringen in den Wald von Rodacherbrunn verschleppt worden – und zwar versehentlich. Die Behörde formuliert das zwar nicht explizit, legt es aber nahe, auch weil sie die »Tatortgruppe« namentlich erwähnt. Einen Beleg erbringt sie nicht. Der schwarze Peter liegt aber bei der Thüringer Kriminalpolizei.

Ein Kriminalbeamter, der früher Mitglied der Tatortgruppe war, wehrt sich entschieden gegen diese simple Schuldzuweisung. Alle Geräte, die zur Spurensicherung verwendet werden, würden nach jedem Einsatz gründlich gereinigt, erklärt er. Das sei Standard und quasi sakrosankt, etwas anderes undenkbar.

Offizielle Erklärung zweifelhaft

Wer der Erklärung von der nach Jahren unabsichtlich verschleppten Spur Glauben schenken will, muss sich tatsächlich einen monströsen Vorgang vorstellen. Denn bei der DNA-Spur geht es nicht um eine winzig kleine Hautschuppe oder ein Haar, sondern um ein sichtbares Textilteilchen als Spurenträger. Das gehörte zu einem Kopfhörer, der am 4. November 2011 im ausgebrannten Wohnmobil in Eisenach auf dem Fahrersitz lag. In dem Fahrzeug wurden am selben Tag auch die Leichen von Uwe Mundlos und Uwe Böhnhardt gefunden.

Dass Kopfhörer und Kopfhörerteilchen an jenem Novembertag, als der NSU aufflog, dort in Eisenach lagen, würden Anschmelzungen belegen, die durch die Hitzeentwicklung im Wohnmobil nach der Brandlegung entstanden seien. Bei ihrer Pressekonferenz am 8. März 2017, als Staatsanwaltschaft und Sonderkommission (SoKo) Peggy bereits einen Zusammenhang zwischen Böhnhardt und dem Mädchen ausschlossen, erwähnten die Ermittler die »Anschmelzungen« nicht.

Das tat einen Tag später im Bundestag der Generalstaatsanwalt von Bamberg in nicht-öffentlicher Sitzung gegenüber den Mitgliedern des NSU-Untersuchungsausschusses. Es ist ein wichtiges Detail, weil es belegt, dass der Kopfhörerfetzen erst nach November 2011 an den Fundort der Leiche von Peggy gekommen sein kann. Damit ist Uwe Böhnhardt als Überbringer ausgeschlossen.

Doch wo war das angeschmolzene Teilchen mit der Böhnhardt-DNA all die Jahre? Der Kopfhörer wurde asserviert und kam in die Obhut des Bundeskriminalamtes (BKA). Das Kopfhörerteilchen aber besitzt keine eigene Asservatennummer, wie man aus dem Ausschuss in Berlin erfuhr. Ist es irgendwann vom Kopfhörer abgefallen und war ursprünglich kein eigenes Asservat – oder bekam es von Anfang an gezielt keine eigene Nummer? Sollte jemand oder eine Stelle etwa ein Asservat mit Böhnhardt-DNA zurückgehalten haben, um es irgendwann »einsetzen« zu können? Das überlegte ein Abgeordneter noch in der Ausschusssitzung und mochte eine solche Vorstellung gleichzeitig nicht glauben.

Wie soll das Teilchen dann vom BKA zurück zur Thüringer Tatortgruppe gelangt sein? Oder lag es etwa die ganze Zeit, nämlich vier Jahre und acht Monate, bei den Spezialisten in Erfurt, unbemerkt? Und ohne dass es in dieser langen Zeit an andere Tatorte, wo die Spurensicherer tätig wurden, verschleppt worden wäre?

Die Staatsanwaltschaft Bayreuth dagegen bleibt bei ihrer gleichwohl unbegründeten Einschätzung. Die Betonung, dass das Beweisstück »nicht vorsätzlich« an den Fundort des toten Kindes transportiert wurde, erscheint einerseits wie eine pflichtschuldige Exkulpation einer Ermittlungsbehörde. Andererseits wird dadurch auch eine Manipulation für unwahrscheinlich erklärt. Offensichtlich haben die Behörden selber kein Interesse an dieser Verbindung Böhnhardt-Peggy. Doch wie sie darauf kommt, dass das Teil »nicht vorsätzlich« gelegt wurde, ist eine der Fragen, die die Staatsanwaltschaft nicht beantworten mag.

Genau wie die, wo das halbfingernagelgroße Stück Stoff gefunden wurde. Auch dazu existiert eine weitere Merkwürdigkeit: Den Bundestagsabgeordneten des NSU-Ausschusses wurden im März 2017 zwei Fotos vom Fundort Peggys gezeigt. Auf dem ersten sieht man einen rechtwinklig ausgelegten Zollstock und in der Innenfläche sieben kleine Asservate. Ein achtes Asservat, es ist das besagte Textilteilchen mit der Böhnhardt-DNA, liegt außerhalb der Zollstockinnenfläche. Auf einem zweiten Foto ist das achte Asservat von außen nach innen zu den anderen Asservaten gelegt, die Zahl »7 Asservate« wurde durchgestrichen und handschriftlich in »8 Asservate« umgeändert. Wer das wann und warum tat, ist unklar.

Staatsanwaltschaft beantwortet keine Fragen mehr

Oktober 2017, Nachfragen bei der Staatsanwaltschaft Bayreuth. Der für den Fall zuständige Staatsanwalt gibt zunächst mündlich einige Antworten und bittet, weitere Fragen schriftlich einzureichen. Das geschieht:

* Wo wurde das Textilteilchen mit der Böhnhardt-DNA sichergestellt? Laut Medien soll das »im Waldboden unter dem ermordeten Kind« gewesen sein.
* Trifft es zu, dass das Stoffteilchen keine Asservatennummer hat oder hatte?
* Zwei Fotos zeigen einmal das Stoffteilchen außerhalb der Innenfläche eines rechtwinklig angelegten Zollstocks, und zum zweiten innerhalb der Innenfläche, wo sieben andere Asservate markiert sind. In den Unterlagen wurde die Zahl »7« Asservate abgeändert in »8« Asservate. Wie ist dieser Vorgang zu erklären?
* Laut Staatsanwaltschaft Bayreuth wurde das Stoffteilchen am Tag der Spurensicherung (3. Juli 2016) an den Fundort Peggy verschleppt. Nicht vorher und nicht nachher. Wie kommt die Behörde zu dieser Erkenntnis?
* Laut Staatsanwaltschaft Bayreuth wird ein »vorsätzliches Setzen« des Teilchens ausgeschlossen. Wie kommt die Behörde zu dieser Erkenntnis?
* Laut Pressemitteilung der Staatsanwaltschaft vom 8.9.2017 kann der »konkrete Übertragungsweg« der Böhnhardt-DNA an den Auffindeort in Rodacherbrunn »nicht mehr geklärt werden«. Warum ist die Behörde dann sicher, dass die Übertragung ausschließlich am 3. Juli 2016 und nicht vorsätzlich stattgefunden haben muss?
* In der Pressemitteilung vom 8.3.2017 heißt es, bei der Spurensicherung »ergaben sich Hinweise, dass der Spurenübertrag bei der Spurensicherung am Fundort stattgefunden haben muss«. Um welche Art Hinweise handelte es sich?

Für eine Behörde ungewöhnlich, meldet sich der Staatsanwalt eine Woche danach von sich aus, um mitzuteilen, die

Auskünfte würden mit der SoKo »Peggy« abgestimmt werden, er bitte darum, sich noch ein paar Tage zu gedulden.

Was dann geschieht, ist das Gegenteil: eine Kehrtwende um 180 Grad im Auskunftsverhalten der Behörde. Statt der versprochenen konkreten Antworten kommt eine E-Mail des Leitenden Oberstaatsanwaltes Herbert Potzel, in der im wesentlichen auf die drei Pressemitteilungen von Oktober 2016, März 2017 und September 2017 verwiesen wird. Dann heißt es knapp: »Ihre Erkenntnisse zur Trugspur stützen die Ermittler auf eine Gesamtbewertung der eigenen Untersuchungen, der eingeholten Sachverständigengutachten und der Feststellungen aus anderen Ermittlungsakten.« Nähere Einzelheiten zu den weiteren Fragen könnten nicht mitgeteilt werden, so der Behördenleiter abschließend.

Akte zu – alle Fragen offen. Zum Beispiel die: Wer hat Angst vor einem möglichen Zusammenhang Böhnhardt-Peggy?

Leiter der SoKo »Peggy« wurde 2002 Wolfgang Geier. Er legte sich auf den Deutsch-Türken Ulvi K. als Mörder des Mädchens fest – und lag falsch. 2005 übernahm der Kriminaldirektor die Leitung der BAO »Bosporus«, die die Ceska-Morde an Migranten in Bayern aufklären sollte. Wieder vermutete er die Täter innerhalb türkischer Kreise. Und wieder lag er falsch. Die Sonderkommission »Peggy« wurde inzwischen herabgestuft zur Ermittlungsgruppe »Peggy«, die Zahl der Kräfte drastisch reduziert.

»Ohne den Verfassungsschutz ist das Morden des NSU nicht denkbar«

Aus dem Plädoyer von Alexander Kienzle, Anwalt der Familie von Halit Yozgat, der am 6. April 2006 in Kassel ermordet wurde

(...) Die Frage, die für die Familie seit der Ermordung Halit Yozgats im Vordergrund steht: Welche Rolle spielte der beim Mord anwesende Verfassungsschützer Andreas T(...), und welche Rolle spielte der Verfassungsschutz? Welche Rolle spielten Verfassungsschützer und Verfassungsschutz bei der Straftatserie des NSU, welche insbesondere bei der Begehung der zehn dem NSU sicher zuzuordnenden Hinrichtungen, welche bei den Sprengstoffanschlägen? (...) Um das Ergebnis vorwegzunehmen: Die Hoffnung der Familie auf Aufklärung dieser Zusammenhänge ist weitgehend enttäuscht worden. (...) Weitere Ermittlungen hat der Generalbundesanwalt unterlassen. Die Beschränkung auf die Theorie von der abgeschotteten Dreierzelle und ihre wenigen angeklagten Helfer ignoriert diesen Anspruch. Sämtliche von der Familie berechtigt in das Verfahren eingebrachten Fragen bleiben infolge der vom Generalbundesanwalt vorgenommenen artifiziellen Beschränkung der Aufklärung aus Gründen der Staatsräson unbeantwortet. (...) Staatliche Institutionen haben den Zugriff der Beweisaufnahme auf die wahren Sachverhalte verhindert oder massiv erschwert. Namentlich die Verfassungsschutzbehörden unternahmen den rechtsstaatswidrigen Versuch, durch Aktenvernichtung, Aktenzurückhaltung oder nachrichtendienstliche Involvierungen verschleierndes Aussageverhalten bis in die Hauptverhandlung hinein die Ermittlung des wahren Sachverhalts zu verhindern, nach dem sie Mitverantwortung für die Straftatbegehungen des NSU tragen. Dass der Generalbundesanwalt auf diesem Hintergrund in seinem Schlussvortrag die Überzeugung vorgibt, eine Mitverantwortung staatlicher Behörden habe es nicht gegeben, es hätten außer Theorien keine Anhaltspunkte für strafrechtlich relevante Verstrickung staatlicher Stellen gegeben, spricht den Zielen des Strafprozesses rechtsstaatlicher Prägung Hohn. (...) Der Mord an Halit Yozgat ist zugleich letzter Beleg für Umstände, ohne die das Morden des NSU nicht denkbar war: die Verstrickung der Verfassungsschutzbehörden und deren Bemühen, vor und nach der Selbstenttarnung des NSU eigene Beiträge und Versäumnisse im Zusammenhang mit der Mordserie zu verschleiern. (...) Der Generalbundesanwalt und diesem folgend zuletzt auch der Senat haben mit Blick auf staatliche Mitverantwortung nicht aufgeklärt, was aufgeklärt werden konnte, sondern lediglich das, was aufzuklären sich wegen seiner Offenkundigkeit nicht vermeiden ließ. (...)

Das LfV Hessen leistete schon in der Zeit nach dem Mord an Halit Yozgat wesentliche Beiträge dazu, dass die Tat bis heute nicht weitgehender aufgeklärt werden konnte. (...) Die Beiträge des LfV wurden zudem administrativ durch die hessische Landespolitik gedeckt und werden dies bis heute. Der damalige Innenminister Hessens, Volker Bouffier, trug mit der bis heute wirksamen Sperrerklärung betreffend die Quellen von T(...) dazu bei, dass eine vollumfängliche Aufklärung nicht stattfinden konnte. (...)

Warum Halit? Wer hat dem NSU geholfen? Welche Rolle spielte der Verfassungsschutzmitarbeiter Andreas T(...) mit seinem Amt bei der Ermordung? All dies ist in der hiesigen Hauptverhandlung unaufklärbar geblieben. (...) Dem eingeschränkten Verständnis von der Amtsaufklärungspflicht folgend hat schließlich auch der Senat die Aufklärung der staatlichen Mitverantwortung im Laufe der Beweisaufnahme abgebrochen. (...)

Der Zeuge T(...) hat nach fester Überzeugung nahezu aller, die seine Aussagen auch in der hiesigen Hauptverhandlung analysiert, überprüft und gewürdigt haben, mit der Behauptung umfassender Unkenntnis über den Mord an Halit Yozgat gelogen und statt dessen tatsächlich jedenfalls eigene Beobachtungen zur Tat machen müssen, die er bis heute aus nur mit einer zu verschleiernden dienstlichen Anwesenheit zu erklärenden Gründen verschweigt, oder er ist selbst in die Tat verstrickt. (...) Letztlich bedeutet es, dass jede Verfassungsschutzbehörde damit rechnen kann, mit zu eigenen Gunsten verschleierndem Verhalten dauerhaft durchzudringen. Diesen Makel unterlassener Aufklärungsbemühung wird das vorliegende Verfahren auch über die Rechtskraft eines Urteils hinaus behalten.

Zersetzung

Informelle Netzwerke, verdeckte Operationen und subtile
Einflussnahmen als Arbeitsmethoden von Nachrichtendiensten. Ein historischer Rückblick

MICHAEL BEYKIRCH

»Die Sicherheitsapparate eines Polizeistaats dürfen alles,
was sie können. Die Sicherheitsapparate eines Rechtsstaats
können alles, was sie dürfen.« Diese Aussage des Redakteurs
der *Süddeutschen Zeitung*, Heribert Prantl, in seinem 2010
veröffentlichten Artikel »Hysterie, die Himmelangst macht«,
bringt das Glaubensbekenntnis eines Großteils der Menschen
in unserem sowie in anderen westlichen Ländern auf den
Punkt: Nachrichtendienste in Rechtsstaaten halten sich an
Recht und Gesetz. Doch es reicht schon ein flüchtiger Blick
in die Geschichte des Kalten Krieges, um zu erkennen, dass es
sich dabei um eine sehr vereinfachende Darstellung handelt.
Eine Darstellung, die nicht zuletzt auch an dem Mythos an-
knüpft, demzufolge Nachrichtendienste in Rechtsstaaten sich
ausschließlich dem nüchternen Sammeln und Auswerten von
Informationen widmen.

Verschiedene historische Beispiele zeigen, wie östliche und
westliche Nachrichtendienste ihre Rolle als Informationsdienst
überschritten und systematisch Methoden der »Zersetzung« als
subtile Form der Einflussnahme auf Oppositionsbewegungen
und Staatskritiker anwendeten. Dieser vergleichende Ansatz
dient nicht dazu, die Arbeit der Nachrichtendienste auf derartige Methoden zu reduzieren. Ebenso wenig, die Arbeitsweise

dieser Institutionen, welche sich in unterschiedliche historisch-politische Kontexte einbetten, zu verallgemeinern. Stattdessen verfolgt der Ansatz das Ziel, Voraussetzungen, Formen und Auswirkungen solcher Methoden zu benennen. Denn davon ausgehend stellt sich die Frage, welche Bedeutung solche Erfahrungen für die Gegenwart haben.

Die Zersetzungsstrategie des DDR-Staatssicherheitsdienstes MfS

Niemand wird heute bestreiten: Die Deutsche Demokratische Republik (DDR) war ein Polizei- und Überwachungsstaat. In diesem Punkt sind sich rechte wie linke Kritiker des sogenannten Unrechtsstaates einig. Doch wie arbeitete dieser Überwachungsstaat? Welche Methoden wendete er an und welche Voraussetzungen mussten dafür erfüllt sein?

Der Zusammenbruch der DDR und die Öffnung der Archive des Ministeriums für Staatssicherheit (MfS) ermöglichten der Öffentlichkeit sowie der Wissenschaft einen bis dahin unbekannten Einblick in die Arbeitsweisen des ostdeutschen Geheimdienstes. Bürger, die zuvor vom MfS überwacht wurden, erhielten Zugang zu den Akten, in denen ihre Überwachung detailliert festgehalten wurde. Die Akten offenbaren jedoch mehr als nur ihre schlichte Observierung. Sie beinhalteten die Beschreibung unzähliger »Operativer Vorgänge«, in denen mittels Informanten sogenannte »Zersetzungsmaßnahmen« gegen staatskritische Bürger, Dichter, Musiker, Geistliche, Jugendgruppen und so weiter durchgeführt wurden.

Zersetzungsmaßnahmen zielten darauf ab, oppositionelle Regungen möglichst schon im Keim zu ersticken. Sie ersetzten seit den 1970er Jahren zunehmend harte Formen der Repression wie Strafverfolgung und Haft, um das internationale

Ansehen des Staates nicht zu schädigen. 1976 erließ der damalige Minister des MfS, Erich Mielke, die »Richtlinie 1/76«, in der die grundlegenden Ziele und »bewährten Methoden« der Zersetzung dargelegt wurden. Zu diesen gehörten u.a. das Schüren von Gerüchten, das Hervorrufen, Ausnutzen und Verstärken von Differenzen und Rivalitäten in systemkritischen Gruppen, die systematische Diskreditierung des öffentlichen Rufes mittels wahrer und unwahrer, aber nicht widerlegbarer Informationen, das Erzeugen von beruflichen Misserfolgen und Zweifeln zur Untergrabung des Selbstvertrauens von Personen, die Verwendung von anonymen Briefen und Telefonanrufen, die Vorladung zu polizeilichen Dienststellen und anderes. Die Maßnahmen verfolgten das grundlegende Ziel, staatskritische Gruppen und Personen in ihrer Handlungsweise zu lähmen, zu desorganisieren und zu zersplittern.

Geplant und umgesetzt wurden die Maßnahmen in der Abteilung XX der Hauptverwaltung sowie der Bezirksverwaltungen. Eine zentrale Voraussetzung für die Umsetzung der Maßnahmen bestand in der Überwachung und Ausforschung der Interessen, Vorlieben, Stärken und Schwächen der Zielgruppen und -personen. Über diesen Weg fanden die Offiziere des MfS die geeigneten Ansatzpunkte, um die Zielpersonen zu bearbeiten. Die deutsche Historikerin Sandra Pingel-Schliemann bezeichnete die Zersetzungsmaßnahmen daher nicht nur als »anonyme«, sondern auch als »persönlichkeitsorientierte Gewalt«.

Das Sammeln von Informationen bildete darüber hinaus eine Grundlage, auf der neue Informanten überprüft und gewonnen werden konnten. Der Zugang zu und die Kooperation mit einem dichten Netz aus Informanten bildete eine weitere Voraussetzung für die Umsetzung der Maßnahmen. Das MfS hatte seine »Inoffiziellen Mitarbeiter« (IM) in Banken,

Betrieben, Krankenhäusern, Schulen, Universitäten, Räten, Grenz- und Justizorganen sowie insbesondere in Polizeibehörden. Ihre hohe Präsenz in Leitungspositionen ermöglichte dem MfS Lageentwicklungen auf allen Ebenen und in allen Bereichen der Gesellschaft zu erfassen sowie politikgestaltende Manipulation zu betreiben. Die Informanten, zu denen auch Kinder, Jugendliche, Lehrer und Ärzte gehörten, hatten oftmals keine Kenntnis von dem Begriff und Inhalt der »Zersetzung«. Ihre Vertrauenspersonen im MfS teilten ihnen nur so viel mit, wie für die Umsetzung ihrer Aufgaben vonnöten war. Dennoch erwiesen sie sich als »äußerst willige Instrumente in diesen destruktiven Strategien«, wie die Historikerin Pingel-Schliemann im Rahmen ihrer Forschung über Zersetzungsmaßnahmen betonte.

Eine dritte und ebenfalls wichtige Voraussetzung für die Umsetzung der Zersetzungsmaßnahmen bzw. für die Kooperation mit Informanten waren in der Gesellschaft verankerte Feindbilder. Diese wurden in der DDR auf das kapitalistische, imperialistische Ausland bezogen und den kooperierenden Personen im Rahmen von konspirativen Treffen und speziellen Schulungen vermittelt. »Die Erzeugung der richtigen Gefühle gegenüber dem Feind stärkt die Überzeugung der IM von der Richtigkeit der eigenen Aufgabe und von der Überlegenheit über den Feind und muss sie dazu bringen, ihn zu verachten und zu verabscheuen, ihm mit Hass entgegenzutreten«, erklärte der damalige Minister des MfS, Erich Mielke, auf einem Seminar für Führungsoffiziere.

Vor dem Hintergrund der auf das Ausland projizierten Feindbilder und Bedrohungsszenarien waren Informanten von der »Gesellschaftsgefährlichkeit« oppositioneller Gruppen sowie von der Notwendigkeit der Sicherheitsdienste als »Organ zur Gewährleistung von Frieden und Sicherheit« überzeugt.

Die Selbstverständlichkeit der Zusammenarbeit aufgrund von Werten und Einstellungen, die mit der herrschenden Ideologie übereinstimmten, war eines der bestimmenden Motive für viele IM. Aber auch Zwang, materielle Anreize oder der Einsatz gesellschaftlicher Tarnorganisationen, aus denen der staatliche Hintergrund nicht ersichtlich war, bildeten Mittel zur Anwerbung von Informanten. Der Einsatz von Tarnorganisationen wurde im MfS als Anwerbung unter »fremder Flagge« bezeichnet. Er kam dann zustande, wenn Personen eine offene Kooperation mit dem sozialistischen Staat ablehnten. Solche Tarnorganisationen konnten wirtschaftliche Unternehmen, Meinungsforschungsinstitute, internationale Organisationen, Medien sowie nachrichtendienstliche, gesellschaftliche oder wissenschaftliche Einrichtungen und Organisationen sein, wie der Historiker Helmut Müller-Enbergs in »Inoffizielle Mitarbeiter des Ministeriums für Staatssicherheit« dargelegt hat.

Das »Counterintelligence Program« des Federal Bureau of Investigation (FBI)

Zersetzungsmaßnahmen waren kein ausschließliches Merkmal östlicher Geheimdienstpraxis. Auch im Westen wurden solche Methoden systematisch eingesetzt. Mit die besten Informationen über diese Praxis besitzen wir heute über die Unterdrückung der US-Bürgerrechts-, Antikriegs- und kommunistischen Bewegungen in den 1950er und 1960er Jahren durch das Federal Bureau of Investigation (FBI). 1971 deckte die Citizens' Commission to Investigate the FBI interne, geheim eingestufte Dokumente über die subtilen Methoden der Unterwanderung, Einflussnahme und Zersetzung mittels Informanten auf, welche innerhalb des FBI als »Counterintelligence Program« (COINTELPRO) bezeichnet wurden. Im Kontext weiterer Geheimdienstskandale richtete die damalige US-Regierung einen Untersuchungsausschuss unter der Leitung des Senators Frank Church ein, kurz Church-Kommission, die unter anderem die Methoden des FBI umfassend untersuchte. Ihr Abschlussbericht offenbarte ein »systematisches und umfassendes Programm der massiven Einflussnahme, Zersetzung, Einschüchterung und Anstiftung zur Gewalt, umgesetzt unter einer liberalen, demokratischen Regierungsadministration«, wie es der US-Sprachwissenschaftler und Bürgerrechtsaktivist Noam Chomsky formulierte.

Der Untersuchungsbericht sowie die Originaldokumente des FBI bilden heute die Grundlage zahlreicher Publikationen, in denen die Methoden des FBI im Rahmen des COINTEL-PRO beschrieben werden. So ließ das FBI Gerüchte verbreiten, Zweifel schüren, lähmende Diskussionen in Gruppen anzetteln, Fraktionskämpfe führen, Fehlverhalten von Personen unterstellen, Gelder veruntreuen und Gruppenrivalitäten anheizen. Es schuf Pseudo-Organisationen, um Bewegungen zu spalten oder selbst zu kontrollieren. Es nutzte anonyme Briefe und Telefonanrufe, um den Ruf von Aktivisten zu diskreditieren oder Familien- und Liebesbeziehungen zu belasten. Es kontaktierte Arbeitgeber, Schul- und Universitätsleitungen, um diese zu sanktionierenden Maßnahmen gegen die Zielpersonen zu bewegen. Es schleuste »agents provocateurs« in Demonstrationen, die zu Gewalt anstifteten. Es kooperierte mit Journalisten und Redakteuren und versorgte diese mit »exklusiven« Informationen oder bereits vorgefertigten Artikeln, in denen Gruppen und Personen diskreditiert wurden. Und es ließ Strafmaßnahmen gegen politische Aktivisten einleiten, um sie unter Druck zu setzen und ihnen Zeit, Geld und Energie zu rauben.

Das FBI wendete seine Methoden der Unterwanderung und Sabotage gegen kommunistische und sozialistische Bewegungen an sowie gegen eine ganze Bandbreite zivilgesellschaftlicher Gruppen und Organisationen aus der Friedens- beziehungsweise Antikriegs- und Bürgerrechtsbewegung, gegen Kirchengruppen bis hin zu Studenten- und Pfadfindergruppen. Dabei ging es nicht nur gegen militante, sondern auch gegen konsequent friedliche und Gewalt ablehnende Gruppen und Personen vor. Vor diesem Hintergrund schlussfolgerte die Church-Kommission, dass das grundlegende Ziel von COINTELPRO nicht in der Prävention von Gewalt lag, wie es FBI-Mitarbeiter den Ausschussmitgliedern erklärt hatten, sondern in der Erhaltung des politischen status quo.

Eine zentrale Voraussetzung für die Umsetzung der Methoden war die systematische Überwachung und Ausforschung der Stärken und Schwächen der Zielgruppen und -personen: »Wir müssen, um die Ziele des Programms zu verwirklichen, tief in jene Bereiche des Lebens der Oppositionellen vordringen, die auf den ersten Blick nicht ersichtlich sind; zum Beispiel müssen wir ihre Fähigkeiten der Einflussnahme auf andere Personen bestimmen können, ihre Fähigkeiten als wirkliche Führungskräfte [...]. Wir brauchen Informationen über ihre Schwächen, Moralvorstellungen, Strafregister, Ehepartner, Kinder, Familienleben, schulische Ausbildung und persönliche Aktivitäten«, wie es in einem der Originaldokumente des FBI heißt. Zu diesem Zweck konnte das FBI zum einen auf die Daten verschiedener Institutionen wie Steuerbehörden, Kreditinstitute, Versicherungsgesellschaften, Telefongesellschaften bis hin zu Krankenhäusern zurückgreifen.

Zum anderen kooperierte es mit Informanten und Kontaktpersonen in diversen staatlichen und nicht-staatlichen Organisationen, darunter Schulen, Universitäten, Medien, Justiz- und Finanzbehörden sowie mit Polizeibehörden und zivilen wie militärischen Geheimdiensten. Zu letzteren gehörte auch die Central Intelligence Agency (CIA), die entgegen ihrer gesetzlichen Bestimmung als Auslandsnachrichtendienst die Antikriegsbewegung in den USA selbst unterwanderte oder im Rahmen der Operation »Mockingbird« Journalisten und Redakteure systematisch rekrutierte.

Die Einflussnahme des FBI auf Gerichtsprozesse durch gezieltes Streuen oder Zurückhalten von Informationen sowie die Bearbeitung von Anwälten, die politische Oppositionelle vertraten, bezeichnete der Church-Ausschuss dagegen als besonders »störend«, insofern das die grundlegenden Prinzipien des Rechtssystems außer Kraft setzte.

Schließlich stellte der Church-Ausschuss auch die durchaus wichtige Frage, wie es zu diesen systematischen, rechtswidrigen Programmen überhaupt kommen konnte. Dabei betonte er zum einen, dass die Programme des FBI sowohl innerhalb der Behörde als auch nach außen strengstens geheim gehalten wurden. Mitarbeiter hatten stets nur so viel Kenntnis, wie zur Erledigung ihrer eigenen Aufgabe nötig war. Zum anderen fand er heraus, dass die Generalstaatsanwälte des Justizministeriums, denen das FBI unterstand, über die Programme nicht vollständig informiert wurden. Sie billigten die Programme, ohne jedoch die Details wie z.B. Umsetzung und Methoden zu kennen.

In diesem Zusammenhang spielte nicht zuletzt der gesellschaftspolitische Kontext in den USA eine zentrale Rolle. Antikommunistische Feindbilder und Bedrohungsszenarien beherrschten die US-Bevölkerung und Regierungspolitik in der Nachkriegszeit. Diese auch als »McCarthysmus« bezeichnete Ära war geprägt von antikommunistischer Meinungsmache, von medialen und strafrechtlichen Hetzjagden gegen tatsächliche und vermeintliche Kommunisten sowie von einer systematischen Beschwörung einer kommunistischen Bedrohung. In diesem Klima der Angst stimmten Bevölkerung und Regierung immer neuen Überwachungs- und Militärprogrammen zu, ohne diese zu hinterfragen oder deren Inhalt zu kennen.

Aufstandsbekämpfung durch westliche Militärgeheimdienste

Nicht minder aufschlussreich sind die Informationen über geheimdienstliche Einflussnahme westlicher Militärgeheimdienste im Kontext des Kalten Krieges. Als Reaktion auf die Ausbreitung der Sowjetunion sowie weltweiter Revolutions- und Unabhängigkeitsbewegungen nach dem Zweiten Weltkrieg setzten antikommunistische Hardliner in den USA die »Roll Back Policy« durch, welche die Ausdehnung der US-Einflusssphären auf internationaler Ebene vorsah und die Militärpolitik der größten Militärmacht der Welt für den Verlauf der weiteren Jahrzehnte maßgeblich bestimmte. Da offene Militärinterventionen nach dem Zweiten Weltkrieg jedoch international diskreditiert waren und von der United Nations Organisation (UNO) überwacht wurden, gewannen neue militärstrategische Konzepte wie »Unconventional Warfare« und »Counterinsurgency Warfare« eine immer größere Bedeutung.

Im Rahmen des »Unconventional Warfare« und »Counterinsurgency Warfare« propagierten Militärstrategen grundlegend neue Formen der Kriegsführung. Nicht mehr nur »fremde Heere«, »Schlachtfelder« und »nationale Grenzen« standen im Mittelpunkt des Krieges, sondern auch die Förderung von politischen Umsturzversuchen sowie die Bekämpfung aufständischer Gruppen, womit weitere militärstrategische Konzepte wie »Guerrilla Warfare«, »Dirty Warfare«, »Psychological Warfare«, »Information Warfare«, »Political Warfare« und weitere einhergingen.

»Unconventional Warfare« war in erster Linie auf die Förderung von Umsturzversuchen gegen feindliche Regierungen bezogen. »Counterinsurgency Warfare« dagegen auf die Bekämpfung aufständischer Gruppen innerhalb der westlichen oder mit dem Westen verbündeten Länder. Letztere beinhaltete drei zentrale Elemente: Erstens die Kontrolle der eigenen Bevölkerung. Denn die Militärstrategen hatten verstanden, dass die Seite der Aufstandsbekämpfung ebenso von der Sympathie oder zumindest der Akzeptanz der Bevölkerungsmassen abhängig war wie die Aufständischen selbst. Zweitens die Auslagerung der Kriegsführung an informelle, paramilitärische Netzwerke. Über die paramilitärischen Gruppen, die selbst in Strukturen der Organisierten Kriminalität, des Drogen- und des Waffenhandels eingebunden waren, konnte der asymmetrische Krieg zwischen Staat und aufständischen Bevölkerungsgruppen resymmetrisiert sowie die politischen und finanziellen Kosten der Aufstandsbekämpfung reduziert werden. Und drittens galten Methoden der Gewalt, der Folter und des Terrors, die an die paramilitärischen Netzwerke delegiert wurden, als ein entscheidendes Mittel. Damit wurde die Aufstandsbekämpfung radikalisiert und ein Kriegsapparat geschaffen, der sich der politischen Kontrolle größtenteils entzog.

Die organisatorische Umsetzung dieser Kriegsführung oblag dem Militär und schloss politische, ökonomische und militärische Maßnahmen mit ein. Zu den grundlegenden Bestandteilen der Organisation gehörten erstens die Eliteeinheiten des Militärs, die sowohl Eliteeinheiten der Aufständischen bekämpfen als auch eigene zivile, paramilitärische Netzwerke kommandieren konnten. Zweitens die paramilitärischen Organisationen, in denen überzeugte Antikommunisten, Personen aus sozialen Randgruppen oder Söldner rekrutiert wurden. Und drittens die passive Bevölkerung, die als lokale Defensivkraft die

Funktion hatte, die Aufständischen zu isolieren. Paramilitärs und Bevölkerung konnten auf der Basis freiwilliger oder obligatorischer Partizipation in verschiedene Organisationsstrukturen integriert werden. Alle Komponenten wurden durch zentrale Geheimdienst- und Kommandostrukturen zusammengefügt. Die Eliteeinheiten und ihre paramilitärischen Organisationen bildeten sogenannte »Stay-Behind«-Strukturen, welche bei einer Invasion feindlicher Kräfte, bei einem drohenden Zusammenbruch einer loyalen Regierung oder als irreguläre Einheiten im Kampf gegen politische Oppositionsbewegungen eingesetzt werden konnten.

In dem Grundlagenwerk »Instruments of Statecraft: U.S. Guerilla Warfare, Counterinsurgency and Counterterrorism, 1940-1990« hat der US-Historiker Michael McClintock die Theorie und Praxis des »Unconventional Warfare« sowie des »Counterinsurgency Warfare« eingehend beschrieben. Im Zusammenhang der unkonventionellen Kriegsführung und präventiven Aufstandsbekämpfung blicken westliche Militärführungen schließlich auf eine lange und blutige Geschichte in zahlreichen Konflikten und Regionen der Erde zurück. Politische Umsturzversuche unter der Führung der Militärmacht USA sind in zahlreichen Ländern bestens dokumentiert, zum Beispiel gegen die demokratisch gewählten Präsidenten im Iran 1953, in Guatemala 1954, in Kongo 1961, in Chile 1973 oder gegen die Revolutionsführer in Kuba und Nordvietnam in den 1960er und Nicaragua in den 1980er Jahren. In diesen und anderen Fällen förderten die westlichen Militärführungen paramilitärische Netzwerke, Söldner oder von den jeweiligen Regierungen abtrünnige Militärs, die den Putsch vor Ort vorbereiten, organisieren und durchführen sollten.

Die »Counterinsurgency Doctrin« dagegen wurde über US-Militärschulen und Militärhilfen in zahlreiche verbündete

Länder exportiert, wo sie deren Sicherheitsarchitekturen nachhaltig veränderten. In verschiedenen Ländern sind die Spuren dieser Sicherheitsdoktrin in den vergangenen Jahrzehnten zum Vorschein getreten. Zum Beispiel in El Salvador, wo Mitarbeiter der U.S. Special Forces mit einheimischen Militärs die politisch-paramilitärische Massenorganisation Organización Nacional Democrática (ORDEN) aufbauten, um politische Oppositionelle zu überwachen und zu bekämpfen. ORDEN galt vermeintlich als zivile Organisation, war aber über die Führungskräfte an das Militär angebunden. Ferner in Kolumbien, wo die »Counterinsurgency Doctrine« in den 1960er Jahren durch das U.S. Special Warfare Center eingeführt wurde. Paramilitärische Verbände und Gewalt beherrschen dort seit Jahrzehnten die Austragung der Interessenskonflikte zwischen Landbevölkerung, Gewerkschaften, Großgrundbesitzer und Unternehmen. Dabei gerieten die informellen Beziehungen zwischen Militärs, Geheimdiensten, Politikern und Paramilitärs immer wieder in den Fokus der Öffentlichkeit. Und schließlich auch in Europa, wo die Militärgeheimdienste der USA und Englands paramilitärische »Stay-Behind«-Netzwerke in allen europäischen Ländern aufbauen ließen, inklusive der neutralen Schweiz.

Die »Stay-Behind«-Verbände wurden im Jahr 1990 in Italien im Rahmen von parlamentarischen und richterlichen Untersuchungen aufgedeckt, in denen Bombenanschläge durch militante Neonazis untersucht wurden. In Italien trugen die Verbände den Namen *Gladio*, worunter verschiedene militante Neonazigruppen zusammengefasst waren. Die Untersuchungen stellten heraus, dass die Bombenanschläge, die vermeintlich im Namen von Kommunisten begangen wurden, in einer militärischen Logik der »Strategie der Spannung« standen. Demnach waren nicht die Toten das eigentliche Ziel der Anschläge, sondern die allgemeine Bevölkerung, die in Angst und Schrecken versetzt wurde. Die Anschläge sollten die politische Opposition diskreditieren, die Aufrüstung des staatlichen Sicherheitsapparats befürworten und einen Rechtsruck in der Gesellschaft erzeugen. Damit sollte der Aufschwung der kommunistischen Bewegungen und Parteien in Italien gestoppt werden, die dort während der 1960er und 1970er Jahre besonders stark waren und im Zusammenhang des »Historischen Kompromisses« – einem Bündnis verschiedener linker, demokratischer Parteien – kurz vor einer Regierungsbeteiligung standen.

Informelle Netzwerke, verdeckte Operationen und Zersetzung in der BRD

Auf internationaler Ebene wurden die »Stay-Behind«-Verbände von der NATO koordiniert. Auf nationaler Ebene dagegen von den jeweiligen Militärgeheimdiensten der Länder, die sie mit Sprengstoffen, Waffen und paramilitärischer Ausbildung unterhielten. Nach Bekanntwerden forderte das Europaparlament die Einrichtung von parlamentarischen Untersuchungsausschüssen in allen europäischen Ländern, um die Operationsweise der verfassungswidrigen Organisation einschließlich ihrer Terroraktionen innerhalb der Mitgliedsländer zu untersuchen. Bis auf Italien, Belgien und die Schweiz kam keines dieser Länder der Forderung nach, sodass der politische Skandal schnell wieder verpuffte und die Geschichte der europäischen »Stay-Behind«-Verbände weitgehend unerforscht blieb. Ebenso in Deutschland, wo insbesondere der Anschlag auf das Münchner Oktoberfest im Jahr 1980 in diesem Zusammenhang diskutiert wird. Die Ermittlungen zu dem Anschlag wurden jedoch sehr früh eingestellt und mögliche Spuren zur Stay-Behind-Organisation (SBO), so der Name der Verbände in Deutschland, nicht weiter verfolgt.

Geführt wurde die SBO von der militärischen Abteilung des Bundesnachrichtendienstes (BND). Mit der Leitung der paramilitärischen Verbände überschritt der BND, dessen Personal unter anderem aus Soldaten der Bundeswehr besteht, seine gesetzliche Bestimmung als deutscher Auslandsnachrichtendienst. Auch darüber hinaus war seine innenpolitische Präsenz höher als gemeinhin angenommen. Er sammelte systematisch Informationen aus Parteien, Gewerkschaften, Medien und Wirtschaft, betrieb Desinformationskampagnen gegen die damalige Kommunistische Partei Deutschlands (KPD) und überwachte kritische Journalisten. Ferner unterstützte er den rechten Flügel der Sozialdemokratischen Partei Deutschlands (SPD), während er die Aktivitäten linker Sozialdemokraten und parteinaher Intellektueller ausforschen ließ. Darüber berichtete unter anderem der BND-Experte Erich Schmidt-Eenboom, der wegen seiner kritischen Recherchen selbst in den Fokus des Geheimdienstes geriet.

Neben dem BND zeigte auch der Verfassungsschutz in seinem Vorgehen gegen kritische Journalisten, Oppositionspolitikern sowie linke Organisationen und Netzwerke seit seiner Gründung in den 1950er Jahren eine Entschlossenheit in antikommunistischer Tradition. In einem Kontext aus kommunistischen Bedrohungsszenarien wurden kommunistische Organisationsarbeit und Meinungsäußerungen sowie politische Kontakte in die DDR strafrechtlich verfolgt. Von 1951 bis 1968 wurden zwischen 125 000 und 200 000 politische Strafverfahren eingeleitet, wobei die Verfassungsschutzämter als ein administratives Zentrum fungierten. Sie ergriffen nicht nur die Initiative zur Sanktionierung von politischen Oppositionellen, sondern hatten auch einen verfahrensbeherrschenden Einfluss auf die Verfolgung von Kommunisten, indem sie Informationen gezielt beschafften, weitergaben oder zurückhielten.

Neben den Strafprozessen, die unabhängig von ihrem Ausgang zahlreichen Aktivisten und Sympathisanten den Beruf kosteten und neue Einstellungen erschwerten, wendete der Verfassungsschutz auch ganz andere Maßnahmen gegen die politische Opposition an. Heute wissen wir, dass der Abteilungsleiter für Spionageabwehr im Bundesamt für Verfassungsschutz (BfV), Richard Gerken, die Bundestagswahl der KPD und der Gesamtdeutschen Volkspartei (GVP) Anfang der 1950er Jahre sabotieren ließ. Wir wissen, dass der ehemalige Präsident des BfV, Günter Nollau, die Spannungen zwischen chinesischen und sowjetischen Kommunisten ausnutzte, um die KPD zu spalten. Er förderte pro-chinesische Fraktionen in der sowjettreuen KPD und ließ Splittergruppen bilden. 2009 veröffentlichte *Der Spiegel* Pläne des Verfassungsschutzes, denen zufolge die linksradikale Szene Mitte der 1970er Jahre mit Informanten unterwandert, sabotiert und in der Öffentlichkeit als »miese Typen und gemeine Kriminelle« bloßgestellt werden sollten. Die Aktivitäten sollten mit dem BND und der Bundeswehr (Gruppe Psychologische Kriegsführung) erarbeitet und durchgeführt werden. Ferner schleuste der Inlandsgeheimdienst V-Leute nicht nur in die kommunistische Bewegung, sondern auch in andere politische Parteien, Organisationen und Demonstrationen ein, wo sie Informationen sammelten und als »agents provocateurs« zur Radikalisierung der Gruppen beitrugen. So etwa im Fall von Peter Troeber, Steffen Tellschow oder Peter Urbach. Letzterer wurde bekannt, nachdem er als V-Mann die linke Studentenszene Ende der 1960er Jahre mit Molotow-Cocktails, Schusswaffen sowie Spreng- und Brandbomben versorgte.

Bis heute geht der Verfassungsschutz vehement gegen linke Vereine und Organisationen, gegen Oppositionspolitiker und kritische Journalisten vor. Im Rahmen seiner »Extremismustheorie« entscheidet er, wer als »extremistisch« gilt und wer nicht.

Die tiefer liegenden Ursachen radikaler Gesellschaftskritik sowie die Unterschiede zwischen antifaschistischem Engagement und militantem Neonazismus bleiben dabei unberücksichtigt. In seinem Umgang mit militanten Neonazis dagegen sprechen Beobachterinnen und Beobachter wie der Menschenrechtsanwalt Rolf Gössner von einem »kriminellen V-Leute System«. Wie dicht die Verfassungs- und Staatsschutzabteilungen die militante Neonaziszene bis in zentrale Führungsebenen mit V-Leuten besetzt halten, ist nicht nur im Rahmen des NSU-Skandals deutlich geworden. Hinzu kommen Berichte, in denen rechtsmilitante V-Leute mit umfangreichen finanziellen und materiellen Mitteln ausgestattet, von ihren V-Mann-Führern zum Handeln aufgefordert sowie auch vor Strafverfolgungs- und Überwachungsmaßnahmen geschützt wurden.

Bedrohungsszenarien und eingeschränkte parlamentarische Kontrolle

Nicht erst seit dem NSU-Komplex ist in Deutschland wie in anderen Ländern eine Diskussion um den »Tiefen Staat«, den »Sicherheitsstaat« oder den »Parastaat« entbrannt. Der Begriff »Tiefer Staat« wurde erstmals in der Türkei verwendet und bezieht sich auf das Zusammenwirken von Teilen des Militärs, der Polizei und der Geheimdienste mit faschistischen Banden, der Organisierten Kriminalität oder dem Waffen- und Drogenhandel. Solche parastaatlichen Gruppen, die über informelle Netzwerke miteinander verbunden sind und in denen nicht zuletzt auch private Sicherheits-, Spionage- und Rüstungskonzerne eine Rolle spielen, existieren parallel zu dem demokratischen Staat, dessen politische Hoheit sie herausfordern.

Staatliche Sicherheitsapparate sind keine von der Regierung unabhängigen Strukturen. Sie unterstehen je nach Land den

Ministerien oder Staatsanwaltschaften. Dennoch konnten Sicherheitsapparate in der Vergangenheit verhältnismäßig frei und an den Parlamenten vorbei agieren. Der Grund dafür ist in den Ministerien und den Staatsanwaltschaften selbst zu suchen. Im Kontext gesellschaftlicher Bedrohungsszenarien und politischer Feindbilder haben Regierungspolitiker in einem vorauseilenden Gehorsam die geheimdienstlichen Programme gebilligt, ohne die Parlamente zu befragen und ohne Kenntnisse über Umsetzung und Details der Programme zu besitzen. Eine Logik, die nicht zuletzt auch am Beispiel des Bundeskanzleramts und seines Umgangs mit dem rechtswidrigen Überwachungsprogramm des BND zum Vorschein kam.

Heute beherrscht nicht mehr der internationale Kommunismus, dafür aber der politische Extremismus und islamistische Terrorismus den Sicherheitsdiskurs und die Sicherheitspolitik gegenwärtiger Regierungen. Solche gesellschaftlichen Bedrohungsszenarien und Feindbilder bilden eine Grundlage, auf der das Vertrauen der Bevölkerung und der Regierenden für die Aufrüstung und Umsetzung staatlicher Spionage- und Überwachungsprogramme missbraucht werden kann. Zudem bleibt unklar, wozu die Überwachung eingesetzt wird. Bereits Mitte der 1970er Jahre warnte der Church-Ausschuss in den USA, dass dort die umfassende Informationsgewinnung zur Unterdrückung der politischen Opposition systematisch missbraucht wurde. Und er warnte, dass Methoden der subtilen Unterwanderung und Zersetzung mittels Informanten und Kontaktpersonen stets unter der Rubrik »Ermittlungen« angewendet werden können, da die Grenzen zwischen nüchterner Informationsgewinnung und »aggressiven Ermittlungen« zum Zweck der Einschüchterung und Zersetzung politisch unliebsamer Gruppen und Personen dicht beieinander liegen.

Was wissen wir heute über geheimdienstliche Überwachungsprogramme, wenn die absolute Geheimhaltung nicht nur gegenüber der Öffentlichkeit, sondern auch gegenüber Parlamenten und staatlichen Aufsichtsbehörden greift? Zumindest aus historischer Perspektive wissen wir, dass Sicherheitsapparate weitaus mehr können, als sie in einem Rechtsstaat dürfen. Blindes Vertrauen in den modernen Sicherheitsapparat, ob aus Ohnmacht gegenüber den gesellschaftlichen Gewaltverhältnissen, aufgrund von Vorurteilen oder aus individuellen Interessen, trägt einen Teil für das zügellose Agieren der Dienste bei. Die eingeschränkte Rolle von Geheimdienstpräsidenten und staatlicher Kontrollinstanzen einen anderen Teil. Kontrollinstanzen wie das Parlamentarische Kontrollgremium (PKGr) in Deutschland, das die Arbeit der Geheimdienste überwachen soll, bilden dem Rechtswissenschaftler und Geheimdienstexperten Christoph Gusy zufolge »blinde Wächter ohne Schwert«, insofern die kontrollierten Organe darüber bestimmen dürfen, welche Informationen sie den Kontrollinstanzen vorlegen und welche nicht. Zudem sind die Mitglieder des Gremiums bis auf Lebenszeit zur Verschwiegenheit verpflichtet. Die Politik und die Öffentlichkeit müssten vor diesem Hintergrund weitaus kritischer gegenüber geheimdienstlichen Überwachungsmaßnahmen und Programmen sein. Denn es geht nicht nur um die Ausforschung und den Verlust der Privatsphäre, sondern auch und vor allem um die damit verbundenen Gefahren des Missbrauchs, wie z.B. der subtilen politischen und zersetzenden Einflussnahme auf Oppositionsbewegungen, -gruppen und Einzelpersonen.

Die Bedeutung der historischen Erkenntnisse für den NSU-Komplex

Sind die Taten des NSU-Netzwerks das Ergebnis von Zersetzungsmaßnahmen des zivilen Inlandsgeheimdienstes

Verfassungsschutz? Das anzunehmen wäre unsachlich, auch wenn es in anderen Zusammenhängen schon Berichte über V-Mann-Führer gab, die ihre militanten Kontaktpersonen zum Handeln gegen linke Organisationen aufforderten oder diese mit Informationen über ihre politischen Gegner versorgten. Zwar hat der Verfassungsschutz über seine V-Leute im »Thüringer Heimatschutz« (THS) die Entstehung des NSU-Netzwerks begünstigt. Doch es gibt weder aktuelle Anhaltspunkte noch historische Beispiele dafür, dass er militante Neonazis paramilitärisch unterhalten oder für militante Aufträge eingesetzt hat. Die Thematisierung des gesellschaftlichen und institutionellen Rassismus, die von zivilgesellschaftlichen Initiativen und Gruppen in diesem Zusammenhang vielfach betrieben wird, ist dagegen richtig und wichtig. Der Rassismus bildet eine zentrale Grundlage, auf der fremdenfeindliche Gewalt und Ausgrenzung überhaupt erst erwachsen und militanter Neonazismus mithilfe eines Freifahrtscheins des Verfassungsschutzes sich ausbreiten konnte.

Dennoch gestaltet sich der NSU-Komplex im Kontext moderner Sicherheitsarchitekturen, paramilitärischer Netzwerke und militärisch-präventiver Aufstandsbekämpfung weitaus komplexer. Schnittstellen zwischen militanten Neonazis, Organisierter Kriminalität, Polizei und Geheimdiensten, wie sie im NSU-Komplex am Beispiel des Kiesewetter-Mordes im Raum Baden-Württemberg am deutlichsten zum Vorschein treten, müssten energisch untersucht und nicht ignoriert werden, wie es Politiker, etablierte Medien sowie ein Großteil der politischen Linken heute machen. Viele Fragen über die Zusammenarbeit bestimmter Teile der Geheimdienste mit den militanten Neonazis sowie die subtile Einflussnahme des Verfassungsschutzes auf die Aufklärungsbestrebungen im NSU-Komplex bleiben im Dunkeln. Ebenso, ob und inwieweit die V-Leute auch in Kontakt zu anderen, militärischen Geheimdiensten standen. Der BND zum Beispiel hatte enge Kontakte zum Landesamt für Verfassungsschutz (LfV) und zur Polizei in Thüringen, wie dort der erste NSU-Untersuchungsausschuss des Erfurter Landtages herausfand. Das LfV wiederum war bestens in die Thüringer Neonaziszene und den »Thüringer Heimatschutz« (THS) hinein vernetzt, in dem sich die NSU-Mitglieder Mundlos, Böhnhardt und Zschäpe radikalisierten. Solche Beziehungen, das mögliche Wissen des BND über die abgetauchten NSU-Mitglieder oder ominöse Abteilungen wie die »Verbindungsstelle 61« im BND, die nur zufällig im Jahr 2012 in Erscheinung trat, bleiben weiterhin unaufgeklärt.

Der NSU-Komplex ist nur ein Beispiel, in dem solche Schnittstellen sichtbar werden. Auch im Fall Anis Amri und der Abu-Walaa-Gruppe, des V-Manns Didier M. und der Gruppe um den Münchner Neonazi Martin W. oder der V-Leute Yehia Y. und Mevlüt K. der »Sauerland«-Gruppe treten solche Verbindungen an die Oberfläche. Die Rolle dieser Informanten, ihre Verbindungen zu zivilen oder militärischen Geheimdiensten sowie die Rolle bestimmter Gruppen innerhalb der Sicherheitsdienste werfen grundlegende Fragen über Beschaffenheit, Sinn und Zweck gegenwärtiger Sicherheitsarchitekturen auf. Doch hier wie auch im NSU-Komplex prallt das dringend notwendige, absolute Aufklärungsgebot auf vielfältige Aufklärungsblockaden. Ob in Form des »absoluten Quellenschutzes«, des »Staatswohls« und der »Sicherheit des Bundes und der Länder«. Oder in Form eines Schlagabtauschs über »Verschwörungstheorien«, der von voreingenommenen Personen, zwielichtigen Gestalten, wütenden Polemikern bis hin zu offenen Rassisten angeheizt wird.

»Die Machtverhältnisse sind zu ungleich«

Aus dem Plädoyer von Antonia von der Behrens, Anwältin vom jüngsten Sohn des am 4. April 2006 in Dortmund ermordeten Mehmet Kubaşık

Die Verfassungsschutzämter haben die Aufklärung der zehn Morde, 43 Mordversuche und 15 Raubüberfälle systematisch hintertrieben und verunmöglicht. Dies geschah zunächst mit den Mitteln des Vernichtens, Verlierens, Unterdrückens und Zurückhaltens von Beweismitteln sowie durch das Verschweigen, Vergessen und Lügen ihrer Beamten und ehemaligen V-Personen, wenn sie als Zeugen aussagen mussten. Soweit es noch Akten gibt, konnten sie nicht alle unabhängig geprüft werden. Das Bundesamt für Verfassungsschutz hat mit und ohne Begründung dem BKA Informationen vorenthalten und den Untersuchungsausschüssen Aktenvorlagen verweigert.

Zum Generalbundesanwalt (GBA) ist festzuhalten: Die (...) Ermittlungshandlungen des GBA sind das, was mein Kollege Ilius in Anlehnung an Stanley Cohen »interpretative Verleugnung« nannte. Er hat durch seine beschränkten Ermittlungen und deren Präsentation den Kontext, in dem der NSU und dessen Taten stehen, so verändert, dass damit staatliche Verantwortung verleugnet wird. Dies gilt für die Ermittlungen zu dem Mord an Mehmet Kubaşık genauso wie für die gesamten Ermittlungen im NSU-Komplex. Die Ermittlungen in Dortmund sind hier nur exemplarisch: Das wenige, was der GBA – auch als Reaktion auf unsere Anträge – zur organisierten militanten Neonazi-Szene in Dortmund und in Bezug auf das Wissen und Verhalten des Verfassungsschutzes ermittelt hat, hält er bis heute faktisch geheim. Der GBA hat die Persönlichkeitsrechte der vernommenen Neonazis und V-Männer höher eingestuft als das Aufklärungsinteresse unserer Mandanten. Nach dem Willen des GBA sollen die Mandanten einfach auf sein Wort vertrauen, es hätten sich keine relevanten Informationen ergeben, es hätte keine Helfer und Mitwisser in Dortmund gegeben und die im Jahr des Mordes bestehende, bewaffnete »Combat 18«-Zelle in Dortmund hätte keinen Kontakt zum NSU gehabt.

Es gibt jedoch keine Grundlage für das vom GBA eingeforderte Vertrauen. Der GBA hat regelmäßig in und außerhalb der Hauptverhandlung deutlich gemacht, dass er für eine Aufklärung des Netzwerkes des NSU und für die Aufklärung der konkreten staatlichen Mitverantwortung, der Frage also, ob die Taten des NSU hätten verhindert werden können, keine Notwendigkeit und keinerlei Anhaltspunkte sieht. (...)

Insgesamt stelle ich fest: Wir haben nicht klären können, welches Motiv dem im ersten Teil dargestellten staatlichen Mitverschulden zugrunde liegt. Die Motive der Verfassungsschutzämter und des GBA nach dem 4. November 2011 sind für die soeben dargestellte Be- und Verhinderung der Aufklärung insofern klarer: Das Ausmaß des staatlichen Mitverschuldens und das Ausmaß rechtsterroristischer Strukturen in Deutschland sollte und soll nicht bekannt werden.

Der GBA sollte wenigstens offensiv eingestehen, dass er eine weitere Aufklärung des Netzwerks und des Wissens der Verfassungsschutzbehörden scheut, weil dadurch aus seiner Sicht das Staatswohl gefährdet werden könnte. Statt wenigstens diese Transparenz herzustellen, wertet der GBA die von Rechts wegen bestehenden Aufklärungsinteressen der Nebenkläger ab. Es wäre gerade die Aufgabe des GBA gewesen, durch seine Ermittlungen die Aufklärungsansprüche zu erfüllen. Dieses Verhalten des GBA verunsichert. Dessen Abschirmen von unangenehmen Erkenntnissen über die Größe des NSU-Netzwerks und das staatliche Mitverschulden lässt Verschwörungstheorien entstehen, lässt die Mandanten und uns über Fragen nachdenken, die vielleicht schon längst geklärt sind oder sein könnten. (...)

Das hiesige Verfahren hat also nicht die nötige Aufklärung erbracht. Dieser Umstand ist zu kritisieren, aber nicht überraschend. Die Machtverhältnisse zwischen unseren Mandanten und uns auf der einen und den Sicherheitsbehörden auf der anderen Seite sind zu ungleich. Die Aufklärung von Verbrechen mit staatlicher Verstrickung braucht Jahrzehnte, wenn sie denn jemals gelingt. Sie braucht eine aktive, die Geschädigten und die Forderung nach Aufklärung nicht vergessende Öffentlichkeit, sich diesen verpflichtet fühlende Parlamentarier, Journalisten und Anwälte. Sie braucht Whistleblower aus dem System oder das Aufbrechen von Interessensgegensätzen im Sicherheitsapparat, die Leaks von relevanten Informationen zur Folge haben. Die Forderung nach Aufklärung darf mit dem Ende dieses Verfahrens nicht verstummen und sich von den der Staatsraison geschuldeten Widrigkeiten nicht beirren lassen. In Bezug auf das Oktoberfestattentat hatte immerhin der Wiederaufnahmeantrag nach 34 Jahren Erfolg.

»Wie ein Virus«

Vorwurf Verschwörungstheorie: Wie deutsche Leitmedien kritiklos die Sicht der Ermittlungsbehörden verteidigen und unbequeme Zeugen diskreditieren

Rainer Nübel

Das Ergebnis, zu dem 2014 die Wissenschaftler nach intensiver Recherche gelangten, war so eindeutig wie alarmierend: Im Fall der NSU-Mordserie hatten nicht nur staatliche Behörden versagt, sondern auch Medien und Journalisten – wir Journalisten. Jahrelang waren Neonazis mordend durchs Land gezogen, hatten neun Migranten getötet, und in keiner Redaktion waren Reporter auf den Gedanken gekommen, dass es sich um rechtsextreme Täter handeln könnte. Stattdessen glaubten sie an eine türkische Verbrecherbande aus Drogenhändlern und Geldwäschern mit strengem Ehrenkodex und möglichen Bezügen zum »Tiefen Staat«, einer mysteriösen Verbindung aus Organisierter Kriminalität, Geheimdiensten und politischem Nationalismus in der Türkei. Besser sollte man sagen: Die Journalisten glaubten bereitwillig den entsprechenden Darstellungen und Aussagen, die deutsche Ermittlungsbehörden ihnen via offizieller Verlautbarung mitgeteilt oder in Hintergrundgesprächen diskret souffliert hatten. Sie übernahmen, ohne die Behörden wie auch ihr eigenes journalistisches Handeln kritisch zu hinterfragen, in ihren Berichten die Diktion von Ermittlern – bis hin zu dem zynischen Begriff »Dönermorde«, mit dem seit 2005 in zahlreichen Medien die tödlichen Anschläge auf die Migranten bezeichnet wurden.

Diese Untersuchung zur medialen Berichterstattung, geleitet vom Rechtextremismus-Experten Fabian Virchow und den Medienwissenschaftlerinnen Tanja Thomas und Elke Grittmann, war aufwändig: Sie analysierten rund 300 Artikel, die zwischen dem ersten Mord im September 2000 und dem offiziellen Bekanntwerden des NSU im November 2011 erschienen sind, und führten zudem Interviews mit einzelnen Journalisten. Wobei sie nicht immer auf die größtmögliche Gesprächsbereitschaft oder pures Problembewusstsein stießen. In einem Fall, so erzählte später ein Mitglied des Forscherteams bei einer Veranstaltung, habe ein Journalist den Interviewwunsch mit der Aussage abgeschmettert: Man solle sich die Leute, um die es hier geht, doch mal anschauen – über so was zu reden, habe er keine Zeit. Die abfällige Bemerkung des Reporters bezog sich offenkundig auf die Opfer einer der größten Mordserien in der Bundesrepublik.

Man kann nicht sagen, dass es die Medienszene nachhaltig erschüttert hätte, als die Otto-Brenner-Stiftung Anfang 2015 die von ihr in Auftrag gegebene Studie »Das Unwort erklärt die Untat« veröffentlichte. Manche Sender und Zeitungen berichteten nüchtern von den Resultaten der Untersuchung, zitierten auch die Kritik der Stiftung, die Berichterstattung sei, ohne die nötige kritische Distanz, »der Logik und den Deutungsmustern der Ermittlungsbehörden« gefolgt. Fortan gingen die Journalisten wieder ihrer Arbeit nach, zu der neben Information und Meinungsbildung auch die kritische Aufklärung und Kontrolle gehören. Eine große medieninterne Diskussion zu diesem »bitteren Befund« (Otto-Brenner-Stiftung) und der Frage nach Gründen und Ursachen ist nicht überliefert. Die *Süddeutsche Zeitung* hatte freilich dezidiert Stellung bezogen: »Beschämend für die Branche«, so schrieb damals Redakteur Tanjev Schultz, sei, »wie der unpassende, zynische Begriff ›Döner-Morde‹ die

Runde machte.« Und beschämend sei auch, »wie willfährig Journalisten den Irrwegen der Ermittler folgten und sie dazu beitrugen, die Opfer und deren Familien in eine kriminelle Ecke zu rücken«. Schultz verwies in seinem Beitrag darauf, dass die Behörden eine – sogar schriftlich ausgearbeitete – »Medienstrategie« verfolgt hätten. Die vermutete rechtsradikale Gesinnung, so hatten demnach Ermittler an das bayerische Innenministerium geschrieben, sollte »nur am Rande, und wenn, dann nur auf Rückfragen« thematisiert werden. Mit kritischem Unterton schilderte der *SZ*-Redakteur schließlich, wie gut diese Medienstrategie funktionierte: »Rückfragen? Hatten die Journalisten gar nicht unbedingt. Sie lobten lieber den Fleiß der Ermittler. Und schon nach kurzer Zeit wurde fleißig weiter in die falsche Richtung spekuliert.«

Eine Frage der kommunikativen Strategie

Ermittlungsbehörden und die Geheimdienste, aber auch die Politik haben längst erkannt, dass die Kompetenz der kommunikativen Strategie mitnichten nur ein nice to have ist, sondern ein ganz entscheidender hard scill. Gerade im Umgang mit Journalisten. Gelingt es Behördenvertretern, einem virulenten Thema medial den Spin zu geben, der ihren Interessen entspricht, können sie dies als Erfolg verbuchen. Denn dann reduziert sich das Risiko, dass Journalisten unbequeme, kritische Fragen stellen oder gar brisanten Umständen auf die Spur kommen. Was eigentlich deren Job ist. Übernehmen und transportieren Journalisten nicht nur das Narrativ von Behörden, sondern verteidigen sie es in Berichten sogar gegenüber anderen Kolleg/innen und Medien, die dieses Narrativ in Frage stellen, dann liegt darin so etwas wie die hohe Kunst behördlicher Medien- und Kommunikationsstrategie. Gleichzeitig ist es der Offenbarungseid von kritisch-distanziertem Journalismus.

Zuweilen dürften behördliche oder auch politische Kommunikatoren selbst darüber erstaunt sein, mit welch schlichten Strategien die gewünschte Wirkung und damit der strategische Erfolg erzielt werden können. Dafür ist die Berichterstattung zu den NSU-Morden ein besonders fatales Exempel, aber beileibe nicht das einzige. Es gibt immer wieder vergleichbare Fälle. Einer spielte sich 2006 in einem ganz anderen Zusammenhang ab, nämlich im Kontext der politisch äußerst heiklen Frage, ob ein deutscher Ermittler in die illegale Entführung von Khaled El-Masri durch den US-Geheimdienst CIA verwickelt war. Der deutsche Staatsbürger libanesischer Herkunft hatte Anfang 2006, zwei Jahre nach seiner Leidenszeit in einem afghanischen Geheimgefängnis, auf einem Foto jenen Deutsch sprechenden »Sam« erkannt, der nach seiner Darstellung dort mehrfach aufgetaucht sei und in Gesprächen mit ihm erstaunlich viele Details aus seinem Neu-Ulmer Leben gekannt habe. Es handelte sich um einen Beamten des Bundeskriminalamts (BKA). Als El-Masri einen Monat später mit seinem Anwalt das Polizeipräsidium Schwaben aufsuchte, um die Ermittler über seine neue Erkenntnis zu informieren, ahnte er nicht, dass die längst davon wussten – weil die Telefone von El-Masris Anwalt postwendend abgehört worden waren.

Fortan jagte an diesem Tag ein strategisches Spiel das nächste. Ob er denn einer »Wahlgegenüberstellung« zustimme, fragten die Ermittler – und gaben dem verblüfften Entführungsopfer zu verstehen, dass sich der BKA-Mann bereits im Präsidium aufhält. Bei der Gegenüberstellung erkannte El-Masri ihn »relativ zügig«, wie die Ermittler später in den Akten vermerkten. Dann willigte der Deutsch-Libanese auch in eine persönliche Gegenüberstellung ein. Danach erklärte

El-Masri, im Vergleich zum Frühjahr 2004 sei der Mann etwas fülliger und ergrauter. Schließlich sagte er, er habe den BKA-Beamten zu neunzig Prozent als »Sam« erkannt.

Wenn nun aber Medien berichten sollten, dass das CIA-Opfer den deutschen Fahnder erkannt hat, drohte politisch Gefahr. Doch dies konnte trefflich abgewendet werden. Noch bevor El-Masri und sein Anwalt das Präsidium verlassen hatten, gab die zuständige Münchner Staatsanwaltschaft ihre Sprachregelung bereits an die Presse weiter: Die Gegenüberstellung sei nicht erfolgreich gewesen. Und quer durch den deutschen Blätterwald wurde prompt auch so berichtet. Ein TV-Team, das für den Abend einen kritischen Bericht geplant hatte, sendete diesen nicht mehr. Einzig die damalige Korrespondentin der *New York Times*, Souad Mekhennet, berichtete, wie die Gegenüberstellung abgelaufen war, hinterfragte also das kommunikative Vorgehen der Staatsanwaltschaft. Übrigens ist der im Fall El-Masri ermittelnde Staatsanwalt später zum Münchner Generalstaatsanwalt aufgestiegen. Der BKA-Beamte hat derweil stets betont, er sei nie in dem afghanischen Gefängnis gewesen.

Warum denn übernehmen Journalisten, wie im Fall der NSU-Morde besonders evident geworden ist, offenbar viel zu häufig bereitwillig und kritiklos Darstellungen von Ermittlungsbehörden? Ein möglicher Grund könnte eine gewisse Autoritätsgläubigkeit sein. Hohe staatliche Behörden wie das Bundeskriminalamt oder vornehmlich die Bundesanwaltschaft, die sich gerne als die objektivste Ermittlungsbehörde der Welt sieht, genießen bei nicht wenigen Journalisten den Ruf, seriös und vertrauenswürdig zu sein. Vor allem aber, und dies mag noch relevanter sein, verfügen sie über Stoffe, Themen und Informationen, aus denen »richtig gute« Reportergeschichten sind. Und dies umso mehr, wenn diese Geschichten auch noch ein »Qualitätsmerkmal« haben, das Journalisten besonders lieben, weil es Renommee sowie das Lob von Chefredaktionen einbringen kann: Exklusivität. Wichtige Informationen und Geschichten publizieren zu können, die andere Journalisten und Konkurrenzmedien nicht haben, ist die Währung im investigativen Journalismus. Was im Umkehrschluss bedeutet: Legt ein Reporter, der das Etikett »investigativ« trägt oder beansprucht, eine längere Zeit keine relevante Exklusivstory vor, verringert sich sein Marktwert. Und er wird in seiner Redaktion unter Umständen mit der unbequemen Frage konfrontiert, wann er denn mal wieder etwas auszugraben gedenke. Dies kann Druck erzeugen. Transportiert er nicht das Narrativ der behördlichen Quelle, kritisiert er sie oder bringt sie durch eine Veröffentlichung gar in politische Turbulenzen, kann rasch ein anderer Automatismus greifen: Die Quelle versiegt, also keine exklusive Info und Geschichte mehr. Die Konsequenz? Siehe oben.

Journalisten sprechen höchst ungern über solche Dinge, schon gar nicht in der Öffentlichkeit. Auch nicht darüber, dass selbst arrivierte, preisgekrönte Reporter hinter verschlossenen Türen das so vielsagende wie zu hinterfragende Credo formulieren: »Ich beiß' nicht die Hand, die mich füttert.« Die häufig zu große Nähe von Journalisten zu Behörden oder auch zur Politik, die sowohl im überregionalen als auch im Lokaljournalismus ein virulentes Thema ist, allein mit Faktoren wie Druck und Konkurrenz erklären oder gar rechtfertigen zu wollen, würde zu kurz greifen. Es ist auch eine Frage der individuellen Persönlichkeit, ihrem eigenen Ethos, ihrem Charakter – und auch ihrer Eitelkeit, die bei (uns) Journalisten häufig recht verbreitet ist. Mancher hohe Vertreter einer wichtigen Behörde dürfte darum wissen, wie rasch er ein zufriedenes Lächeln ins Gesicht einiger Journalisten zaubern kann, wenn er ihnen die

Wichtigkeit ihres beruflichen Tuns attestiert oder sie in den exklusiven Kreis von Hintergrundgesprächen lädt. Lobt er dann beim fachlichen get together auch noch etwa das juristische oder kriminalistische know how eines Medienmachers, dürfte dies nur in seltenen Fällen Kritik oder Protest hervorrufen. Kommunikation, das kann man bei dem österreichisch-amerikanischen Soziologen Paul Watzlawick lernen, ist eben nicht nur geprägt vom Kommunikationsinhalt, sondern auch vom persönlichen Verhältnis zwischen Sender und Empfänger, also zwischen jenen Personen, die kommunizieren. Professionelle Kommunikations-Strategen kennen dies – und wissen es einzusetzen.

Haben Journalisten aus dem »bitteren Befund« gelernt?

Die Ergebnisse der wissenschaftlichen Studie zum NSU-Fall werfen logische Fragen auf: Haben Journalisten daraus gelernt, führte der »bittere Befund« zu so etwas wie einer Katharsis, agieren Journalisten seit dem Bekanntwerden des NSU im November 2011 also mit größerer Distanz zu Behörden, hinterfragen sie deren Darstellungen stärker? Dazu lässt sich nur schwer oder gar nicht eine pauschale Antwort formulieren, es müsste durch eine neue wissenschaftliche Studie eruiert werden. Betrachtet man einzelne Vorgänge, kommt man freilich ins Grübeln.

Ein Beispiel ist der Fall des Günter S., einem pensionierten Stuttgarter Verfassungsschützer. Ende November 2011 macht er als Zeuge Aussagen gegenüber dem Landeskriminalamt Baden-Württemberg (LKA), die von innenpolitischer Brisanz waren. Schon 2003 hatte er im Auftrag des Stuttgarter Innenministeriums einen Mann vernommen, der zeitweise unter dem Decknamen »Erbse« als V-Mann gearbeitet hatte. Bei diesem

Gespräch, so gab S. zu Protokoll, habe Torsten O. erklärt, dass er von einem Knastkollegen von einer rechtsterroristischen Gruppierung namens NSU wisse, die unter anderem über Verbindungen in den Raum Heilbronn verfüge. Einer dieser Neonazis heiße Mundlos. Der pensionierte Verfassungsschützer berichtete im Untersuchungsausschuss zudem, dass er nach der Vernehmung von »Erbse« einen Bericht zu den Aussagen des Informanten verfasst habe, seine Vorgesetzten im Landesamt für Verfassungsschutz ihn aber angewiesen hätten, diesen Bericht zu vernichten.

Dies würde bedeuten, dass der baden-württembergische Verfassungsschutz früh von der Existenz des NSU gewusst hat. Der erste Bundestags-Untersuchungsausschuss zum NSU lud Günter S. im September 2012 zur Zeugenvernehmung ein. Wenige Tage vor der Sitzung des Gremiums berichtete die *Süddeutsche Zeitung* über ihn und seine Aussage beim LKA unter anderem Folgendes: »Verfassungsschutz und Polizei in Baden-Württemberg halten die Angaben des 60-Jährigen, der wegen Dienstunfähigkeit im Ruhestand ist, für unglaubwürdig.« Das gehe aus einem Schriftwechsel der Behörden hervor. Auch die Bundesanwaltschaft sage, der Fall sei »abgeklärt«. Das heiße: »Die Angaben hätten sich als nicht tragfähiger Ermittlungsansatz herausgestellt.« Die Wirkung des Berichts eines so wichtigen Mediums wie der *SZ* blieb nicht aus: Unmittelbar bevor S. im Bundestags-Ausschuss vernommen wurde, sagte ein Mitglied des Gremiums in die Mikrofone, es glaube diesem Zeugen »kein einziges Wort«. S. wiederholte in seiner Vernehmung alles, was er beim LKA ausgesagt hatte. Manche Ausschussvertreter kritisierten am Ende, dass Behörden ihn über ein Medium bereits vor seiner Anhörung als unglaubwürdig diskreditiert hätten.

»Kein tragfähiger Ermittlungsansatz« – dies ist zu einer festen Formel geworden, wenn die Bundesanwaltschaft Zeugenaussagen oder Berichte, die ihrer Position und ihrem Narrativ widersprechen, mal wieder abmoderiert. Inzwischen ist belegt, dass die NSU-Terroristen Uwe Mundlos und Uwe Böhnhardt über mehrere Jahre enge Kontakte in die Region Ludwigsburg und Heilbronn hatten. Und es ist bekannt geworden, dass 2005 der damalige V-Mann »Corelli« seinem V-Mann-Führer vom Bundesamt für Verfassungsschutz eine CD übergab, die den Titel »NSU/NSDAP« trug. Doch selbst wenn die Aussagen des pensionierten Stuttgarter Verfassungsschützers nicht zuträfen: Wenn in Bezug auf eine Person in einer Berichterstattung Kritisches bzw. ein Vorwurf thematisiert wird – in diesem Fall die Aussage von nicht namentlich erwähnten Vertretern des Verfassungsschutzes und der Polizei, seine Angaben seien »unglaubwürdig« –, dann gilt es als journalistische Pflicht, dass dieser Person die Möglichkeit gegeben wird, dazu Stellung zu beziehen. Im journalistischen Fachjargon nennt sich das »konfrontieren«. Kein seriöses Medium wird auf dieses Konfrontieren verzichten, wenn etwa einem Minister Unglaubwürdigkeit vorgeworfen wird. In diesem Fall freilich, so ist dem *SZ*-Beitrag zu entnehmen, ist es unterblieben. Einer der beiden Autoren dieses Artikels, Hans Leyendecker, gilt als Instanz des investigativen Journalismus, der bei vermeintlichen Fehlern anderer Medien durchaus pointiert Kritik zu üben pflegt. Sein damaliger Mitautor Tanjev Schultz ist nicht minder renommiert – und Verfasser ausgerechnet jenes *SZ*-Beitrags zur Studie über die NSU-Berichterstattung, in dem er kritisiert, wie »willfährig« Journalisten den Darstellungen von Ermittlern gefolgt seien und dass »Rückfragen« ausgeblieben seien.

Drei Jahre später wurde der ehemalige Verfassungsschützer S. im ersten baden-württembergischen NSU-Untersuchungsausschuss vernommen. Er wiederholte, was ihm der Informant 2003 in Sachen NSU und Mundlos gesagt habe, seine Aussagen im Kontext der angeblichen Vorgänge im Landesamt für Verfassungsschutz waren freilich widersprüchlich. Der ehemalige V-Mann Torsten O. erklärte in der Sitzung, er habe nie mit S. über den NSU gesprochen. Seine weitere Angabe, das damalige Gespräch habe nur etwa 15 Minuten gedauert, wurde von einem Pfarrer, der das Gespräch initiiert hatte, widerlegt. Torsten O. widerrief kurz nach seiner Vernehmung in einem Schreiben an den Ausschuss seine Aussage komplett. Gegenüber einem Journalisten machte er außerdem deutlich, dass er 2003 dem Verfassungsschützer S. doch vom NSU berichtet habe. Auf behördlichen Druck hin habe er bei seiner Vernehmung 2011 eine falsche Aussage gemacht, die er vor dem Landtagsgremium wiederholt habe.

Als wir bei *SZ*-Autor Tanjev Schultz im Januar 2016 nachfragten, erklärte er, »dass es gut und besser gewesen wäre, Herr S. wäre in dem Beitrag über seine zitierten Zeugenaussagen hinaus zu Wort gekommen. Die Auftritte des Beamten sowie weiterer Zeugen vor den NSU-Untersuchungsausschüssen haben zwar nach meiner Einschätzung keinen Anlass gegeben, die Darstellung in der Sache völlig neu zu bewerten. Ich bedaure aber im Nachhinein, dass in meinen Beiträgen nicht ausdrücklich gewürdigt wurde, dass hier ein Beamter des Verfassungsschutzes zur Aufklärung beitragen wollte und sich sogar, ob zu Recht oder zu Unrecht sei dahingestellt, dafür gleichsam selbst angeklagt hat.« Inzwischen ist Tanjev Schultz Journalistik-Professor an der Uni Mainz.

Eine Kommunikationsleistung besonderer Art vollbrachte derweil der Vorsitzende des baden-württembergischen NSU-Untersuchungsausschusses im August 2016. In einem Interview mit der Online-Wochenzeitung *Kontext* gab Wolfgang Drexler zu verstehen, die Aussagen von Torsten O. im Ausschuss hätten belegt, dass die Darstellung des ehemaligen

Verfassungsschützers S. nicht zutreffe. Jeder habe sehen können, so sagte Drexler in dem Interview, wie O., den man aus der Haft geholt hatte, selbst erklärt habe, »dass er dem Mitarbeiter des Landesamts für Verfassungsschutz nicht wie behauptet im Jahr 2003 vom NSU und Mundlos berichtet habe«. Kein Wort davon, dass Torsten O. längst seine damalige Aussage widerrufen hatte. Stattdessen erklärte der SPD-Landespolitiker vor dem Start des zweiten Untersuchungsausschusses allen Ernstes: »Genauso werden wir auch jetzt arbeiten, Schritt für Schritt und gewissenhaft. Wir müssen uns dabei an Beweise und Tatsachen halten, reine Theorien helfen uns bei der Aufklärung nicht weiter.« Die Interviewerin verzichtete auf jegliche Nachfrage.

Karikaturen des kritischen Journalismus

Hilfreich ist es für Politiker oder Behörden, wenn sie sich in solchen Kontexten auf die tatkräftige Unterstützung einzelner Journalisten verlassen können. Oder, präziser ausgedrückt, auf deren Willfährigkeit. Ein besonders aussagekräftiges Beispiel dafür, wie Reporter durch allzu große Nähe sich selbst und ihren Berufsstand karikieren, ist aus der Redaktion eines namhaften Mediums überliefert. Ein Journalist, der eine bekanntermaßen innige Beziehung zu Bundesanwaltschaft und Bundeskriminalamt pflegt, arbeitete eifrig daran, die behördenkritische NSU-Geschichte eines anderen Mediums als durchweg falsch und abwegig zu kontern. Als er von einem leitenden Redaktionsmitglied telefonisch gefragt wurde, welche Belege er für seine geplante Gegenstory habe, musste der Journalist das Gespräch unterbrechen, da in diesem Moment sein Handy klingelte. Er ging ran, redete einige Minuten lang, um dem fragenden Kollegen schließlich zu bescheiden: »Wir bleiben dabei, der veröffentlichte Bericht ist falsch.« Dann räusperte

er sich etwas verlegen und korrigierte sich: »Ich bleibe dabei.«
Der Journalist hatte, wie der leitende Redakteur realisierte,
auf seinem Handy mit einem BKA-Vertreter gesprochen. Da
bekommt der grammatikalische Begriff »pluralis majestatis«
doch gleich eine ganz eigene Bedeutung. Mit Verlaub: In einem
solchen Fall handelt es sich um Enddarm-Journalismus.

Ähnlich grotesk, aber real ist, dass einzelne Journalisten mit
hoher GBA-Affinität so weit gehen, selbst eigene Redaktions-
kollegen, die sich in Berichten zum NSU-Komplex kritisch mit
der höchsten Ermittlungsbehörde auseinandergesetzt haben,
intern und auch extern zu diskreditieren: Sie würden nur Fal-
sches berichten und seien nicht tragbar, behaupten sie. Auch
oder gerade in solchen Fällen taugen Faktoren wie Erfolgs-
oder Konkurrenzdruck nur schwer als Erklärung. Hier strömt
ganz schlicht Charakterschwäche mit ein. Man möge freilich
nicht erstaunt sein, wenn die Namen solcher Journalisten etwa
den Ethikrat eines Mediums schmücken.

Mehr Medienpädagogik für Politiker?

Fast schon Anklänge einer bitteren Medien- oder Polit-
Realsatire tragen Vorgänge, die sich im April 2017 abspielten,
als die *ARD* ihre Dokumentation »Tod einer Polizistin« sendete – am Abend vor dem zehnten Jahrestag des Heilbronner
Polizistenmords. Die Berliner Filmemacher Clemens und
Katja Riha versuchten, der Person Michèle Kiesewetter, die
als junge Polizistin am 25. April 2007 vom NSU kaltblütig
erschossen wurde, ein Stück näherzukommen und gleichzeitig
offene Fragen zum Polizistenmord kritisch zu beleuchten. In
einer Sequenz des Films wird dargestellt, dass Michèle Kiesewetter nach Ende ihrer Ausbildung als verdeckte Fahnderin
tätig war und dabei auch im Drogenmilieu eingesetzt wurde.

Eine ehemalige Drogendealerin schildert, wie die Polizistin ihr damals zum Schein Heroin abkaufte und dabei den Stoff »probiert« habe. Sie habe, so erzählt die Ex-Dealerin im Film, »auf mich den Eindruck gemacht, dass sie schon druff ist«. Kurz nach dieser Szene sagt der damalige Präsident der Landespolizeidirektion Stuttgart, Konrad Jelden, im Interview mit den Filmemachern zum Vorgehen der erst 22 Jahre alten Beamtin: »Das hat sie, soweit ich das noch beurteilen kann, mit großer Professionalität und einem unglaublichen Geschick, sich in eine Rolle zu begeben, gestaltet.« Der Polizeichef stellte also, nur so dürfte diese Passage zu verstehen sein, lobend heraus, wie gekonnt Michèle Kiesewetter als verdeckte Ermittlerin die Drogenkäuferin spielte.

Doch insbesondere an dieser Sequenz des fingierten Drogenkaufs entbrannte heftige Generalkritik an der *ARD*-Dokumentation. Sie war noch gar nicht ausgestrahlt, da wetterte bereits Annette Ramelsberger in der *Süddeutschen Zeitung*, der Film betreibe »Legendenbildung«, bestehe »in erster Linie aus Fragen, die in Unheil dräuendem Unterton gestellt werden«, und es werde »auf Teufel komm raus« versucht, »das Bild einer Verschwörung zu zeichnen«. Als ein besonders negatives Beispiel dafür führte die Autorin just die Szenen zum inszenierten Drogenkauf an: »Eine Heroindealerin – von hinten gezeigt – darf der toten Polizistin sogar andichten, dass sie drogenabhängig war, nur weil sie als verdeckte Ermittlerin erfolgreich im Drogenmilieu arbeitete. Die Behauptung ist durch nichts gedeckt: Alle ihre Kollegen haben Kiesewetter als fröhlich, gesund und bodenständig geschildert.« Kein Wort davon, dass der Film im Anschluss an diese Szenen das Lob des damaligen Polizeipräsidenten für das professionelle Rollenspiel der jungen Beamtin bringt.

Es mag bezeichnend sein, dass auch Politiker dieses inhaltlich nicht unerhebliche Detail vollständig ignorierten, als sie –

im Gleichklang mit der journalistischen Philippika – äußerste Bestürzung formulierten. So hob nach Ausstrahlung des Films der Vorsitzende des baden-württembergischen NSU-Untersuchungsausschusses, für das gesamte Gremium sprechend, zu geharnischter Schelte an: »Am Abend vor der Gedenkfeier ohne jede kritische Rückfrage eine Drogendealerin unbelegt behaupten bzw. suggerieren zu lassen, Michèle K. habe selbst Heroin konsumiert und sei davon abhängig gewesen, verstößt für mich nicht nur gegen das Gebot journalistischer Sachlichkeit«, erklärte Wolfgang Drexler. Dies sei nicht nur zu diesem Termin unpassend und für die Angehörigen belastend. »Sondern ich halte derartige gänzlich unbewiesene Anwürfe für grob anstößig. In unserer intensiven mehrjährigen Aufklärungsarbeit hat sich nichts, aber auch gar nichts dafür ergeben, dass Michèle K. Heroinkonsumentin gewesen wäre.« Am Ende seiner öffentlichen Erklärung, in der er auch andere Filminhalte kritisierte, verwies Drexler dezidiert auf den *SZ*-Beitrag von Annette Ramelsberger: Er könne sich »dem Urteil einer profunden Journalistin nur anschließen, die schreibt, dass es umso ärgerlicher sei, im öffentlich-rechtlichen Fernsehen eine krude Story vorgesetzt zu bekommen, die nicht zur Erkenntnis, sondern geradewegs hinein in den Dschungel der Verschwörungstheorien führe«. Der SPD-Politiker, der Mitglied des *SWR*-Rundfunkrats ist, schrieb die Intendanten der *ARD* und den für den Beitrag verantwortlichen *RBB* an, beschwerte sich vehement über den Film und mahnte die Einhaltung der journalistischen Grundsätze an.

Zeigt man – was der Autor dieses Kapitels gemacht hat – die Filmpassage zum fingierten Drogenkauf einer Gruppe von 16-jährigen Schülerinnen und Schülern und lässt sie danach den Inhalt beschreiben, ist der Tenor ziemlich deutlich: »Das hat die Polizistin toll gemacht, als sie so tat, dass sie die Drogen braucht.« Stellt sich die bange Frage: Brauchen wir mehr Medienpädagogik für Politiker und speziell für Rundfunkräte?

Von »Infektionsherden« und »Komplottgespinsten«

Wer mit Medien und Journalisten zu tun hat, weiß: Neben dem Vorwurf der Falschdarstellungen, also Fake News verbreitet zu haben, trifft sie die öffentliche Darstellung, zur Riege der Verschwörungstheoretiker zu gehören, besonders hart. Es ist fast schon so etwas wie Ironie der Geschichte, dass insbesondere Geheimdienste von jeher gern das böse Wort in Umlauf brachten – namentlich dann, wenn sie von eigenen dubiosen Vorgängen ablenken wollten, die drohten ruchbar zu werden. Warum sollte das dann nicht auch für Behörden oder Politiker ein probates Mittel sein, um kritische, brisante oder sonstwie unliebsame Berichterstattungen effektiv abzumoderieren – zumal in Zeiten, da vor allem im Netz tatsächlich so manche Verschwörungstheorie ventiliert wird? Noch besser dürfte es aus kommunikationsstrategischer Sicht für sie sein, wenn Journalisten gleich selbst dieses Wort-Spiel betreiben und entsprechenden Berichten anderer Medien und Kollegen das Etikett »Verschwörungstheorie« verpassen.

So kann es durchaus passieren, dass sich selbst hoch renommierte Vertreter der Medienbranche mit dem Gedanken anfreunden müssen, heillose Verschwörungstheoretiker zu sein. Wie etwa Stefan Aust, ehemaliger *Spiegel*-Chefredakteur und heutiger *Welt*-Herausgeber, sowie der Filmemacher Dirk Laabs. Sie sind die Autoren des 2014 erschienenen Buches »Heimatschutz«, das sehr detailliert und differenziert die zahlreichen Ungereimtheiten und Ungeheuerlichkeiten im NSU-Komplex aufzeigt, unter anderem, was die Rolle der Verfassungsschutzbehörden angeht. Und sie haben auch danach in intensiven

Recherchen immer wieder neue Vorgänge und Infos ausgegraben, die sehr unangenehm für die Sicherheits- und Ermittlungsbehörden, aber auch für die zuständigen Politinstanzen sind. Dazu zählt etwa ihre Berichterstattung darüber, dass der NSU-Terrorist Uwe Mundlos während der Mordserie unter einem Decknamen bei der Baufirma des V-Mannes Ralf M. gearbeitet habe. War der Verfassungsschutz also nahe am Trio dran? Ein ehemaliger Bauleiter der Firma hatte Mundlos als damaligen Mitarbeiter erkannt. Und als das Bundeskriminalamt, das für den Generalbundesanwalt tätig ist, nach der Berichterstattung von Aust und Laabs in dieser Sache noch einmal zu ermitteln begann, stießen die Reporter darauf, dass weitere Zeugen Mundlos' Präsenz in der Firma des V-Mannes bestätigten. Doch am Ende drückte die Bundesanwaltschaft mit der ihr eigenen Sprachregelung die heikle Sache einfach weg: Dies alles sei nicht valide genug, ein Bundesanwalt sprach von »hochproblematischer Wiedererkennungsleistung« der Zeugen.

Mindestens genau so brisant waren die von Aust und Laabs 2015 in der *Welt* veröffentlichten Rechercheergebnisse zum NSU-Mord in Kassel. Als am 6. April 2006 der junge Türke Halit Yozgat in seinem Internetcafé erschossen wurde, hielt sich der Verfassungsschützer Andreas T. dort auf. Was unter anderem die Frage aufwirft: Hatte der Verfassungsschutz Kenntnis von der geplanten Tat der NSU-Terroristen? Rund vier Wochen nach dem Mord, so fanden die beiden Reporter heraus, telefonierte der damalige Geheimschutzbeauftragte des hessischen Landesamts für Verfassungsschutz mit Andreas T. Dabei sagte er zu Beginn des Gesprächs zu dem Verfassungsschützer: »Ich sage ja jedem: Wenn er weiß, dass irgendwo so etwas passiert, bitte nicht vorbeifahren.«

Der Bericht schlug Wellen, im Münchner NSU-Prozess stellten die Anwälte der Opferfamilie entsprechende Beweisanträge. Die Bundesanwaltschaft zeigte sich darüber höchst verärgert. Dass sie – und teilweise auch das Gericht – die Frage, welche Rolle die Sicherheitsbehörden im NSU-Komplex spielen, aus dem Verfahren möglichst heraushalten wollen, stellten kritische Gerichtsbeobachter seit längerem fest. Wäre es jetzt nicht gut für die »objektivste Ermittlungsbehörde der Welt«, wenn jemand sich vor sie wirft wie weiland Winnetou vor Old Shatterhand, als der fiese Rollins zu schießen begann? Vielleicht mit dem »objektivsten« Argument der Welt – Verschwörungstheorie?

»Wie ein Virus«, lautete die Überschrift eines *Spiegel*-Beitrags, der nach der Berichterstattung von Aust und Laabs erschien. Verfasserin ist die damalige Gerichtsreporterin des Nachrichtenmagazins, Gisela Friedrichsen. Mit »Virus« sind Verschwörungstheorien gemeint, was sich dem Leser gleich an mehreren Stellen mühelos erschließt. Auf die Anträge der Opferanwälte, so schrieb die Autorin, habe die Bundesanwaltschaft ungewöhnlich verärgert reagiert. »Denn die Anträge beflügeln vor allem jene, die absonderlichen Verschwörungstheorien mehr Glauben schenken als nüchternen Fakten.« Die Familie Yozgat, zitierte Friedrichsen aus den Beweisanträgen, wolle beweisen, »dass Mitarbeiter des Landesamtes für Verfassungsschutz Hessen, Außenstelle Kassel, insbesondere der damalige Mitarbeiter T., bereits vor dem Mord an Halit Yozgat konkrete Kenntnisse von der geplanten Tat, der Tatzeit, dem Tatort, dem Tatopfer und den Tätern hatten«. Die Autorin schloss so an: »Eine Ungeheuerlichkeit, wenn sie stimmte. Und für jeden, der aufregende Verschwörungstheorien liebt, ein Fest.«

Doch der Satz des Geheimschutzbeauftragten, so formulierte Friedrichsen felsenfest überzeugt, tauge nicht einmal für ein mediales Erdbeben »und schon gar nicht für die Schlussfolgerung, die Tat in Kassel und folglich auch die nächste mutmaßliche

Bluttat des NSU 2007 in Heilbronn, die Tötung der Polizistin Michèle Kiesewetter, wären zu verhindern gewesen, hätte der Verfassungsschutz nicht tatenlos zugesehen«. Warum? Aus abgehörten Telefonaten ergebe sich, dass die Kollegen von T. damals angewiesen worden seien, mit diesem keinen Kontakt zu halten. »Entsprechend will auch die Bundesanwaltschaft den ominösen Satz verstanden wissen: Kein Kollege aus dem Amt solle bei T. vorbeifahren, um jeden Anschein von Beeinflussung zu vermeiden.« Da fragt sich der geneigte Leser: Zählt der Inhalt dieser reinen GBA-Interpretation jetzt zu den »nüchternen Fakten«, von denen die Autorin zuvor gesprochen hatte? Eine Antwort findet sich im Text nicht, stattdessen folgendes Lamento: »Man muss lange suchen, bis man ein Strafverfahren findet, in dem Bemühungen eines Gerichts um Aufklärung so in Misskredit gebracht wurden wie im NSU-Prozess. Von Beginn an schießen Verschwörungstheorien ins Kraut.« Und: »Das Verfahren krankt an Infektionsherden, von denen aus sich Komplottgespinste verbreiten wie ansteckende Viren.« Dazu zähle der Fall Yozgat, fährt Friedrichsen fort. »Der nächste Infektionsherd« sei der Fall der ermordeten Polizistin Kiesewetter, »von dem Verschwörer wegen angeblicher Verbindungen des Opfers zum rechten Milieu nicht ablassen«. Der *Spiegel*-Beitrag endete metapherkonform: »Die Infektionsherde streuen, mit weiteren Infizierten ist zu rechnen.«

Selten ist das Narrativ der Bundesanwaltschaft in einer solch bemerkenswerten Begrifflichkeit affirmiert worden wie in dieser Preziose kritischen Journalismus'. Achtung Verschwörungstheorie, akute Ansteckungsgefahr! Das schreit förmlich nach einem Servicehinweis: Sollte es Medien und Journalisten geben, die es für sinnvoll und notwendig erachten, nach Lektüre dieses Buches »Ende der Aufklärung« die konsequente Virenabwehr zu aktivieren, mögen sie die obigen Anleitungen und Textmuster als eventuell nützliche Anregung beachten.

»Heute haben wir die Gewissheit, dass man die Taten hätte verhindern können«

Aus dem Plädoyer von Yavuz Narin, Anwalt der Familie von Theodoros Boulgarides, der am 15. Juni 2005 in München ermordet wurde

(...) Als die Öffentlichkeit im November 2011 von der Existenz des NSU erfuhr, sagte Yvonne Boulgarides, die ich damals seit einem halben Jahr vertrat: »Jetzt wird der Verfassungsschutz Akten vernichten.« Ich antwortete: »Vielleicht. Aber wenn man ein Loch in eine CD bohrt, kann man immer noch die Musik hören.«

Heute haben wir die Gewissheit, dass man in der Lage gewesen wäre, die Taten des NSU zu verhindern. Wir haben die Gewissheit, dass wir und dieses Gericht bis zum heutigen Tag von den Verfassungsschutzbehörden belogen werden. Wir haben die Gewissheit, dass zahlreiche V-Personen und Verfassungsschutzmitarbeiter bis heute vor Strafverfolgung geschützt werden. (...) Wir haben die Gewissheit, dass Menschen unsere Verfassung schützen wollen, die den Verfassungskern nicht verstanden haben. (...)

Worüber wir außerdem Gewissheit haben, ist, dass der NSU weitaus mehr Unterstützer in der Nazi-Szene hatte, als die Bundesanwaltschaft uns weismachen will: (...) Der Zeuge G(...) von der Berliner Polizei hat in der Hauptverhandlung ausgesagt, dass er an der Berliner Synagoge im Mai 2000, also wenige Monate vor dem ersten Mord, neben Beate Zschäpe drei weitere Personen beobachtet hatte, von denen er eine als Uwe Mundlos identifizierte. Bei der anderen männlichen Person handelte es sich höchstwahrscheinlich um Jan W(...). Denn zur selben Zeit liefen gegen den Beschuldigten W(...) eine G10-Maßnahme sowie eine Observation des sächsischen

Verfassungsschutzes. Im G10-Antrag vom 28. April 2000 hatte die Behörde davor gewarnt, dass von dem untergetauchten Trio schwerste Straftaten zu erwarten seien. Ich zitiere: »Die Unterstützungshandlungen der betroffenen 1-4 (gemeint sind Andreas G(...), und die anderweitig verfolgten Thomas St(...), Mandy S(...) und Jan W(...) sind ein wesentlicher Anhaltspunkt dafür, dass sie den Zweck der Gruppe mit tragen. Das Vorgehen der Gruppe ähnelt der Strategie terroristischer Gruppen, die durch Arbeitsteilung einen gemeinsamen Zweck verfolgen.« Außerdem ging das LfV Sachsen davon aus, dass das Trio sich in Chemnitz aufhalte. Aus dem Vermerk des sächsischen LfV vom 17. Mai 2000 zur erfolgten G-10-Maßnahme geht hervor, dass Jan W(...) am Tag der Ausspähung im Mai 2000 in Berlin war. Er war der Mann, mit dem der V-Mann Carsten Szczepanski alias »Piatto« bereits 1998 darüber kommuniziert hatte, dass sich das NSU-Trio bewaffnen wolle. (...) Auf einem Observationsfoto aus Berlin, einige Wochen nach der Synagogen-Ausspähung, ist Jan W(...), über den ein BKA-Beamter hier aussagte, er gehe davon aus, dass er als V-Mann tätig gewesen sei, mit zwei weiblichen Personen zu sehen. Eine davon, Annett W(...), war, wie wir heute wissen, die Mutter der Kinder des »Blood&Honour«-Chefs Deutschland, der, wie wir heute ebenfalls wissen, V-Mann des Bundesamts für Verfassungsschutz war. Ein weiterer enger Kamerad von Frau W(...) war Mirko H(...), Gründer der sächsischen Hammerskins und ebenfalls V-Mann des Bundesamts für Verfassungsschutz.

Ermittlungen durch die Bundesanwaltschaft gab es zu dem Berliner Sachverhalt bis Oktober 2016 – nicht. Als das Gericht (...) weitere Ermittlungen zu dem Sachverhalt anordnete, antwortete Gordian Meyer-Plath, ehemaliger V-Mann-Führer von Piatto, heute in seiner Funktion als Präsident des LfV Sachsen, im Dezember 2016 persönlich, leider seien die G10 Protokolle wie alle »nicht mehr benötigten personenbezogenen Daten« vernichtet. (...) Im selben Monat erfuhr man aus dem Untersuchungsausschuss des Deutschen Bundestags allerdings auch, dass die Bundesanwaltschaft selbst Beweismittel zum Beschuldigten Jan W(...) – trotz des Vernichtungsmoratoriums des Bundesinnenministeriums – vernichtet hatte.

Die Erklärung lautete, die Bundesanwaltschaft, die das Ermittlungsverfahren gegen Jan W(...) führt, habe W(...) nicht in Verbindung mit dem NSU gebracht, obwohl dieser wenige Wochen vor der Beweismittelvernichtung als Zeuge – hier – in diesem Saal geladen war. (...)

Schade, dass die Bundesanwaltschaft hinsichtlich ihrer mangelhaften Ermittlungsleistungen zu weiteren NSU-Unterstützern süffisant darauf verweisen musste, wir Anwältinnen und Anwälte der Nebenklage hätten unseren Mandantinnen und Mandanten »Hintermänner an den Tatorten« versprochen. Verehrte Damen und Herren der Bundesanwaltschaft, das ist nicht wahr. Ich habe meinen Mandantinnen vielmehr erklärt, dass es bereits ein Versprechen gibt. Meine Mandantinnen sitzen hier, weil sie die Einhaltung dieses Versprechens fordern. (...)

Hoher Senat, haben Sie den Mut, auch auszusprechen, was dieser Prozess nicht leisten konnte, wo er unvollkommen bleiben musste. Haben Sie den Mut, nicht so zu tun, als sei alles in Ordnung.

Die Wiederholung

Im Fall Amri ist ein ähnlicher Umgang mit Tat und Täter
zu erleben wie beim NSU

Thomas Moser

23. Februar 2012, Gedenkakt für die Opfer des NSU, Angela
Merkel: »Als Bundeskanzlerin der Bundesrepublik Deutschland verspreche ich Ihnen: Wir tun alles, um die Morde aufzuklären und die Helfershelfer und Hintermänner aufzudecken
und alle Täter ihrer gerechten Strafe zuzuführen. Es geht auch
darum, alles in den Möglichkeiten unseres Rechtsstaates Ste-
hende zu tun, damit sich so etwas nie wiederholen kann.«

September 2017, Bundestagswahlkampf, Angela Merkel:
»Ich sehe erhebliche Fortschritte bei der Terrorabwehr in
Deutschland. So etwas wie Amri wird sich nicht wiederholen.«

*

Der 19. Dezember 2016 ist ein Montag. Von 10 Uhr an tagt
in Potsdam der NSU-Untersuchungsausschuss des Landtages
von Brandenburg. Er hat die Vorsitzenden der gleichnamigen
Ausschüsse aus Thüringen, Sachsen, Nordrhein-Westfalen und
des Bundestages eingeladen, um sich ein Bild über die bisherigen Erkenntnisse der Parlamente zu verschaffen. Unter den
Zuhörern sitzt ein Politologe, der sich seit fünf Jahren intensiv
mit dem Terror-Skandal des NSU beschäftigt. Er ist selber vor
mehreren NSU-Ausschüssen als Experte aufgetreten. Nach
Ende der Sitzung fährt er am frühen Abend zurück nach Berlin. Mit seiner Familie besucht er noch den Weihnachtsmarkt
auf dem Breitscheidplatz an der Gedächtniskirche. Unter den

zahlreichen Weihnachtsmärkten ist dieser einer der beliebtesten, denn die im Krieg zerstörte und heute nur noch als Ruine erhaltene Gedächtniskirche hat für Berlin eine symbolische Bedeutung. Wenige Minuten vor 20 Uhr verlässt die Familie den Ort. Sie ist auf dem Nachhause-Weg, als sich der Lkw-Anschlag ereignet. Nur eine Kleinigkeit bewahrte den Mann davor, die zwei verhängnisvollsten Terrorakte der letzten Jahre in Deutschland in seiner Person zu verbinden.

Dafür tun das andere Personen: Fahnder, Staatsschützer, Verfassungsschützer, Staatsanwälte, Bundesanwälte. Die Handelnden sind zum Teil dieselben, wie im Falle NSU.

Gestern NSU – heute Amri.

In rasender Geschwindigkeit tun sich bereits nach wenigen Tagen bemerkenswerte Parallelen zwischen den beiden Terrorkomplexen auf. Der Fall Amri, schreibt jener Politologe später, erweise sich inzwischen »als NSU-Skandal im Schnelldurchlauf«. Die Parallelen erstrecken sich auf die Hintergründe, auf die für die Sicherheit zuständigen Behörden, auf den Umgang mit dem Fall. Wieder werden Sonderermittler eingesetzt, wieder stößt man auf Vertuschungen, wieder werden in den Parlamenten Untersuchungskommissionen eingerichtet. Ganz offensichtlich berühren Amri und NSU, aber auch RAF und Oktoberfestattentat, Grundsätzliches der politischen Ordnung der Bundesrepublik. Es gibt eine Realität im Staatsaufbau, eine innere Struktur und Beschaffenheit, die nicht Sicherheit garantiert, sondern das Gegenteil erzeugt. Oktoberfestbombe, RAF-Taten, NSU-Morde, Amri-Anschlag sind deshalb nicht nur monströse Terrorfälle, sondern politische Fälle.

Auch die Halbwertszeiten werden kürzer, in denen hinter den Anschlägen Skandale entdeckt werden. Der Prozess um den Buback-Mord von 2010 bis 2012 dokumentierte erstmals die Verstrickung des Verfassungsschutzes in eine Terrororganisation.

Das Verfahren lief noch, als der NSU aufflog und die flächendeckende Enthüllung der Verantwortung des Sicherheitsapparates folgte. Auch diese Aufklärung ist noch nicht beendet, als man nun im Fall Amri nahezu ohne Zeitverzug auf erneut fragwürdiges Handeln der Behörden stößt. Die Kopierer sind noch warm, auf denen gefälschte Aktenblätter hergestellt worden sind.

Die Schnelligkeit der Entlarvung ist das Neue. Ganz offensichtlich funktionieren die Methoden der Exekutivorgane nicht mehr so, wie sie jahrzehntelang mehr oder weniger ungestört funktioniert haben. Und das wiederum hängt mit der kritischen Öffentlichkeit zusammen, die sich in den letzten Jahren ebenfalls verändert hat. Durch den Buback-Prozess, aber vor allem durch den nicht enden wollenden NSU-Skandal haben Dutzende von Abgeordneten, Anwälten, Journalisten fundamentale Erfahrungen gesammelt und politische Lektionen in Sachen Staatsraison gelernt. Man ist kritischer geworden, misstrauischer, wacher, reifer, kompetenter. Man schaut genauer hin und fragt hartnäckiger nach. Eine Art Selbstqualifizierung hat in den letzten Jahren stattgefunden. Das ist der Grund, warum im Fall Amri schon nach kurzer Zeit ähnliche Missstände entdeckt werden wie im Fall NSU.

Sie werden entdeckt. Aber das Problem ist, dass es sie überhaupt gibt. Der Skandal hinter dem Skandal – das illegitime, unkontrollierte und kontraproduktive Handeln der Exekutive hinter den Attentaten und Attentätern – lebt weiter. Das heißt auch, die Fälle können sich jederzeit wiederholen.

»Einzeltäter« Amri?

Den Anschlag mit einem entwendeten Lkw auf den Weihnachtsmarkt in Berlin vom 19. Dezember 2016, dem elf Besucher und der Speditionsfahrer zum Opfer fielen, soll der Tunesier

Anis Amri verübt haben. Amri wurde vier Tage später, am 23. Dezember 2016, auf seiner Flucht in Italien erschossen, 24 Jahre alt. Er soll ein »Einzeltäter« gewesen sein, erklärt die Bundesanwaltschaft. So wie die zwei »Einzeltäter« Uwe Böhnhardt und Uwe Mundlos, oder der »Einzeltäter« Gundolf Köhler, der 1980 in München die Bombe auf der Theresienwiese gezündet haben soll. Behauptete Einzeltäter – auch das eine Parallele dieser Attentate. Die Einzeltäter-Theorie ist bequem, weil sie weitere Ermittlungen erspart – vor allem wenn die Täter tot sind –, und weil sie hilft, mögliche systemische Hintergründe zu verschleiern. Tatsächlich also eher eine Strategie der Minimierung eines Tatkomplexes. Doch so, wie die Einzeltäterschaft bei Köhler, Böhnhardt und Mundlos fraglich ist, ist sie es auch bei Amri.

Immer zahlreichere Fragen knüpfen sich an diese Person. Die Chronik der Geschichte erfährt Woche für Woche neue Details. Wie in der NSU-Geschichte bilden sich immer neue Handlungsebenen heraus. Der Ebene der Ereignisse folgt die, auf der sie bekannt werden. Vieles, was man inzwischen weiß, stammt aus der Arbeit von Sonderermittlern und der parlamentarischen Untersuchungsausschüsse.

Anfang Juli 2015 reiste Anis Amri, aus Italien kommend, nach Deutschland ein. Und damit beginnen bereits die Merkwürdigkeiten. Begleitet war er von den Tunesiern Habib S. und Bilel Ben Ammar. Amri ließ sich unter einem falschen Namen – Amir – bei der Polizei registrieren. In der Folgezeit benutzte er mehrere Alias-Namen, aber auch seinen richtigen: Amri. Die Mehrfachnennungen tat er nicht, wie man heute weiß, um mehrfach Sozialleistungen zu beziehen. Das soll lediglich einmal geschehen sein und ganze 300 Euro betroffen haben. Offensichtlich versuchte Amri von Anfang an, Spuren zu verwischen. Warum? Mit welchen Absichten kam er aus Italien, wo er jahrelang im Gefängnis gesessen hatte?

Die Parallelgeschichte von Bilel Ben Ammar – oder auch von Habib S. – wurde bisher nicht erzählt. Dabei hat vor allem Ben Ammar in den anderthalb Jahren bis zum Anschlag immer wieder eine Rolle gespielt.

Zunächst blieb Amri in Baden-Württemberg und meldete sich in der Erstaufnahmeeinrichtung in Ellwangen an. Dadurch wurde er ausländerrechtlich Baden-Württemberg zugewiesen, und dieses Bundesland wäre für ihn zuständig gewesen. Letztlich wurde es aber Nordrhein-Westfalen (NRW). Amri bezog dort eine Unterkunft in Emmerich an der niederländischen Grenze.

Das eigentliche Ziel des Tunesiers schien aber von Anfang an Berlin gewesen zu sein. Bereits Ende Juli 2015 tauchte er in der Stadt auf und meldete sich, erneut unter einem anderen Aliasnamen (Hassan), an. Er wiederholte seine Anmeldung in Berlin im September 2015, wieder unter einem anderen Namen – und wurde nun Berlin zugewiesen. War das seine Absicht? Er erscheint rückblickend jedenfalls professionell und systematisch vorgegangen zu sein.

»Nachrichtenmittler« Amri

Anis Amri geriet im November 2015 in den Fokus des Landeskriminalamtes von NRW wie der Bundesanwaltschaft (BAW). Und zwar durch Meldungen einer V-Person der Polizei in NRW: die sogenannte »VP 01« mit Decknamen »Murat« aus dem Umfeld eines islamistischen Kreises um Abu Walaa, zu dem auch Amri gehörte. Gegen führende Personen des Abu-Walaa-Netzwerkes begann im September 2017 in Celle der Strafprozess. Amri wurde von den Behörden zum sogenannten »Nachrichtenmittler« gemacht. Nach offizieller Lesart wurde sein Telefon überwacht, um Informationen über die

Walaa-Gruppe zu bekommen. Eine Art Quelle also. Die Kategorie »Nachrichtenmittler« meint eine Person, die mit einem Verdächtigen in Kontakt steht, ohne allerdings zu wissen, dass sie überwacht wird.

In der Nomenklatur der Begriffe »Kontaktperson«, »Hinweisgeber«, »Quelle«, »Informant«, »V-Mann« oder »V-Person« war »Nachrichtenmittler« bisher nicht geläufig. Jedenfalls handelt es sich bei dem Begriff nicht etwa um eine Erkenntnis der Ermittler, sondern um eine Maßnahme. Im Fall Amri ist die Kategorie nicht eindeutig. Ins Blickfeld der Terrorabwehr soll er nicht nur geraten sein, weil er eine neutrale Kontaktperson der Walaa-Gruppe war, sondern auch, weil er selber verdächtig erschien. Jene V-Person hatte seinem LKA-Mann berichtet, dieser »Anis« wolle »etwas machen«. Nach Einschätzung des NRW-Staatsschutzes ging von Amri eine »abstrakte Gefahr« aus. Ihm sei keine Person erinnerlich, so der damalige Staatsschutzchef Klaus-Stephan B., die er ähnlich kritisch gesehen habe wie Amri. Auch der Leiter der Ermittlungskommission (EK) Ventum, die gegen die Abu Walaa-Gruppe ermittelte, hielt einen Anschlag durch Amri für möglich – allerdings nicht etwa in Dortmund, sondern wenn, dann in Berlin.

Die »VP 01 Murat« war so eng an Amri dran, dass sie ihn mindestens einmal im Pkw nach Berlin gefahren hat. Für Aufsehen sorgten Aussagen eines Dritten, »Murat« habe Amri zu einem Anschlag ermuntert. Dieser Dritte wiederum soll ebenfalls ein Informant gewesen sein. Möglicherweise eine der V-Personen, die gegen die Abu Walaa-Gruppe eingesetzt wurden. Was wussten die V-Personen über Amris Anschlagspläne?

Die Rolle der V-Leute in der islamistischen Szene erscheint genauso schillernd wie jener in der rechtsextremistischen Szene. Viele Fragen sind mit einem Tabu belegt: Wie werden die Informanten gewonnen? Werden Flüchtlinge gezielt angesprochen und angeworben? Wird ihre Notlage bewusst ausgenutzt? Sind bei den Anhörungen im Bundesamt für Migration und Flüchtlinge (BAMF) anonyme Vertreter von Nachrichtendiensten dabei? Für die letzte Frage ergaben sich im Untersuchungsausschuss des Bundestages Hinweise, dass es so ist.

Zur VP »Murat« hat die Bundesanwaltschaft ein striktes Auskunftsverbot verhängt. Verantwortliche Beamte dürfen sich selbst in nicht-öffentlichen Sitzungen der Untersuchungsausschüsse nicht dazu äußern. »Murat« ist im Prozess in Celle ein Zeuge der Anklage. Er darf aber nicht persönlich von den Richtern vernommen werden. An seiner Stelle sagte der VP-Führer des LKA NRW aus. Ein mehr als fragwürdiges Verfahren, das der Staatsschutzsenat, das »erkennende Gericht«, akzeptiert hat. Staatsschutz vor Erkenntnis sozusagen.

Amri pendelte regelmäßig zwischen Berlin und Nordrhein-Westfalen und reiste in zahlreiche Städte, Dortmund, Duisburg, Hildesheim etwa. Im Februar 2016 stufte ihn das Landeskriminalamt in Düsseldorf als »Gefährder« ein. Kein strafrechtlicher Begriff, der zu Konsequenzen führt, sondern eine polizeiliche Arbeitskategorie. Er wurde überwacht. Wenn er sich von NRW auf den Weg nach Berlin machte oder wenn er den umgekehrten Weg nahm, informierten sich die Landeskriminalämter in Düsseldorf und Berlin gegenseitig und übernahmen den Reisenden überwachungstechnisch vor Ort.

Im Gemeinsamen Terrorismus-Abwehrzentrum (GTAZ), einer Runde, in der sich Landeskriminalämter, Bundeskriminalamt, Verfassungsschutzämter, Bundesanwaltschaft, aber auch das Bundesamt für Migration und Flüchtlinge (BAMF) täglich austauschen, war Amri gut ein Dutzend Mal Thema, öfter als jeder andere islamistische Gefährder. Er war TOP 1 der Terrorabwehr. Was genau im GTAZ besprochen wurde, weiß man nicht. Substanzvolle Protokolle werden dort keine geschrieben. In der Sicherheitskonferenz (SiKo) von NRW, in der Landesregierung, Polizei, Justiz und Ausländerbehörden zusammenarbeiten, einer Art kleinem GTAZ auf Landesebene, war Amri außerdem gut ein halbes Dutzend Mal Gegenstand von Erörterungen. Mehr Kontrolle geht fast nicht.

Dann wurde der »Nachrichtenmittler« zum Attentäter.

18. Februar 2016: Fahrt nach Berlin

Ein Schlüsseldatum war der 18. Februar 2016. Amri fuhr in einem Flix-Fernbus zunächst von Dortmund nach Hannover und dann nach Berlin. Am Tag zuvor war er vom LKA in NRW als »Gefährder« eingestuft worden. In Hannover soll er eine Person namens »Bilel« getroffen haben. Bilel Ben Ammar? Begleitete der Amri weiter nach Berlin?

Die Düsseldorfer Behörde informierte ihre Kollegen in Berlin über die Anreise des Passagiers. Was nach der Ankunft des Busses in der Hauptstadt passierte, ist Gegenstand einer anhaltenden Kontroverse zwischen den Behörden und letztlich nicht ganz geklärt. Das LKA in Düsseldorf wollte, dass der »Gefährder« in Berlin weiterhin verdeckt überwacht wird. Die Stadt sei für die Ermittler ein weißer Fleck gewesen. Amri habe sich sehr konspirativ verhalten. Zunächst sollte sein Kontaktfeld aufgeklärt werden. Man wollte unter anderem wissen, ob er sich mit Auftraggebern trifft.

In Berlin wurde Amri von der Polizei kontrolliert, kurzzeitig in Gewahrsam genommen, erkennungsdienstlich behandelt, seine Personalien festgestellt, sein Handy konfisziert. Das war das Gegenteil dessen, was das LKA NRW wollte. Wer das warum entschieden hat, ist bisher nicht klar. Laut NRW sei die gesamte Führungsspitze des LKA in Berlin nicht erreichbar gewesen. Dort wird das ausgeschlossen.

Nach seiner Freilassung begab sich Amri zur Fussilet-Moschee, wo er ein neues Handy mit anderer SIM-Karte entgegennahm und umgehend mehrere Kontaktpersonen in Nordrhein-Westfalen anrief. Er informierte sie über seine Festnahme und forderte sie auf, ihre Handys wegzuwerfen. Die von Amri benutzte neue SIM-Karte war eine von mehreren, die das LKA in NRW überwachte. Doch wie und wann war sie nach Berlin und in die Fussilet-Moschee gekommen?

Gegenüber der Fussilet-Moschee befindet sich eine Polizeiwache. Dort installierten die Fahnder am 19. Februar 2016 eine Kamera, um Personen, die in der Moschee ein und aus gingen, zu registrieren. Tatsächlich gab es noch eine zweite Überwachungskamera an anderer Stelle, die dem Verfassungsschutz gehörte.

Am 19. Dezember 2016 hatte Amri eine Stunde vor dem Anschlag auf dem Breitscheidplatz die Moschee noch einmal besucht. Was er dort wollte, ist unklar. Das Haus wurde nach dem Anschlag geschlossen, der Moscheeverein verboten. Im Februar 2018 begann vor dem Kammergericht Berlin ein Prozess gegen vier Angeklagte wegen Unterstützung der Terrororganisation IS (»Islamischer Staat«), die sich in der Fussilet-Moschee kennengelernt und radikalisiert haben sollen.

Die offene Kontrolle Amris am 18. Februar 2016 durch die Berliner Polizei hatte die Taktik des LKA NRW grundlegend zerstört. Der Überwachte war gewarnt und warnte seinerseits Kontaktleute. Aus den Akten ist folgendes Zitat bekanntgeworden: »Entgegen der Absprachen wurde Amri durch Kräfte des LKA Berlin offen kontrolliert. Hierdurch Gefährdung des weiteren Einsatzes der VP.« Wer war mit dieser VP gemeint?

Die »VP 01 Murat«? Sie soll aber, wie die für diese Quelle Verantwortlichen versichern, Amri nicht nach Berlin begleitet haben. Kam Amri alleine in Berlin an und war er etwa selber die unbekannte VP? Auch dem wird widersprochen. Man habe »nie die Absicht gehabt, Amri zur Quelle zu machen«.

Oder war Amri doch nicht alleine gereist und Ben Ammar war an seiner Seite? War er vielleicht jene »VP«, deren Einsatz durch die offene Kontrolle der Polizei in Berlin gefährdet wurde? »Von uns saß keine VP neben ihm im Bus«, so die mehrdeutige Antwort des Leiters der EK Ventum vor dem Untersuchungsausschuss in Berlin. »Nicht von uns« könnte heißen: von einer anderen Behörde. Um die »VP 02«, wie man sie nennen könnte, wird ein regelrechtes Tabu errichtet.

Welche Rolle spielte Bilel Ben Ammar?

Immer mehr Spuren führen zu Ben Ammar. Er war mit Amri quasi vom ersten bis zum letzten Tag seines Aufenthaltes in Deutschland. Er reiste im Juli 2015 mit ihm ein, wie aus einem Behördenzeugnis des Bundesamtes für Verfassungsschutz (BfV) vom Januar 2016 hervorgeht, und er traf ihn noch am Vorabend des Anschlagstages in Berlin. Einige Stunden vor der Tat telefonierten beide miteinander.

Heute weiß man, dass auch die Person Ben Ammar behördlicherseits massiv verschleiert werden soll. So schrieb im Januar 2017 die *Süddeutsche Zeitung* (*SZ*) unter Berufung auf die Ermittler, vermutlich des Bundeskriminalamtes (BKA), Ben Ammar sei im Herbst 2014 nach Deutschland gekommen, Amri erst ein Jahr später. Das widerspricht dem Behördenzeugnis des BfV. Wenn man davon ausgeht, dass das für die Bundesanwaltschaft tätige BKA diese Information kannte, wäre demnach die *SZ* falsch informiert worden. Und die Frage stellt sich: Soll der enge Zusammenhang von Ben Ammar und Amri verwischt werden?

Ben Ammar gehörte zu einer Gruppe verdächtiger Tunesier, gegen die das BKA wegen Vorbereitung von Anschlägen ermittelte (EV »Eisbär«). Er hielt sich auch in Nordrhein-Westfalen auf.

Nach dem Anschlag liefen gegen ihn Mordermittlungen. Anfang Januar 2017 kam er in Untersuchungshaft. Auf seinem Handy stellten die Ermittler Videoaufnahmen vom Anschlagsort Breitscheidplatz sicher, die bereits im Februar 2016, Monate vor der Tat, gemacht worden waren. Laut Ermittler, so wieder die *SZ* von Ende Januar 2017, habe Ben Ammar behauptet, nicht er habe die Aufnahmen gemacht, sie seien ihm zugeschickt worden. Die Ermittler glaubten ihm das, wie die Zeitung es den Ermittlern glaubt.

Die Veröffentlichung, an der nicht nur die *Süddeutsche*, sondern im Rechercheverbund mit *NDR* und *WDR* auch die *ARD* beteiligt war, erscheint rückwirkend wie die publizistische Vorbereitung der Abschiebung eines Verdächtigen. Die Leitmedien lieferten gleich die nötige Begleitmusik: »Die neue Härte« titelte die *SZ* und lobte den Staat, der jetzt Härte zeige und »konsequent« abschiebe.

Unmittelbar danach, am 1. Februar 2017, wurde Ben Ammar nach Tunesien weggeflogen. Die Bundesanwaltschaft willigte in die Aktion ein. Und das, obwohl wiederholt deutsche Verwaltungsgerichte Abschiebungen nach Tunesien abgelehnt haben, weil in dem Land Folter und Todesstrafe drohten.

Wollte sich die oberste Anklagebehörde der Bundesrepublik mit der Entledigung eines Verdächtigen einen neuen »NSU-Prozess« ersparen? Könnte Ben Ammar gar etwas mit den V-Personen zu tun gehabt haben, die sich um den Fall Amri herum bewegten?

Mit der Personalie Bilel Ben Ammar stellt sich aber auch die Frage wieder, ob Amri tatsächlich nur ein Einzeltäter war oder doch Teil einer Täter- oder Unterstützergruppe in Deutschland. Kontakte zur Abu Walaa-Gruppe, zur »Eisbär«-Gruppe um Ben Ammar oder zur Fussilet-Moschee, hinzu kamen Komplizen bei seinen Drogengeschäften – Anis Amri war alles andere als ein Einzelkämpfer. Und Ben Ammar könnte einer der Mittäter gewesen sein.

Amri hat in Berlin und mehreren anderen Städten zahlreiche Wohnungen benutzt. Der Leiter der EK Ventum, Kriminalhauptkommissar M., sagte vor dem Untersuchungsausschuss in Berlin: »Wir haben vermutet, dass Amri kein lonely wolf war, sondern Leute um sich scharte.« Und zwar in einer derart zielstrebigen Weise, dass die Ermittler anfangs selber einen Verdacht hegten: »Das ist eine Quelle.« Dass da jemand kommt und schon überall Kontakte hat, das sei ihnen »spanisch« vorgekommen. Sie hätten daraufhin bei allen Dienststellen Informationen eingezogen, doch alle hätten abschlägig beschieden: »Das ist keine Quelle.«

Allen Beteuerungen zum Trotz ist diese Frage nicht abschließend beantwortet.

Im April 2016 begann die Polizei in Berlin Amri zu observieren und sein Telefon zu überwachen. Die Observation wurde am 15. Juni 2016 wieder eingestellt. Am 30. Mai hatte das Bundesamt für Migration und Flüchtlinge den Asylantrag Amris abgelehnt. Ab 11. Juni war er ausreisepflichtig. Die Ausländerbehörde Kleve stellte ihm noch eine Duldungsbescheinigung bis Mitte September 2016 aus. Die staatlichen Zahlungen wurden eingestellt.

In der Folge nahm Amris Drogenhandel zu, was den Überwachern nicht verborgen blieb. Die Polizei konstatierte einen »gewerbs- und bandenmäßigen Rauschgifthandel«. Eine Bewertung, die mehrere LKA-Beamte im Januar 2017 nach dem Anschlag in den Akten in »möglicherweise Kleinsthandel mit

Betäubungsmittel« umänderten, abschwächten und auf das Datum 1. November 2016 zurückdatierten. Zusätzlich wurden Amris Komplizen herausgenommen. Diese Manipulationen kamen allerdings erst im Mai 2017 durch die Nachforschungen des Sonderermittlers Bruno Jost heraus.

Am 2. November 2016 soll Amri das letzte Mal Thema im GTAZ gewesen sein. Sollte mit der Aktenmanipulation auch das GTAZ entlastet werden?

11. Juli 2016: Messerstecherei

Zu einem weiteren Schlüsselereignis der Anschlagsvorge-schichte kam es am 11. Juli 2016 in einer Sisha-Bar in Ber-lin-Neukölln, in der mit Drogen gehandelt wurde. Zusammen mit zwei Komplizen griff Amri drei andere tunesische Dealer körperlich an. Dabei wurde einer der Angegriffenen mit einem Messer lebensgefährlich verletzt. Er lag drei Wochen im Kran-kenhaus. Eine meldepflichtige Verletzung, die bei der Polizei Ermittlungen auslöste. Bei der Tat handelte es sich mindestens um eine »gemeinschaftliche gefährliche Körperverletzung«, wenn nicht sogar um ein »versuchtes Tötungsdelikt«. Jedenfalls hätte sie zwingend Haftbefehle nach sich ziehen müssen.

Der Kriminalpolizei gelang es, die Namen der Tatbeteilig-ten zu ermitteln, darunter den von Anis Amri. Weil der zum damaligen Zeitpunkt beim Landeskriminalamt, Abteilung Staatsschutz, als »islamistischer Gefährder« beobachtet wurde und obendrein auch als Rauschgifthändler bekannt war, kam es zu einer Besprechung auf höchster Ermittlerebene – unter Federführung der Generalstaatsanwaltschaft von Berlin. Uner-findlicherweise folgte aus dieser Besprechung vom 18. August 2016 allerdings nichts. Operative Maßnahmen wegen der Messerstecherei wurden nicht beschlossen, stattdessen sollte

lediglich ein Verfahren wegen Amris Drogengeschäften eingeleitet werden, das dann nicht mehr vom Staatsschutz, sondern
von einem Rauschgiftkommissariat geführt werden sollte. Aber
selbst das unterblieb.

Als Messerstecher verurteilt wurde Mohamad K. Doch im
März 2018 erklärte der dritte, ebenfalls inhaftierte Kompli-
ze vor dem Berliner Untersuchungsausschuss, Amri sei der
Haupttäter gewesen. Sollte Amri vor Strafverfolgung verschont
werden? Das wäre eine Parallele zum Umgang der Polizei mit
seinen Drogengeschäften.

Anis Amri war seit Juni 2016 ausreisepflichtig. Einen
Monat später ereignete sich die nächste ominöse Polizeige-
schichte. Nach der Messerstecherei stieg der Tunesier am 29.
Juli 2016 in einen Fernbus und wollte Deutschland Richtung
Süden verlassen. Doch er wurde daran gehindert. Da Amri
noch telefonüberwacht wurde, verfolgten die Fahnder von
Berlin aus die Aktion in Konstanz »live« mit. Amri wurde aus
dem Bus geholt, man fand zwei gefälschte italienische Aus-
weise und nahm ihn in Haft. Allerdings nur in Abschiebehaft,
aus der er nach zwei Tagen wieder entlassen wurde und nach
Berlin zurückkehrte.

Ein Gefährder soll ausreisen, will ausreisen, wird daran
gehindert, kommt in Abschiebehaft und wird dann doch nicht
abgeschoben. Regierte hier lediglich das Chaos oder gab es
andere Gründe für diesen widersprüchlichen Vorgang?

Für Bruno Jost, den Sonderermittler des Berliner Sena-
tes, hätte Amri jedenfalls in Baden-Württemberg in (Unter-
suchungs-)Haft genommen werden müssen. Und Vertreter
der Landeskriminalämter von NRW und Berlin hätten zum
Bodensee fahren müssen, um ihn zu vernehmen. Das müsste
gegebenenfalls der Landtag von Baden-Württemberg untersuchen.

Man habe seine Gefährlichkeit falsch eingeschätzt und ihn vom Schirm verloren, so die bisher gängigen Entschuldigungen der Sicherheitsbehörden. Nach der Observation beendete die Berliner Polizei am 21. September 2016 auch die Telefonüberwachung Amris. Das Smartphone Amris, das im Tat-Lkw gefunden wurde, hatte ein Tourist am 24. September 2016 in Berlin als gestohlen gemeldet. Wechselte Amri sein Telefon erneut aus Vorsicht? Wusste oder ahnte er, dass die Polizei zumindest bis dahin weiter an ihm dran war?

Gefährlichkeit falsch eingeschätzt?

Zwei Tage nach dem Massaker auf dem Breitscheidplatz erklärte der Generalstaatsanwalt von Berlin in einer Pressemitteilung vom 21. Dezember 2016, die Überwachungsmaßnahmen hätten »im September 2016 beendet werden müssen«, weil »keine Grundlage für eine weitere Verlängerung bestand«. Eine glatte Desinformation, wie man heute weiß. Die Behörden kannten nicht nur Amris bandenmäßigen Drogenhandel und seine Beteiligung an der Messerstecherei, obendrein hatten die Staatsschützer des LKA, die mit dem Gefährder befasst waren, wiederholt Gerichtsbeschlüsse für Observationen erwirkt – und zwar bis zum 21. Oktober 2016. Dass diese Observationen dann nicht durchgeführt wurden, ist eine weitere der zahlreichen Ungereimtheiten.

Im Oktober 2016 übermittelte der marokkanische Nachrichtendienst den deutschen Sicherheitsbehörden die Information, Amri wolle ein »Projekt ausführen«. Im GTAZ stand das Anfang November 2016 auf der Tagesordnung. Mit welchem Ergebnis, ist bisher nicht bekannt. Ebenso, was es mit diesem »Projekt« auf sich gehabt haben soll und ob damit ein Auftrag für Amri verbunden war.

Hatte die Polizei den Kontakt zu Amri verloren? Kam der Anschlag am 19. Dezember 2016 unerwartet und aus dem Nichts? Möglicherweise wird diese Darstellung nicht zu halten sein.

Im Untersuchungsausschuss in Berlin behauptete ein Abgeordneter der FDP, er verfüge über Informationen, nach denen der Staatsschutz der Polizei in Krefeld fünf Tage vor der Tat, am 14. Dezember 2016, den Staatsschutz in Berlin gebeten haben soll, Amri ausfindig zu machen und festzunehmen. Zuständig war Krefeld, weil Amri in einem Wohnheim in Emmerich untergebracht war. Sollte sich das bestätigen, wäre es nicht nur ein weiterer Beleg, wie nah die Sicherheitsbehörden dem späteren Attentäter bis zum Schluss waren, sondern auch, wie sie das bis heute verschleiern. Im Untersuchungsausschuss von Nordrhein-Westfalen gestand der Mitarbeiter einer Sicherheitsbehörde, nach dem Anschlag den Tunesier als Täter in Verdacht gehabt zu haben: »Hoffentlich war das nicht dieser Amri«, sei ihre Reaktion gewesen.

Welche Rolle spielte der Tunesier genau? Warum wurde der »Nachrichtenmittler« zum Attentäter? Hatten die Sicherheitsbehörden seine Gefährlichkeit erkannt und ließen ihn laufen, weil sie eine Quelle abschöpfen wollten?

Der Anschlagstag

Auch die Abläufe am Anschlagstag 19. Dezember 2016 sind nicht restlos geklärt. Entscheidende Erkenntnisse hängen davon ab, ob man von einem Einzeltäter ausgeht oder von einer Gruppe. Für die Bundesanwaltschaft (BAW) soll Amri zwar eine Anleitung von IS-Kadern aus dem Ausland gehabt haben, aber keine Helfer in Deutschland. Die Tat sei »von Anbeginn an als Tat einer Person ausgelegt« gewesen. Mit der Einzeltäter-Theorie kann die oberste Ermittlungsinstanz allerdings eine ganze Reihe von Fragen nicht beantworten. Das kennen wir aus dem NSU-Skandal.

Wann brachte Amri den Sattelschlepper, der zur Tatwaffe wurde, in seine Gewalt? Nach Ansicht der BAW etwa eine halbe Stunde vor der Tat, die um 20.02 Uhr verübt wurde. Etwa zwischen 15.30 Uhr und 16.30 Uhr soll sich Amri zusammen mit zwei Freunden in einem Imbiss im Wedding aufgehalten haben. Zur selben Zeit, um 15.45 Uhr, soll laut GPS-Daten versucht worden sein, das Fahrzeug zu bewegen. Nach Einschätzung des polnischen Speditionsunternehmens durch eine Person, die mit dem 40-Tonner nicht vertraut war. Zu diesem Zeitpunkt sei außerdem ihr Fahrer telefonisch nicht mehr erreichbar gewesen. Er wurde später erschossen im Fahrerhaus aufgefunden.

Auf dem Breitscheidplatz starben elf weitere Menschen, Dutzende wurden zum Teil schwer verletzt, viele traumatisiert. Anis Amri, der den Lkw gesteuert haben soll, entkam. Zunächst wurde ein anderer Mann festgenommen, der mit der Tat aber nichts zu tun hatte. Amri soll erst am Folgetag als Täter festgestanden haben. Erst da wollen die Ermittler zwei Handys, seine Geldbörse und die Duldungsbescheinigung aus Kleve gefunden haben, die im Cockpit des Lkw lagen. Auch seine Fingerabdrücke wurden gesichert.

Amri muss nach Emmerich gefahren sein, wo er am 21. Dezember gesehen wurde. Wie er von Berlin nach NRW kam, kann die Bundesanwaltschaft bis heute nicht sagen. Einen Flix-Fernbus schließt sie aber aus. Hatte Amri erneut einen Fahrer?

Unbekannt ist auch der weitere genaue Fluchtweg Amris über die Niederlande, Belgien und Frankreich nach Italien. Am 23. Dezember wurde er in der Nähe von Mailand durch

Polizisten erschossen. Er soll zuvor das Feuer auf sie eröffnet haben. Und zwar mit der Pistole Marke Erma, mit der in Berlin der polnische Lkw-Fahrer erschossen worden war. Woher Amri sie hatte, ist ebenfalls bis heute nicht geklärt. »Wir werden es vermutlich auch nicht erfahren«, sagte der für die Ermittlungen zuständige Bundesanwalt Thomas Beck im Abgeordnetenhaus in Berlin. Für einen Ermittler ein eigenartiger, weil grundsätzlicher Negativbescheid.

So viele Unbekannte und dennoch ist man sich in Karlsruhe sicher, dass Amri in Deutschland keine Helfer oder Mitwisser gehabt habe. Er soll lediglich mit IS-Aktivisten in einem arabischen Land in Kontakt gestanden haben und von dort bei seiner Tat begleitet worden sein.

Zwei Tunesier, mit denen Amri in Berlin eng zu tun hatte, wurden schon im Februar 2017 abgeschoben. Einer war Bilel Ben Ammar, der andere Khaled A., ein Mitbewohner Amris. Aber auch ein dritter Tunesier, Mohamed K., der mit Amri Drogengeschäfte betrieben haben und der Messerstecher in der Sisha-Bar gewesen sein soll, wurde anfänglich als Tatbeteiligter angesehen. Er sitzt wegen Körperverletzung und Einbruchdiebstahls in Haft und soll ebenfalls abgeschoben werden.

Untersuchungen innerhalb der Polizei

Die Berliner Polizei hat die Abläufe am Anschlagtag intern untersucht. Eine »Nachbereitungskommission« listete schwerwiegende Versäumnisse in den Stunden nach dem Anschlag auf, unter anderem die Festnahme des falschen Verdächtigen, aber auch, dass die Tat erst am 20. Dezember als »Anschlag« klassifiziert wurde. Amri hatte Zeit, die Stadt zu verlassen. Man habe ihn »sehenden Auges laufen lassen«, urteilte eine Grünen-Abgeordnete.

Von der »Nachbereitungskommission«, kurz »Nakom« genannt, erfuhren die Abgeordneten allerdings erst mit monatelanger Verspätung. Ihre Existenz wurde verschwiegen, als der Senat von Berlin Anfang Mai 2017 einen Sonderermittler einsetzte, um die größten Pannen und Fehler im Falle Amri zu untersuchen. Bruno Jost, pensionierter Bundesanwalt, stieß bei seinen Nachforschungen auf Unglaubliches: die oben skizzierten Manipulationen innerhalb der Polizei. Sie führten einerseits, völlig ungewöhnlich, zu einer Strafanzeige des Innensenators gegen mehrere Beamte des Landeskriminalamtes (LKA). Die Generalstaatsanwaltschaft nahm Ermittlungen auf, stellte das Verfahren gegen zwei LKA-Beamte im April 2018 allerdings ein. Eine bewusste Strafvereitelung zugunsten von Amris Drogen-Komplizen M.K. habe nicht nachgewiesen werden können. Und eine zugunsten Amris komme nicht in Betracht, weil der zu diesem Zeitpunkt, Januar 2017, bereits tot gewesen sei. Der Frage, ob die LKA-Beamten die Akten manipuliert haben, um sich selbst oder das Amt zu schützen, war die Staatsanwaltschaft nicht nachgegangen. Sie liegt anscheinend nicht in ihrer Vorstellungswelt. Letztendlich schützte sie sich mit der Einstellung auch selbst.

Die zweite Maßnahme des Innensenators im Frühjahr 2017 als Reaktion auf das Verhalten der Polizei war die Einsetzung einer Task Force namens »Lupe«, die die Vertuschungshandlungen erneut intern untersuchen sollte. Die Existenz der »Nakom« wurde weiter verheimlicht. Warum richtet die Polizeiführung eine zweite Untersuchungsgruppe ein, während sie bereits eine erste betreibt? Sollte genau das, samt den Ergebnissen, verschleiert werden?

Und während öffentlich gerade erst die Task Force installiert ist und noch nicht einmal mit ihrer Arbeit begonnen hat, weiß der Innensenator bereits, wer für die Manipulationen innerhalb der Polizei verantwortlich ist: »Offenbar geht es um das individuelle Fehlverhalten Einzelner«, sagt Andreas Geisel (SPD) in derselben Sitzung gegenüber den Abgeordneten. Die Begründung, warum es individuelle Fehler Einzelner gewesen sein müssen, liefert er gleich mit: »Wir müssen handlungsfähig bleiben, das ist das Wichtigste bei der Frage.«

Die Handlungsfähigkeit der Exekutive – sie wurde schon im NSU-Komplex über das Aufklärungsinteresse der Öffentlichkeit gestellt. Sie wird von offizieller Seite reklamiert, um allzu kritische Fragen aus der Legislative, sprich von Abgeordneten, abzuwehren. Eine der entscheidenden Strukturgleichheiten hinter den verschiedenen Terrorfällen.

Die Formel von den »individuellen Fehlern Einzelner« wird von vielen mitgetragen, die innerhalb der Exekutive politische Verantwortung tragen. Selbstverständlich hat sie Geisels Staatssekretär Torsten Akmann übernommen, aber auch dessen Vorgänger im CDU-Innensenat, Staatssekretär Bernd Krömer.

Amri-Untersuchungsausschüsse

Noch im Februar 2017 richtete das Parlament von Nordrhein-Westfalen einen ersten Untersuchungsausschuss zum Fall Amri ein. Nach den Landtagswahlen vom Mai 2017 wurde er fortgesetzt. In Berlin rang man sich im Juli 2017 zu einer solchen Kommission durch. Im Bundestag wurde im März 2018 die dritte beschlossen. Sie muss sich vor allem um die Bundesbehörden kümmern: Bundesamt für Verfassungsschutz, Bundesanwaltschaft, Bundeskriminalamt. Eine Situation, die sich der im NSU-Skandal annähert, wo zeitweise ein halbes Dutzend Ausschüsse parallel tagten. Und kaum haben die U-Ausschüsse im Falle Amri, diese Gremien politischer Aufklärung, mit ihrer Arbeit begonnen, finden sie sich mitten in demselben Behördensumpf wieder, den man seit Jahren im Mordkomplex NSU erleben muss.

Auch das Zeugenverhalten hat identische Züge. Als der Ausschuss in Berlin den Leiter der Task Force »Lupe« vorlud, Kriminaldirektor Dennis G., um von ihm zu erfahren, was die Gruppe bisher herausgefunden hat, ertappten ihn die Abgeordneten bei Vertuschungsversuchen auf offener Bühne. Er wollte – letztlich erfolglos – verschweigen, dass sie Verfehlungen der höchsten Kategorie im LKA festgestellt hatten. Als der Untersuchungsbericht der Task Force Mitte April 2018 bekannt wurde, erfuhr man, dass bei den Ermittlungen gegen Amri 254 Mängel registriert wurden, davon waren 32 der höchsten Fehlerkategorie zuzuordnen.

Ein hochrangiger Verantwortlicher des LKA in Düsseldorf griff zu einem bisher nicht gesehenen Manöver. In öffentlicher Sitzung beantwortete er zunächst keine einzige Frage, sondern verwies stets auf die Zuständigkeit des Staatsschutzes. Die Vernehmung wurde beendet, Publikum und Journalisten gingen nach Hause, und auch der Zeuge verließ das Abgeordnetenhaus. Dann kehrte er auf einmal zum Ausschuss zurück, um doch noch eine Aussage zu machen. Er erklärte nun in Abwesenheit der Öffentlichkeit, als Stabsleiter des LKA habe er zwei Tage nach dem Anschlag die Fahndung nach dem Terroristen koordiniert. Als der Ausschuss wissen wollte, woher die Information kam, konkret nach Amri zu suchen, verweigerte er mit Hinweis auf seine begrenzte Aussagegenehmigung abermals die Auskunft.

Die Geschichte des Anschlages auf dem Breitscheidplatz in Berlin wird dominiert von einer Erzählung über die Person Anis Amri. Die Fassung, in der unter anderem die Personen Bilel Ben Ammar oder Abu Walaa, in der die Fussilet-Moschee, V-Personen der Sicherheitsbehörden und die Sicherheitsorgane selbst eine Rolle spielen, steht noch aus.

Hätte der Anschlag verhindert werden können?

Was wollten die Behörden mit Amri? War er tatsächlich Einzeltäter oder Teil einer Gruppe? Handelten der oder die Täter im Auftrag? Was wussten Polizei und Nachrichtendienste, vor allem auch der Bundesnachrichtendienst und das Bundesamt für Verfassungsschutz? Viele ungeklärte Fragen, die auf eine zentrale hinauslaufen: Hätte der Anschlag verhindert werden können?

Eine Frage, die die Opfer und die Angehörigen der Opfer mobilisiert und politisiert. Sie haben sich vernetzt, verfolgen die Untersuchungsausschüsse und geben öffentliche Erklärungen ab, wie den offenen Brief an die Bundeskanzlerin vor dem Jahrestag des Anschlages, in dem sie ihr und der Politik bittere Vorwürfe machen.

Nach NSU hätte es Amri nicht geben dürfen. Stattdessen das: »… die NSU-Morde aufzuklären, damit sich so etwas nie wiederholen kann.« – »So etwas wie Amri wird sich nicht wiederholen.« Worte einer Bundeskanzlerin, die sich auf diese Weise selbst wiederholt, und die ihre Entschuldigungen als leere Formeln und hohle Rituale der Beschwichtigung selbst entlarvt.

Die Hintergründe des NSU-Skandals sind bis heute nicht aufgeklärt. Auch mit denen zum Anschlag auf dem Breitscheidplatz tut man sich schwer. Nie wiederholen? Der Fall Amri ist gleich die doppelte Wiederholung: die Wiederholung des Anschlages und die Wiederholung der Nicht-Aufklärung. Einen größeren Offenbarungseid für einen Sicherheitsapparat gibt es nicht. Doch eine Restauration jagt die andere: mehr Befugnisse, mehr Personal, mehr Geld. Die Unterwerfung der Politik wird zur Kollaboration. Und die Demokratie wird einer unkontrollierten Exekutive ausgeliefert.

Gestern NSU – heute Amri: Zwar etwas andere Taten, andere Täter und andere Opfer, aber derselbe institutionelle Hintergrund, dieselben Dienststellen, zum Teil dieselben Beamten. Das macht die Terrorfälle zum Fall Bundesrepublik Deutschland.

»Dieser Prozess ähnelt einem oberflächlichen Hausputz«

Aus dem Plädoyer von Yvonne Boulgarides, Ehefrau des ermordeten Theodoros Boulgarides

All die Opfer haben nicht aufgehört zu fragen, jedoch ist uns die angeblich »lückenlose Aufklärung« so viele Antworten schuldig geblieben. Bis heute möchte ich wissen, warum das Ansehen meiner Familie in der Öffentlichkeit derart demontiert wurde. Hat man uns in die Täterrolle gedrängt, um unsere unangenehmen Fragen zum Verstummen zu bringen? Oder befanden sich die Behörden tatsächlich auf einem, für mich nicht nachvollziehbaren Irrweg? (...) Wieso erhielten V-Männer und Mitarbeiter der Sicherheitsbehörden nicht proaktiv eine umfassende Aussagegenehmigung? Wieso wurden und werden diese Leute, die ganz offensichtlich bei der Ausübung ihrer Pflicht kläglich versagt haben, geschützt? (...) Warum wurden trotz laufender Ermittlungen immer wieder Tausende von Aktenseiten geschreddert? (...) Warum haben sie keine Konsequenzen zu befürchten? Warum werden sie sogar, wie Lothar Lingen, der vorsätzlich Akten vernichtet hat, aktiv vor Strafverfolgung geschützt? Es wäre die Aufgabe der entsprechenden Staatsorgane gewesen, der Wahrheitsfindung zu dienen. Leider muss ich an dieser Stelle von einem kompletten Organversagen sprechen. (...)

Ich werde oft gefragt, wie ich diesem Prozess gegenüberstehe. Er ähnelt für mich einem oberflächlichen Hausputz. Um der Gründlichkeit genüge zu tun, hätte man die »Teppiche« aufheben müssen, unter welche bereits so vieles gekehrt wurde. Dieses Gericht hat sicherlich versucht, im Rahmen der gesetzlichen Möglichkeiten zur Aufklärung beizutragen. Dass auch nach Prozessende unter diesen

Teppichen noch Schmutz liegen wird, ist den Traditionslinien einer paranoiden, menschenverachtenden Ideologie geschuldet. Einer Ideologie, die in diesem Land lediglich Tod und Leid hervorgebracht hat. Die Chance auf einen Bruch mit diesen Traditionslinien haben die Verantwortlichen durch die Verhinderung einer umfassenden Aufklärung verpasst. (...)

Es wundert mich heute nicht mehr, dass ich unmittelbar nach der Verpflichtung von Herrn Narin als unseren Anwalt Besuch von einem Ermittler der »Soko Theo« bekam. Dieser riet mir, die Mandatserteilung zu revidieren. Sein Besuch hat genau das Gegenteil bei mir bewirkt. Die zahlreichen Rechercheergebnisse unseres Anwalts haben sich im Laufe der Zeit alle bewahrheitet und nicht nur bei uns zur Aufklärung beigetragen. Während der Jahre wurden gegen Yavuz Narin einige Ermittlungsverfahren eingeleitet, unter anderem wegen Geheimnisverrats. Dazu möchte ich folgendes sagen: Geheimnisse, die dazu dienen, Verbrechen und desaströses Fehlverhalten zu vertuschen, sind nicht schützenswert!!! (...)

Abschließend möchte ich noch auf einen der Angeklagten zu sprechen kommen. Uns ist bewusst, dass die folgenden Ausführungen bei einigen auf Unverständnis stoßen werden. Dennoch haben wir uns dazu entschieden, diesen Weg zu gehen. Über die vermittelnden Rechtsanwälte kam ein persönliches Gespräch mit Carsten Schultze zustande. Das war einer der schwierigsten, aber auch einer der emotionalsten Momente in unserem Leben. Herrn Schultze haben wir in diesem Gespräch als einen Menschen erlebt, der sein Mitwirken zutiefst bereute und dem das eigene Gewissen bereits den größten Teil seiner Strafe auferlegt hat. (...)

Ich weiß, dass mein Mann gern gesehen hätte, wie seine kleinen Töchter zu Frauen herangewachsen sind. Wie gern er seine Mädchen zum Traualtar geführt hätte, oder wie stolz er gewesen wäre, als seine Enkeltochter geboren wurde. (...)

Wir alle sollten auch nach diesem Prozess nicht aufhören, nach

Antworten zu suchen. Vielleicht werden wir nie alles erfahren, aber wir werden die unzähligen Puzzleteile sammeln und zusammenfügen, bis das Bild der Wahrheit vor unseren Augen zu erkennen ist. Dann müssen auch alle anderen hinsehen.

Für eine Unabhängige Untersuchungskommission gegen den »Nationalsozialistischen Untergrund« und institutionellen Rassismus

Ein Appell

Zülfukar Çetin, Safter Çınar, Ayşe Demir
und İlker Duyan
(Türkischer Bund in Berlin-Brandenburg)

Am 22. April 1993 wurden zwei Schwarze Collegeschüler an einer Bushaltestelle in London von fünf bis sechs weißen Jugendlichen angegriffen. Der 18-jährige Stephen Lawrence starb wenig später an seinen Verletzungen. Jahrelang wurde ein rassistisches Tatmotiv von der Polizei geleugnet, ZeugInnen wurden nicht ernst genommen, zudem verwendeten einige PolizistInnen eine rassistische Sprache, wenn sie über das Opfer sprachen. Die Täter wurden aufgrund der vermeintlich mangelnden Beweislage vor Gericht freigesprochen.

Das Ergebnis dieses Falles war nicht nur aufgrund der Freilassung der Täter, sondern auch wegen der rassistischen Vorgehensweise der Polizei in öffentliche Kritik geraten. Schließlich berief der ehemalige Innenminister John Whitaker »Jack« Straw 1997 aufgrund des öffentlichen Drucks eine unabhängige Untersuchungskommission unter dem Vorsitz von Sir William Macpherson of Cluny, einem ehemaligen Richter des Obersten Gerichtshofs, ein.

Diese Untersuchungskommission sollte das Vorgehen der Ermittlungsbehörden und der Polizei analysieren. Dabei handelte es sich zum einen um die Untersuchung der institutionellen und individuellen Vorgehensweise der Polizei während der Ermittlungen zum Mord an Stephen Lawrence. Zum anderen sollten Empfehlungen für lückenlose Ermittlungen und Verbesserungen der polizeilichen Arbeit formuliert werden.

Der als Macpherson-Report bekannte Bericht schlussfolgerte, dass die Polizei die Untersuchung nicht in angemessener Art und Weise durchgeführt hatte, denn weder wurde das rassistische Motiv gründlich untersucht, noch wurden die Aussagen der ZeugInnen ernst genommen. Ebenso wenig wurde das eigene Handeln kritisch reflektiert. Der Bericht ordnete das Handeln der Metropolitan Police ein als eine Praxis des institutionellen Rassismus. Im Bericht wird institutioneller Rassismus definiert als das »kollektive Versagen einer Organisation, Menschen aufgrund ihrer Hautfarbe, Kultur oder ethnischen Herkunft eine angemessene und professionelle Dienstleistung zu bieten. Er [institutioneller Rassismus] kann in Prozessen, Einstellungen und Verhaltensweisen gesehen und aufgedeckt werden, die durch unwissentliche Vorurteile, Ignoranz und Gedankenlosigkeit zu Diskriminierung führen und durch rassistische Stereotypisierungen die Angehörigen ethnischer Minderheiten benachteiligen« (Macpherson Report 1999; zitiert nach Mechthild Gomolla 2008).

In diesem Bericht wurden insgesamt 70 Empfehlungen zur Verbesserung der Strafjustiz und des Bildungssystems formuliert. Darunter konkrete Maßnahmen zur interkulturellen Öffnung bzw. kultur-sensibler Dienstleistung, zur Eliminierung von rassistischen Einstellungen durch Weiterbildung und Trainings in der Polizei. Eine der wichtigsten Empfehlungen des Macpherson-Reports richtete sich an die Regierung. Sie solle den Fall Stephen Lawrence lückenlos aufklären. Zwei der fünf mutmaßlichen Täter wurden mehr als 18 Jahre nach dem Mord an Stephen Lawrence, am 3. Januar 2012, verurteilt.

Die Parallelen zwischen den Ermittlungen und den Vorgehensweisen der Sicherheitsbehörden im Fall Stephen Lawrence und der Mordserie des Nationalsozialistischen Untergrunds (NSU) wurden im Laufe des Münchner NSU-Prozesses offensichtlich. An dieser Stelle möchten wir zum einen darauf hinweisen, dass wir die Abkürzung von »Nationalsozialistischer Untergrund«, der einen offensichtlichen nationalsozialistischen Hintergrund hat, immer ausschreiben würden, um auch die institutionell-rassistischen Strukturen und deren Kontinuitäten an diesem Beispiel sichtbar zu machen, denn durch die ausschließliche Verwendung der Abkürzung »NSU« werden diese nicht nur vergessen, sondern auch ausgeblendet.

Zum anderen möchten wir einen kurzen Rückblick auf die Geschehnisse nach dem ungewollten »Bekanntwerden« dieser Morde geben, um die Ähnlichkeiten zwischen deutschen und britischen Ermittlungsbehörden plastischer darzustellen:

Spätestens seit der Selbstenttarnung des NSU-Kerntrios am 4. November 2011 hat Deutschland wieder ein Problem mit institutionellem Rassismus, der beharrlich verschwiegen und sogar geleugnet wird. Damals wurden zehn Mordfälle durch die Terrorzelle Nationalsozialistischer Untergrund ungewollt entdeckt. Bis dahin wurde bei den Ermittlungen von »Dönermorden«, Mafiamorden oder Drogenkriminalität ausgegangen, weil man die Mehrheit der Todesopfer einfach für Türken hielt und ihnen deshalb nicht nur Kriminalität zuschrieb, sondern sie auch in einen unerklärlichen Zusammenhang mit mafiösen Strukturen brachte. In den Ermittlungen wurden die Hinterbliebenen nicht ernst genommen, vielmehr wurde ihnen unterstellt, in diese Mordfälle verstrickt zu sein. So ging man ihnen auch bis nach »Anatolien« auf die Spur. Rassistische Motive wurden von Anfang an ausgeschlossen.

Dass diese Morde rassistisch motiviert waren und die Er-mittlungsbehörden darauf beharrten, nicht in diese Richtung zu ermitteln, ist aus unserer Sicht ein Beweis für institutionellen Rassismus und wurde bereits gleich nach dem Mord an Halit Yozgat thematisiert und skandalisiert: »Nur einen Monat nach dem Mord an Halit Yozgat 2006 fanden Demonstrationen zuerst in Kassel und dann in Dortmund unter dem Motto ›Kein 10. Opfer‹ statt«, so Ayşe Güleç, eine Vertreterin der Initiative 6. April. Es war noch die Zeit, in der alle Behörden die Täter und die Mordmotive im familiären Umfeld der Opfer und Hinterbliebenen suchten. Rückblickend an die Zeit nach dem Mord an Halit Yozgat erinnernd, schreibt Ayşe Güleç, »dass die Angehörigen der Opfer bereits ein anderes Wissen, eine andere Erklärung und Analyse für die Mordserie hatten« (Güleç 2015, in: Zülfukar Çetin, Savaş Taş (Hg.): Gespräche über Rassismus. Perspektiven & Widerstände).

Dieses Wissen der Betroffenen wird belegt durch Aussagen leitender Beamter, die die Ermittlungsrichtungen vorgaben: »Aufgrund der Tatsache, dass man 9 (sic!) türkischsprachige Opfer hat, ist nicht auszuschließen, dass die Täter über die türkische Sprache den Bezug zu den Opfern hergestellt haben und die Täter demzufolge ebenfalls einen Bezug zu dieser Sprache haben. Auch spricht der die Gruppe prägende rigide Ehrenkodex eher für eine Gruppierung im ost- bzw. südosteu-ropäischen Raum (nicht europäisch westlicher Hintergrund).«
(…)
»Vor dem Hintergrund, dass die Tötung von Menschen in unserem Kulturraum mit einem hohen Tabu belegt ist, ist abzu-leiten, dass der Täter hinsichtlich seines Verhaltenssystems weit außerhalb des hiesigen Normen- und Wertesystems verortet

ist« (Aus dem Bericht des 1. NSU-Untersuchungsausschusses des Bundestages). Dieses Zitat zeigt, dass Menschen, die nicht als weiß-deutsch gesehen werden, oft als Türken oder Muslime homogenisiert werden. Theodoros Boulgarides, eines der zehn Todesopfer des Nationalistischen Untergrunds, wurde aufgrund seines Erscheinungsbildes für einen Türken gehalten und deshalb von der Terrororganisation ermordet.

Aufgrund der unfreiwilligen Aufdeckung der Terrorzelle Nationalsozialistischer Untergrund waren die Ermittlungsbehörden nun gezwungen, über die rassistischen und extrem rechten Tatmotive nachzudenken und in diese Richtung zu ermitteln. Der Prozess gegen Teile des Nationalsozialistischen Untergrunds kommt nun an sein Ende. Am Tag X wird er mit weiteren unbeantworteten Fragen hinsichtlich der Verstrickungen staatlicher Institutionen im NSU-Komplex beendet. Seit der unfreiwilligen Aufdeckung wurden nicht nur wichtigste Beweise und Dokumente vernichtet, auch einige ZeugInnen starben rätselhaft und unerwartet während des Prozesses.

Man kann auch davon ausgehen, dass die angeklagte Mittäterin Beate Zschäpe aufgrund der vermeintlich mangelnden Beweismittel nicht in gerechter Weise verurteilt wird. Auch die Tatsache, dass es (vermutlich) auch andere MittäterInnen gibt und gegeben hat, wurde nicht ausreichend diskutiert und untersucht. Am Ende wird der Schmerz der Hinterbliebenen – nicht nur wegen ihrer Verluste, sondern auch wegen der demütigenden Unterstellungen, in die Mordtaten gegen ihre eigenen Geliebten und Kinder involviert gewesen zu sein – unentschuldigt bleiben und sich in den Erinnerungen antirassistischer Initiativen, Organisationen und einzelner Personen verwurzeln.

An dieser Stelle sind einige Fragen an die Politik und an die Regierung der Bundesrepublik Deutschland zu stellen, die der Anwalt Mehmet Daimagüler in seinem Buch »Empörung reicht nicht! Unser Staat hat versagt. Jetzt sind wir dran. Mein Plädoyer im NSU-Prozess« formuliert hatte: »Hat unser Sicherheitsapparat die lückenlose Aufklärung der NSU-Mordserie verhindert? Trägt auch der Verfassungsschutz Verantwortung für die Verbrechen der Neonazis? Und haben Polizeibehörden jahrelang in eine falsche Richtung ermittelt, weil ihr Denken zum Teil rassistisch durchsetzt ist?« Außerdem gilt es hier auch Bundeskanzlerin Angela Merkel daran zu erinnern, was aus ihrem Versprechen vom 23. Februar 2012 geworden ist: »Als Bundeskanzlerin der Bundesrepublik Deutschland verspreche ich Ihnen: Wir tun alles, um die Morde aufzuklären und die Helfershelfer und Hintermänner aufzudecken und alle Täter ihrer gerechten Strafe zuzuführen.«

Im Gegensatz zu diesem Versprechen haben die bisherigen Untersuchungen des Bundestages und der Landesparlamente kaum Aufklärung gebracht. Ganz im Gegenteil. Der bisherige »Aufklärungsprozess« ist gekennzeichnet durch Aktenvernichtungen, Aktensperrungen und verweigerte Aussagegenehmigungen für mehrere wichtige ZeugInnen, was nun noch mehr Fragen hinsichtlich der möglichen Verstrickungen der staatlichen Behörden im NSU-Komplex aufgeworfen hat. Obwohl selbst der Vorsitzende des zweiten NSU-Ausschusses im Bundestag, Clemens Binninger (CDU), erklärte, dass er »›zutiefst davon überzeugt‹ sei, dass der NSU nicht nur aus drei Leuten bestanden habe und dass es neben den angeklagten Helfern und Unterstützern auch Mittäter gegeben habe« (*Tagesspiegel Online* vom 5. September 2016). Diese Vermutung wird von Nebenklägeranwälten geteilt. Dennoch haben sowohl das Oberlandesgericht München als auch der Generalbundesanwalt und Bundesjustizminister Maas (SPD) es abgelehnt, das Verfahren (und die Ermittlungen) auszuweiten.

In so einer Situation ist es nicht schwierig, an das institutio-nell-rassistische Vorgehen der Metropolitan Police in London zu erinnern. Die bisher angewandten Ermittlungsmethoden klären die Mordserie nicht lückenlos auf. Es müssen also andere Wege beschritten werden:

Wir fordern, in der Sache des NSU-Komplexes eine un-abhängige ExpertInnenkommission einzusetzen. Sie soll im Hinblick auf institutionellen Rassismus die Vorgehensweise der polizeilichen Ermittlungsbehörden der Länder, der Innenmi-nisterien der Länder, samt ihrer Verfassungsschutzämter sowie der entsprechenden Bundesbehörden und der Bundesregierung selbst mit einem umfassenden Untersuchungsauftrag nach dem Vorbild der Macpherson-Kommission analysieren, bewerten und Empfehlungen zur Beseitigung des institutionellen Ras-sismus in staatlichen Behörden und Einrichtungen formulieren.

In eine solche unabhängige Untersuchungskommission sollen auch Personen aus den Vertretungsorganisationen der Opfer und der Betroffenen von institutionellem Rassismus einbezogen sein. Ausgewiesene WissenschaftlerInnen aus der kritischen Rassismus- und Migrationsforschung, Jura und Soziologie sowie kritisch-investigative JournalistInnen sol-len beauftragt werden, ihre Expertise in dem Themenbereich des institutionellen Rassismus einzusetzen. Der Kommission sollte darüber hinaus ein uneingeschränkter Zugang zu al-len Personen und Dokumenten, die für die Aufklärung der Mordserie relevant sind, gewährleistet werden. Unabhängig heißt auch, dass die Kommission überparteilich ist und nicht im Sinne einer Partei, sondern im Sinne der Betroffenen und Betroffenengruppen handelt, ohne Wenn und Aber. Nur dann kann der institutionelle Rassismus der Behörden als solcher dargestellt und als (Mit-)Ursache für die Nichtaufklärung der Taten bezeichnet werden.

Die offene Wunde BRD

Ein Nachwort, aber kein Schlusswort

Thomas Moser

Eine solche Situation hat es in der Geschichte der Bundesrepublik bisher nicht gegeben. Die Mord- und Bombenserie,
verbunden mit dem Namen »NSU«, hat zu über einem Dutzend
Untersuchungsausschüsse im Bundestag und in mehreren
Landtagen geführt. Der Prozess in München hat mit mehr als
fünf Jahren Dauer Justizgeschichte geschrieben. Sieben Jahre
halten die politischen Aufklärungsbemühungen seit dem Auffliegen des NSU-Kerntrios im November 2011 an. Und doch
sind immer noch mehr Fragen offen als beantwortet.

Schauplätze der Auseinandersetzung verschwinden, wie das
Staatsschutzverfahren vor dem Oberlandesgericht in München, aber neue entstehen, wie der Untersuchungsausschuss
in Mecklenburg-Vorpommern. Der Mord in Rostock am 25.
Februar 2004, bisher eher im Schatten anderer Fälle, birgt ein
eigenes Geheimnis. Es war der einzige Mord in Ostdeutsch-
land. Mehmet Turgut wurde nicht ins Gesicht geschossen, wie
es den anderen Opfern geschah. Er musste sich auf den Boden
legen und wurde dann hingerichtet.

In Brandenburg, Thüringen und Sachsen tagen Parlamentarier weiterhin Monat für Monat. In Hamburg, Ort des dritten
NSU-Mordes, fordert eine Initiative ebenfalls einen Untersuchungsausschuss. Gleiches gilt für Berlin, wo verschiedene
Stränge der NSU-Geschichte zusammenlaufen und entscheidende Figuren des rechten Sektors als V-Leute geführt wurden.

In Bayern hat es einen ersten Untersuchungsausschuss gegeben, aber vieles ist ungeklärt geblieben: Warum drei Morde sowie ein Sprengstoffanschlag in Nürnberg? Warum fünf der zehn Todesopfer in dem Freistaat? Die Nebenklageanwältin Seda Basay-Yildiz stieß in den Ermittlungsakten auf Sachverhalte, die es denkbar erscheinen lassen, dass zwischen dem Opfer Ismail Yasar und den mutmaßlichen Mördern Böhnhardt und Mundlos eine Personenkennkette existierte, die über einen Nürnberger Neonazi führte, mit dem Yasar einmal Schwierigkeiten hatte. Gab es einen Zusammenhang? War der Mord ein Racheakt? Waren die NSU-Killer demnach vielleicht Auftragsmörder? Dann müsste es auch Auftraggeber geben.

Medien haben herausgefunden, dass im Zentrum der rechtsextremen Szene Bayerns ein V-Mann saß. Der bayerische Innenminister hat daraufhin das Landesamt für Verfassungsschutz beauftragt, dessen Rolle nachzugehen. Gleichzeitig spricht sich Joachim Herrmann (CSU) gegen einen zweiten Untersuchungsausschuss aus. Damit tut er zwei Dinge in einem: Er demonstriert, dass weiter aufgeklärt werden muss – und dass das unter Ausschluss der Öffentlichkeit zu geschehen hat. Unfreiwillig zieht er den Vorhang weg, mit dem er eben noch die Hintergründe verhüllen wollte und kennzeichnet genau das Spannungsfeld, auf dem sich die Aufklärung des NSU-Skandals seit Jahren bewegt und nicht vorankommt. Gerade weil der Minister versucht, die Exekutive über die Legislative zu stellen, kann man das als Aufforderung an das Parlament verstehen, sich der Angelegenheit ebenfalls anzunehmen. Die Einsetzung eines Untersuchungsausschusses obliegt ihm allein, keiner Regierung.

Organe der Legislative im Widerstreit mit Organen der Exekutive. Diese Auseinandersetzung durchzieht die gesamte

Republik und trägt Züge eines Machtkampfes. Die zahllosen Tageskämpfe um die Vernehmung von Zeugen und die Vorlage von Akten haben die politische Plattentektonik in Bewegung versetzt.

Der NSU-Skandal ist längst ein politischer Skandal. Er ist aus der Vergangenheit in die Gegenwart gewuchert. Neben der Aufklärung der Verbrechen im Zeitraum 1998 bis 2011 geht es schon lange auch um diejenigen staatlichen Stellen und Personen, die die Arbeit der Parlamente behindern – bis heute.

Die Institution Bundesanwaltschaft

Im Zentrum des Konfliktes steht die Institution Bundesanwaltschaft. Ihre Theorie von der isolierten Dreier-Zelle Böhnhardt, Mundlos, Zschäpe und den allein handelnden zwei Tätern wird nicht nur von der kritischen Öffentlichkeit und etlichen Parlamentariern in Zweifel gezogen, sondern kann als widerlegt gelten. Wie konstruiert die Anklage in München war, demonstrierten mehrere Plädoyers von Anwälten der Nebenklage. Sie haben fundiert dargelegt, dass es Mordhelfer in den Tatstädten gegeben haben muss. Walter Martinek, Anwalt des beim NSU-Anschlag in Heilbronn lebensgefährlich verletzten Polizeibeamten Martin A., sagte in seinem Schlussvortrag, die »Nichtberücksichtigung einer Reihe von Zeugenaussagen [durch die Bundesanwaltschaft], die eine Beteiligung mehrerer Personen nahelegen«, hinterlasse bei ihm einen schalen Nachgeschmack. Er halte die Ausführungen der Bundesanwaltschaft zum Motiv der Täter nicht für überzeugend. Nämlich, dass der Gesellschaft die Machtlosigkeit des Sicherheitsapparates vor Augen geführt werden sollte. Es handle sich dabei, so der Rechtsanwalt, »nur um eine von mehreren Möglichkeiten«, die letztlich alle »spekulativ« seien.

Mit dem Geschehen im Bunker des Münchner Gerichtsgebäudes allein lässt sich dieser monströse Mordkomplex ohnehin nicht erfassen. In den parlamentarischen Untersuchungsausschüssen dringen bis heute Sachverhalte an die Oberfläche, die belegen, wie selektiv das ist, was die Justiz verhandelt. Im Landtag in Stuttgart ergaben sich Hinweise auf eine zweite Lieferkette von Pistolen im Umfeld des NSU. Woher 17 der 20 Schusswaffen kamen, die in der Habe des Trios gefunden wurden, können die Ermittler nicht sagen, weil sie es schlicht nicht ermittelt haben. In Potsdam wurde enthüllt, dass das Bundesamt für Verfassungsschutz über alle Schritte des V-Mannes »Piatto« im Bilde war, der 1998 gemeldet hatte, die drei Untergetauchten wollten sich bewaffnen und seien in Chemnitz zu finden.

Von den etwa 5000 Tagen, die Uwe Böhnhardt, Uwe Mundlos und Beate Zschäpe von Ende Januar 1998 bis Anfang November 2011 im Untergrund verbracht haben sollen, würden die Ermittler nur etwa 250 Tage kennen. Das hat Clemens Binninger ausgerechnet, der ehemalige CDU-Abgeordnete, der den zweiten Untersuchungsausschuss des Bundestages geleitet hat. Was er damit sagen will: Wenn über eine Personengruppe derart wenig bekannt ist, wie belastbar soll dann die Behauptung sein, dass nur diese drei der Terrororganisation NSU angehörten und allein alle Taten planten und ausführten?

Doch die oberste Strafverfolgungsinstanz des Staates verweigert sich den Fakten, Widersprüchen und Analysen, die nicht in ihre eng umgrenzte Drei-Täter-Theorie passen. Wenn obenrein ihr Vertreter, Bundesanwalt Herbert Diemer, im Rahmen seines Plädoyers vor dem »Hohen Senat« und in der roten Robe des Staates die Kritiker als »selbsternannte Experten« und »Irrlichter« und ihre Kritik als »Fliegengesurre« abqualifiziert, kann man diese Rhetorik als Kampfansage verstehen. Sie zeigt, wie sehr die Bundesanwaltschaft eine politische Behörde ist, die Staatsschutz betreibt.

Selbst die Opferfamilien wurden nicht verschont. Diemers Kollegin Anette Greger attackierte in ihrem Plädoyer Anwälte der Nebenklage, sie hätten ihren Mandanten falsche Versprechungen gemacht, rechte Hintermänner an den Tatorten zu finden. Jemand anderes hatte ihnen aber genau dieses Versprechen abgegeben – Bundeskanzlerin Angela Merkel sagte im Februar 2012 zu den Hinterbliebenen und überlebenden Opfern der Mordanschläge: »Ich verspreche Ihnen, alles zu tun, um die Morde aufzuklären und die Helfershelfer und Hintermänner aufzudecken und alle Täter ihrer gerechten Strafe zuzuführen.« Hat das die Oberstaatsanwältin lediglich vergessen, oder spekulierte sie darauf, dass es inzwischen in Vergessenheit geraten ist? Vielleicht demonstriert sie unbeabsichtigt auch nur, dass die Worte von Angela Merkel an die Opferangehörigen nichts als pflichtschuldige, unverbindliche Regierungsfolklore mit kurzem Verfallsdatum darstellen. Denn eingelöst ist das Versprechen bis heute nicht.

Der Buback-Prozess 2010 bis 2012

Die verbalen Ausfälligkeiten seitens der Bundesanwaltschaft sind keinesfalls neu, sondern haben Methode. Sie führen zurück zu einem anderen Terrorismusfall in der Geschichte der Bundesrepublik, dem Prozess um den Mord am einstigen Generalbundesanwalt Siegfried Buback. Von 2010 bis 2012 wurde der Anschlag vom 7. April 1977 vor dem Oberlandesgericht in Stuttgart verhandelt, mehr als 30 Jahre nach der Tat und nur, weil der Sohn des Ermordeten, Michael Buback, die Behörde in Karlsruhe durch eigene Ermittlungen dazu gezwungen hatte. Als im Juni 2012 die Plädoyers gehalten wurden, bezichtigte der Prozessvertreter der Bundesanwaltschaft, Walter Hemberger, den Nebenkläger Michael Buback, der es gewagt hatte, die Behörde zu kritisieren, der »Unverfrorenheit«. Wörtlich sagte der Bundesanwalt: »Jedes weitere Wort ist der Vortrag des Nebenklägers nicht wert.«

Respektlosigkeiten, wie 2017 in München so also auch schon 2012 in Stuttgart. Sie verweisen zugleich auf Zusammenhänge zwischen dem RAF-Verfahren und dem NSU-Verfahren. Beide trafen im November 2011 aufeinander, als der NSU aufflog und die Bundesanwaltschaft die Ermittlungen übernahm, die sie im Jahre 2006 noch nicht hatte übernehmen wollen, obwohl zu diesem Zeitpunkt neun Migranten mit derselben Waffe erschossen worden waren.

Am 10. November 2011 kam es im Buback-Prozess gegen das frühere RAF-Mitglied Verena Becker zu zwei bemerkenswerten Zeugenauftritten. Bei der Vernehmung eines Auswerters des Bundesamtes für Verfassungsschutz (BfV) ergab sich, dass in dem Amt Akten manipuliert worden sein mussten. Dabei ging es um eine Aussage Beckers, die sie beim BfV gemacht hatte. Bundesanwalt Hemberger versuchte so energisch wie erfolglos, die Aktenfälschung abzutun. Der zweite Zeuge war der frühere Präsident des Bundeskriminalamtes Horst Herold. Er erklärte zur Überraschung, dass die Bundesanwaltschaft ab dem Herbst 1977 die Ermittlungen zum Buback-Mord nicht mehr betrieben habe, sie seien »de facto stillgestanden«. Daraufhin griff Hemberger den 88jährigen Herold wie eine Furie an, wie er so etwas behaupten könne. Herold hatte ein Tabu verletzt. Er hatte die Ermittlungen öffentlich angezweifelt und angedeutet, dass die Behörde des Generalbundesanwaltes den Mord an einem früheren Amtschef nicht aufklären wollte.

Als tags darauf am 11. November 2011 der Generalbundesanwalt die Ermittlungen im Mordkomplex NSU übernahm, wurden zur selben Zeit im BfV Akten von V-Leuten in der rechtsextremen Szene Thüringens vernichtet. Manipulationen, wie man sie eben erst im Fall Buback erlebte, wiederholten sich live im NSU-Skandal.

Oktoberfest-Anschlag in München 1980

Und noch mit einem dritten »deutschen Attentat« kreuzen sich die Ereignisse: dem Anschlag auf das Oktoberfest in München am 26. September 1980, der 13 Tote und mehr als 200 Verletzte forderte. Auch dieses Attentat wirft bis heute Fragen auf. Das Ermittlungsverfahren wurde 1982 eingestellt. Der Rechtsextremist Gundolf Köhler galt als Alleintäter, der in Suizidabsicht gehandelt habe.

Der Opferanwalt Werner Dietrich und der Journalist Ulrich Chaussy forschten weiter nach, stießen im Laufe der Jahre auf ungehörte Zeugen, Hinweise auf Mittäter, übersehene Beweismittel, verlorene Beweismittel und unterlassene Ermittlungen. Als Chaussy im Jahr 2008 bei der Bundesanwaltschaft nach dem Verbleib der Asservate fragte, traf er auf Bundesanwälte, deren Namen heute aus anderen Terror-Zusammenhängen bekannt sind: Walter Hemberger, der ab 2007 das Verfahren gegen Verena Becker führte und dann die Anklage im Buback-Prozess vertrat, erklärte dem überraschten Journalisten, sämtliche Asservate zum Oktoberfestattentat seien zwischenzeitlich vernichtet. Wie das, fragte sich Chaussy, Mord verjährt doch nicht. Ein Interview vor der Kamera über die Vernichtung der Asservate verweigerte Hemberger. Wenig später war er nicht mehr für das Verfahren zuständig. An seine Stelle rückte Bundesanwalt Bernd Steudl. Er war es, der im Jahr 2006 dafür verantwortlich zeichnete, dass die Bundesanwaltschaft es ablehnte, die Ermittlungen im Fall der bis dato neun Ceska-Morde zu übernehmen. Die NSU-Mordserie blieb unerkannt.

Das änderte sich erst am 4. November 2011 mit dem Tod von Uwe Böhnhardt und Uwe Mundlos. Die Sicherheitsbehörden gerieten unter Druck, die Politik richtete Untersuchungsausschüsse ein, der Prozess in München begann. In diesem sensiblen gesellschaftlichen Klima nahm der damalige Generalbundesanwalt Harald Range im Dezember 2014 die Ermittlungen zum Oktoberfestattentat wieder auf. Es hätten sich Hinweise ergeben, die auf bislang unbekannte Mitwisser hindeuten könnten, erklärte er medienwirksam auf seiner Jahrespressekonferenz. Die Berichterstattung wurde daraufhin vom Thema Oktoberfestattentat dominiert, nicht mehr von den Versäumnissen im Fall NSU.

Deutscher Terrorismus?

Im Frühjahr 2018 erklärte ein Verfassungsschützer vor einem Untersuchungsausschuss, das Handeln der Sicherheitsbehörden im Falle NSU sei »eine Schande« gewesen. Dann fügte er einen Satz an, der die Tür weit aufstößt: »Das werden Sie auch bei Amri erleben.« Die Prognose hat sich längst bewahrheitet. Bemerkenswert ist, dass der Beamte wie selbstverständlich davon ausging.

RAF-Attentate, Oktoberfestbombe, NSU-Morde und LKW-Anschlag – überall dieselben Vielschichtigkeiten und Doppelbödigkeiten, dieselben hintergründigen Strukturen, ähnliche Widersprüche und Fragen, derselbe Stoff. Das führt diese deutschen Terrorfälle zusammen. Die Ermittlungsbehörden haben alle Instrumente zur Verfügung, um Taten, Täter und Hintergründe aufzuklären. Dass es nicht geschieht, macht den Skandal zu einem Politikum. Um die Fälle zu lösen, muss das

Verhältnis zwischen Legislative und Exekutive neu ausgehandelt werden. Real bestimmt die Exekutive die Möglichkeiten der Legislative. Das ist die Voraussetzung, dass der Verfassungsschutz bisher politisch unantastbar bleibt. Doch warum soll eine Sicherheitsbehörde, die Untersuchungsgegenstand eines Parlamentes ist, die Regeln der Untersuchung bestimmen?

Mit der Verurteilung von Beate Zschäpe, Ralf Wohlleben, André Eminger, Holger Gerlach und Carsten Schultze kann die juristische Behandlung der NSU-Taten nicht zu Ende sein. Bei der Bundesanwaltschaft werden neun weitere Personen als Beschuldigte geführt, Unterstützer des NSU gewesen zu sein: André K., Thomas St., Jan W., Matthias D., Max-Florian B., Mandy S., Susann E., Pierre J., Hermann S. Mindestens einer von ihnen war eine V-Person der Polizei. Ob es zum Prozess NSU II kommt, ist ungewiss. Und dann gibt es noch ein großes Sammelverfahren »gegen Unbekannt«, in dem die Karlsruher Bundesanwälte alles ablegen, was zum Komplex NSU bis heute ermittelt wurde und weiterhin ermittelt wird. Dieses Material gehörte in unabhängige, öffentlich kontrollierte Hände. Dazu braucht es aber eine Legislative, die das will. Und eine kritische und wache Zivilgesellschaft, die sich dafür einsetzt, dass die Vertuscher und Aufklärungsverhinderer nicht obsiegen.

Dank

Seit mehr als 25 Jahren verlegt Hubert Klöpfer »Bücher fürs Denken und Lesen ohne Geländer«. Darin steckt seine Programmatik,
die sich in Literatur hoher Qualität gleichermaßen ausdrückt wie in
Sachbüchern, die sich kritisch sowie bürgerorientiert mit virulenten
politischen und gesellschaftlichen Themen auseinandersetzen. Dazu
braucht es unter anderem ein ausgeprägtes Bewusstsein dafür, was
Aufklärung im doppelten Sinne des Wortes bedeutet. Und mitunter
auch Courage. Wir danken dem Verleger für seine Entschlossenheit,
nach »Geheimsache NSU« (2014) dieses zweite Buch zum Umgang
mit den Morden und Terroranschlägen des »Nationalsozialistischen
Untergrunds« zu publizieren, und für sein Vertrauen. Unser Dank gilt
auch denen, die mit uns sprachen, obwohl dies ganz sicher nicht im
Interesse mancher verantwortlicher Behördenvertreter oder Politiker
lag. Danken möchten wir zudem Professor Dr. Markus Köhler von
der Stuttgarter Kanzlei Oppenländer, der unsere Arbeit mit Engagement und dem Sachverstand des erfahrenen Presserechtlers begleitet
hat. Christiane Hemmerich und Horst Schmid danken wir für die
gelungene Gestaltung des Buches und Alexander Frank für die sehr
gute Satzarbeit.

Andreas Förster, Thomas Moser, Thumilan Selvakumaran

Die Autoren

Michael Beykirch geboren 1986 in Kleve am Niederrhein. Studierte Ethnologie an der Universität Bonn und an der Pontificia Universidad Católica del Perú in Lima. Promoviert derzeit in der Ethnologie und Kulturanthropologie zu den transformatorischen Potentialen der Solidarischen Landwirtschaft und zu den subjektiven Erfahrungen und Herausforderungen der lokalen Akteurinnen und Akteure. Auf seinem Blog veröffentlicht er Beiträge zu seinem Promotionsthema sowie u.a. über politische Bewegungen und »Zersetzungsmaßnahmen« im Kontext des Kalten Krieges. www.michaelbeykirch.wordpress.com

Michael Buback Jahrgang 1945, Lehrstuhl für Technische und Makromolekulare Chemie im Institut für Physikalische Chemie der Georg-August-Universität Göttingen (bis September 2012), Ordentliches Mitglied der Akademie der Wissenschaften zu Göttingen, trat im Prozess gegen das ehemalige RAF-Mitglied Verena Becker von 2010 bis 2012 als Nebenkläger auf.

Dr. Zülfukar Çetin lehrt an der Alice-Salomon-Hochschule in Berlin im Bereich Soziale Arbeit. Zusammen mit Savaş Taş publizierte er den Sammelband *Gespräche über Rassismus. Perspektiven und Widerstände* und mit Heinz-Jürgen Voß das Buch *Schwule Sichtbarkeit, schwule Identität. Kritische Perspektiven.* Aktuell auch Vorstandssprecher für den Türkischen Bund in Berlin-Brandenburg (TBB).

Safter Çınar unter anderem Gründungsmitglied und bis März 2011 Sprecher des TBB, außerdem erster türkischstämmiger Vorsitzender der Gewerkschaft Erziehung und Wissenschaft (GEW) Berlin.

Ayşe Demir geboren in Berlin und sowohl in Istanbul als auch in Berlin zur Schule gegangen. Von Beruf Diplom-Sozialpädagogin, 2008 erschien ihr Buch »Zur Lebenssituation der ehemaligen Anwerbekräfte: Am Beispiel der ArbeitsmigrantInnen aus der Türkei in Berlin«, Vorstandssprecherin beim TBB.

İlker Duyan Jahrgang 1949, kam 1970 nach Deutschland, Naturwissenschaftler, von 2012 bis 2017 als Vorstandssprecher des TBB ständiger Beobachter der NSU-Untersuchungsausschüsse im Bundestag.

Andreas Förster Jahrgang 1958, ist freischaffender Journalist mit den Themenschwerpunkten Zeitgeschichte, politischer Extremismus und Nachrichtendienste. Er hat in den vergangenen Jahren mehrere Bücher veröffentlicht und eigene Beiträge in Sammelbänden publiziert. Andreas Förster schreibt für verschiedene Tageszeitungen und Magazine, er lebt in Berlin. Er ist Herausgeber und Mitautor von »Geheimsache NSU«.

Stefan Frees geboren 1974 in München, Lehre zum Bäckergesellen. Arbeitet als Fachkraft für Lebensmitteltechnik. Privatblogger (https://querlaeufer.wordpress.com). Lebte lange in Thüringen. Etwa 300 Tage Beobachter im NSU-Prozess, zahlreiche Besuche der Untersuchungsausschüsse in Bund und Ländern (Thüringen, Baden-Württemberg, Hessen und Nordrhein-Westfalen). Recherchiert über den NSU und Rechtsradikalismus.

Vincent Gengnagel ist wissenschaftlicher Mitarbeiter der DFG-Forschergruppe »Europäische Vergesellschaftungsprozesse«, lebt in Berlin und promoviert in Bamberg. Als Soziologe untersucht er den Strukturwandel der Sozial- und Geisteswissenschaften im akademischen Kapitalismus und fragt nach dessen Effekten auf kritische Gesellschaftsanalyse. Gemeinsam mit Andreas Kallert schrieb er in der Reihe Analysen der Rosa-Luxemburg-Stiftung über »Staatsraison statt Aufklärung – Zur Notwendigkeit einer staatskritischen Perspektive auf den NSU-Komplex« (2017).

Andreas Kallert ist Politikwissenschaftler und lebt in Berlin. Er promovierte an der Universität Marburg zu den Bankenrettungen während der Finanzkrise in Deutschland. Zur Zeit forscht er zur Europäischen Bankenunion sowie zu kritischen Geographien ländlicher Entwicklungen. Gemeinsam mit Vincent Gengnagel schrieb er in der Reihe Analysen der Rosa-Luxemburg-Stiftung über »Staatsraison statt Aufklärung – Zur Notwendigkeit einer staatskritischen Perspektive auf den NSU-Komplex« (2017).

Thomas Moser Jahrgang 1958, Journalist und Politologe, freiberuflich tätig insbesondere für die ARD-Anstalten (Radio) sowie das Online-Magazin Telepolis. Mitautor des Bandes »Geheimsache NSU. Zehn Morde, von Aufklärung keine Spur« und Verfasser des eBooks »NSU: Die doppelte Vertuschung«.

Rainer Nübel 1959 in Oberndorf/Neckar geboren. Studierte in Tübingen Germanistik und Geschichte. Zunächst Redakteur bei der Nürtinger Zeitung, danach bei den Stuttgarter Nachrichten, seit 2000 Mitglied der Reportageagentur Zeitenspiegel und freier Mitarbeiter des Magazins stern. Er ist Co-Autor mehrerer Sachbücher und seit 2001 Dozent an verschiedenen Hochschulen in Baden-Württemberg. Derzeit promoviert er an der RWTH Aachen University. www.zeitenspiegel.de

Thumilan Selvakumaran geboren 1982 auf Sri Lanka, kam als Kriegsflüchtling nach Baden-Württemberg, lebt heute in Schwäbisch Hall. Er ist Journalist und Redakteur der Südwest Presse Hohenlohe. Seit 2012 widmet er sich intensiv dem NSU und Ku-Klux-Klan. Er ist Mitautor von »Geheimsache NSU«.

© 2018 Klöpfer & Meyer Verlag GmbH & Co. KG, Tübingen.
Alle Rechte vorbehalten.
ISBN 978-3-86351-479-2

Umschlaggestaltung: Christiane Hemmerich
Konzeption und Gestaltung, Tübingen.
Titelbild: Martin Storz, Stuttgart.
Herstellung: Horst Schmid, Mössingen.
Satz: Alexander Frank, Ammerbuch.
Druck und Einband: Pustet, Regensburg.

Mehr über das Verlagsprogramm von Klöpfer & Meyer
finden Sie unter: *www.kloepfer-meyer.de*

April 2008 bis November 2011: Das Trio zieht wieder um, lebt jetzt in der Zwickauer Frühlingsstraße 26.

7. September 2011: 14. Raubüberfall auf eine Sparkasse in Arnstadt, Goethestraße. Zwei Täter. Beute: etwa 15 000 Euro.

4. November 2011: 15. Raubüberfall auf eine Sparkasse in Eisenach, Am Nordplatz. Zwei Täter. Beute: etwa 72 000 Euro.

4. November 2011: Uwe Böhnhardt und Uwe Mundlos kommen in einem Wohnmobil in Eisenach ums Leben.

4. November 2011: Die Wohnung von Böhnhardt, Mundlos und Zschäpe in der Frühlingstraße in Zwickau brennt aus. Mutmaßliche Brandstifterin ist Beate Zschäpe, die sich auf die Flucht begibt.

8. November 2011: Zschäpe stellt sich in Jena der Polizei.

11. November 2011: Der Generalbundesanwalt übernimmt die Ermittlungen im Mordkomplex NSU.

11. November 2011: Im Bundesamt für Verfassungsschutz werden V-Mann-Akten der Operation Rennsteig vernichtet.

13. November 2011: Verhaftung von Holger Gerlach. Am 25. Mai 2012 wird er aus der U-Haft entlassen.

24. November 2011: Verhaftung von André Eminger. Wird am 14. Juni 2012 aus der U-Haft entlassen, aber am 12. September 2017 erneut in Gewahrsam genommen..

29. November 2011: Verhaftung Ralf Wohlleben.

11. Dezember 2011: Verhaftung Matthias Dienelt. Aus U-Haft entlassen. Bisher keine Anklage.

24. Januar 2012: Der Bundestag beschließt einstimmig die Einsetzung eines Untersuchungsausschusses zu NSU-Mordserie. Am 26. Januar nimm der Ausschuss seine Arbeit auf.

1. Februar 2012: Verhaftung von Carsten Schultze. Wird am 29. Mai 2012 aus U-Haft entlassen.

23. Februar 2012: Bundeskanzlerin Angela Merkel verspricht vor den Opferangehörigen die rückhaltlose Aufklärung der Mordserie.

26. Februar 2012: Beginn des NSU-Untersuchungsausschusses (»Rechtsterrorismus und Behördenhandeln«) in Thüringen.

2. Juli 2012: Der Präsident des Bunde amtes für Verfassungsschutz, Heinz Fromm, tritt wegen der Aktenvernichtungen zurück. Nachfolger wird Hans-Georg Maaßen.

5. Juli 2012: Beginn des NSU-Untersuchungsausschusses in Bayern.

8. November 2012: Anklageerhebun gegen Beate Zschäpe, Ralf Wohllebe André Eminger, Holger Gerlach und Carsten Schultze.

28. Januar 2013: Der Innenminister von Baden-Württemberg setzt beim LKA die Ermittlungsgruppe Umfeld ein.

6. Mai 2013: Vor dem Oberlandesgericht München beginnt der Prozess gegen die fünf Angeklagten.

22. August 2013: Der NSU-Untersuchungsausschuss des Bundestage übergibt seinen Abschlussbericht.

16. September 2013: Florian Heilig verbrennt in seinem Auto auf dem Cannstatter Wasen. Am Nachmittag wollte ihn das Landeskriminalamt zum Thema NSU und Heilbronn-Mord befragen.

12. Februar 2014: Der Innenminister von Baden-Württemberg